新技术背景下

会计学一流本科专业建设研究

谢合明　牟绍波　姚世斌　郑　蓉　等著

西南财经大学出版社

中国・成都

图书在版编目(CIP)数据

新技术背景下会计学一流本科专业建设研究/谢合明等著.—成都:西南财经大学出版社,2023.4
ISBN 978-7-5504-5739-3

Ⅰ.①新… Ⅱ.①谢… Ⅲ.①高等学校—会计学—学科建设—研究
Ⅳ.①F230

中国国家版本馆 CIP 数据核字(2023)第 062143 号

新技术背景下会计学一流本科专业建设研究
XINJISHU BEIJING XIA KUAIJIXUE YILIU BENKE ZHUANYE JIANSHE YANJIU
谢合明 牟绍波 姚世斌 郑蓉 等著

策划编辑:李邓超
责任编辑:王青杰
责任校对:金欣蕾
封面设计:墨创文化
责任印制:朱曼丽

出版发行	西南财经大学出版社(四川省成都市光华村街 55 号)
网　　址	http://cbs. swufe. edu. cn
电子邮件	bookcj@ swufe. edu. cn
邮政编码	610074
电　　话	028-87353785
照　　排	四川胜翔数码印务设计有限公司
印　　刷	四川煤田地质制图印务有限责任公司
成品尺寸	170mm×240mm
印　　张	17
字　　数	287 千字
版　　次	2023 年 4 月第 1 版
印　　次	2023 年 4 月第 1 次印刷
书　　号	ISBN 978-7-5504-5739-3
定　　价	88.00 元

前言

世界信息技术变革日新月异。2022年，财务云、会计大数据分析与处理技术、流程自动化（RPA和IPA）、中台技术（数据、业务、财务中台等）、电子会计档案、电子发票、在线审计与远程审计、新一代ERP、在线与远程办公、商业智能（BI）被评为影响我国会计人员的十大信息技术。全球会计师事务所已纷纷引进这些新技术并将其应用于会计和审计业务中。

目前地方高校会计学专业人才培养普遍存在培养方案前沿性欠缺，培养目标与现代技术发展结合不够，与普通高等学校本科专业类教学质量国家标准以及国际商科认证要求相距较远，核心课程体系设置与新信息技术革命要求有一定差距，协同教学尚需完善，实践教学流于形式等问题。因此，如何适应新信息技术的发展，重构会计专业人才培养方案和课程体系，打造面向未来、适应需求、引领发展、理念先进的一流本科专业，已成为地方院校会计一流本科专业当前面临的紧迫任务。

本书依托西华大学会计学、工商管理国家级一流本科专业建设平台，以知识探究、能力建设和人格塑造作为创新人才培养之本，探讨如何将学生的显性能力培养与隐性素质教育相结合，提出会计学人才培养目标；以高质量、技术变革为导向，本着专博结合、商能并重的原则，探讨如何完成课程设置体系结构上的双向多层重构和内容上的多层搭建与调整；以新信息技术背景下会计发展的新需求为导向，以系统思想为依托，探讨如何构建将理论讲授、虚拟仿真、全真实践训练和“课证融合”的以“全方位、全过程、模块化、循环式”为特色的“四维立体”的开放式创新实践教学体系；探讨如何构建以科学合理的合作选择机制为核心的“三层式”产教融合机制，培养学生的实践应用与创新能力，同时提高教师队伍整体的理论与实践结合的应用水平；探讨如何提高学生在全方位多层学科竞赛和管理激励体系下的沟通合作能力、动手应变能力及创新创业能力，多角度实践复合型人才培养目标等。

本书（论文集）是我校财务与会计系师生近几年来在创新人才培养模式方面不断实践与探索的集体智慧的结晶，是对新技术驱动下会计类一流本科专业人才培养模式的创新、提炼和总结。本书的出版必将科学指导我校会计类专业人才培养全过程，必将大力提升我校会计类专业教学质量，同时，也将对新信息技术背景下我国高校会计类一流本科专业人才培养模式的创新起到重要的促进作用。

著　者

2023 年 4 月于成都西华大学

目录

基于新技术驱动新商业模式背景下提升会计人员职业判断能力的途径研究

谢合明

（西华大学管理学院　四川成都　610039）

摘要：会计职业判断直接影响会计信息质量的优劣，会计职业判断能力是会计类人员综合素质的集中体现。本文从会计职业判断的内涵入手，阐述了会计类人员专业素质高低的根本在于其职业判断能力的强弱，介绍了"产教融合、校地一体"合作人才培养模式必须掌握的三大原则，并提出了该合作模式是提升会计职业判断能力的有效途径，并对此模式的目标、机制、途径及效果测评等进行了较为全面的论述。

关键词：新商业模式；"产教融合、校地一体"合作人才培养模式；会计职业判断

【基金项目】本文是四川省高等教育人才培养质量和教学改革项目JG2021-381和JG2021-913的阶段性成果，得到西华大学会计学国家级一流本科专业建设项目资助。

在新技术（大数据、人工智能、移动互联网、云计算）驱动下，衍生出许多新的商业模式，这些新技术、新模式将对会计这门世界通用的商业语言产生巨大的影响，也将导致其经济业务事项的不确定性急剧增加。高校会计类专业（包括会计学、财务管理、审计学、资产评估等专业）是为社会各经济实体输送专门的会计类人才的专业，如何应对社会经济新技术、新环境对高校会计类专业提出的更高更新的挑战则显得至关重要。本文就高校会计类专业人才培养中如何提升会计人员职业判断能力提出一些不太成熟的思路或想法，仅供参考。

一、新技术驱动的新商业模式对我国会计类专业人才培养模式的冲击

在以往的研究中，对于商业模式的定义由于出发点不同，尚未形成统一的观点。如：商业模式是企业通过对交易机制进行不断的设计改造，利用市场中的机会来最终提升企业价值；商业模式其实就是商业逻辑框架，具有很强的完整性，企业可以依此进行日常经营，创造企业的价值；商业模式先于企业总体战略存在，本质上是一种包括交易的具体内容、主体对象、定价方式等各利益相关者的交易结构；等等。商业模式本质上是企业与企业之间、企业各部门之间、企业与顾客之间、企业与渠道之间都存在的各种各样的交易关系和联结方式，也可以理解为一个企业满足消费者需求的系统。这个系统负责组织管理企业的各种资源，如资金、原材料、人力资源、作业方式、销售方式、信息、品牌和知识产权、企业所处的环境、创新力等，以形成消费者无法自给而必须购买的产品和服务，因而具有自己能复制而别人不能复制，或者自己在复制中占据市场优势地位的特性。简而言之，商业模式实质上就是企业为了实现其价值最大化而设计并实行的一种交易机制。

目前，新技术的驱动对传统的商业模式产生了巨大冲击，孕育出了许多新的商业模式，如平台经济模式、会员制商业模式、数据变现模式、免费增值商业模式、共享经济模式、非绑定式商业模式、试用商业模式、长尾式商业模式、众筹商业模式以及多边平台商业模式等，这些商业模式的产生与发展，对会计类人才的知识结构、能力结构和素质结构将产生深远的影响。具体来说，主要表现在：①对会计理论的影响，如会计假设、会计核算等；②对会计实务的影响，如财务共享平台、云会计工作模式、会计信息处理模式等；③对会计人员的影响，如职业判断能力、“业财融合”能力、会计人员提质转型能力等。

总之，新技术、商业新模式对会计产生的影响是多层次的、全方位的，但归根结底，培养会计人员的会计思维、会计逻辑，从而提升会计人员的职业判断能力才是重中之重。

二、提升会计类人员职业判断能力

（一）会计类人员职业判断能力的内涵

首先，我们得搞清楚，会计类人员为什么需要职业判断？它是怎样产

生的？它的内涵是什么？

在我们的生活中，如果你遇到了经济纠纷而不得不打官司时，或许首先想到的就是请一名好的律师。这里所说的好律师是指律师的水平高，而律师水平的高低正是衡量其职业判断能力优劣的根本。为什么水平高的律师往往能打赢官司呢？究其原因，就是由于经济事项具有不确定性。

在理论上，我们把经济事项分为三种：①结构化事项。所谓结构化事项是指完全重复的有章可循的经济事项，如常规性的经济业务。解决该类问题不需要或很少需要专业判断。②半结构化事项。半结构化事项是指介于结构化事项和非结构化事项之间的经济事项，它有一定的重复和界定，一般来说，有一定的规律可循。解决该类问题需要一定的专业判断。③非结构化事项。非结构化事项是一种全新的完全没有重复或界定的经济事项，它极少甚至完全没有规律可循。解决该类问题需要较强的专业判断能力。按照经济业务的确定程度，我们把经济业务分为确定的业务和非确定的业务两大类。当然，我们还可以对非确定的业务进行细分，如：基本确定、低度不确定、中度不确定和高度不确定等。经济业务的不确定性越强，对会计职业判断的要求就越高，失误的风险也就越大。

通过上述分析，我们已清楚地认识到了会计类人员应该有自己的职业判断，也知道了它是怎样产生的，那么，它真正的内涵又是什么呢？

目前，对于什么是会计职业判断，国内外学者有许多不同的描述，虽然表述上各有千秋，但大同小异，并无实质性差异。概括来说，会计职业判断就是指会计从业人员面临不确定的经济事项时，在会计法律、法规、原理、原则等约束范围内，根据经济组织实体的现实环境和未来环境，利用自己的专业知识和职业经验，对非确定性经济业务事项所做出的分析、判断和选择的过程。

（二）会计类人员职业判断能力的强弱是衡量其专业素质高低的根本

会计人员职业判断能力的强弱直接影响会计信息的质量，直接关系到企业经营成果的正确与否。职业判断能力的强弱是一名会计人员综合素质的全面体现，它不仅需要会计人员对会计理论知识和会计方法的全面理解与准确把握，而且需要会计人员对企业客观经济环境与经营管理目标有着较深的了解，同时还应具备良好的职业道德。要提高会计职业判断的整体水平，必须加强会计教学中对学生的职业判断能力的培养，培养学生会计职业判断意识，加强会计职业道德教育，整合教学内容，改进教学方法与手段，加强教学实践环节，大力推进“产教融合、校地一体”合作人才培养模式。

三、改革人才培养模式

（一）高校会计类专业人才培养模式现状

目前，我国高校会计类专业人才培养模式较以往有长足的进步，但还存在着这样或那样的缺陷与不足。概括起来，主要有以下几点：

（1）课程内容之间的界定不严格。这主要表现在：第一，因课程体系设置而导致的课程内容重复问题，如理论上将财务会计课程体系设置为“初级财务会计”“中级财务会计”“高级财务会计”，从形式上看似规范，但实际上课程内容和教材编写难以把握，往往导致重复或遗漏，难以自成规范体系；第二，课程划定过程中导致的课程内容重复问题，如“成本会计”和“管理会计”在变动成本法、短期决策等方面内容的重复，“管理会计”和“财务管理”在货币时间价值、长期投资决策等方面内容的重复。

（2）创新知识传授的效果评价程度不够，忽视了个人能力的培养。目前，会计学课程的知识传授过多地强调理论知识的讲解，而很少去阐述或启发学生如何运用所学知识和方法去解决会计工作中出现的各种问题，以及面对复杂的经济业务如何做出会计职业判断和会计政策选择。缘于此，评价知识传授的效果就不得不采用课堂内 110 分钟的封闭式考试方式，而且，主要是以理论考试为主，实际操作方面的内容极少，有的甚至全部是理论方面的内容。我们调查的结果显示：50.7%的受教育者希望以实际操作考核为主，以理论知识考核为辅；38.7%的受教育者赞同以理论知识考核为主，以实际操作考核为辅。也就是说，受教育者非常重视和渴望会计实际操作知识的获取。因此，我们教育工作者应该无条件满足他们的需求，不拘一格地创新知识传授的效果评价方式。

（3）教学班人数偏多。高校转轨为大众化教育后，教学班人数普遍增加，有的教学班甚至多达 300 人。但从教学规律出发，对于会计学专业的主干课程，每个教学班人数应该有一个合理的范围。我们对全国部分高校学生做了一项调查，调查结果显示，认为教学班人数应在 30 人以下的占 49.8%，在 30~60 人的占 45.5%，60~90 人的占 3.2%，90 人以上的仅占 1.5%。如果从学校和受教育者两方面要求综合考虑的话，我们认为，教学班人数的最佳范围为30~60人。

（4）课程设置不尽合理。课程设置不尽合理主要表现在因人设课和因需设课两个方面，这是一个普遍现象，在此，只想谈谈课程改革方面存在的问题。在课程改革方面不遵循教育规律，往往是简单地增加课程，市场需要什么，就相应设置什么课程，纯粹是短期行为，缺乏科学完整的教育体系。如会计职业道德的教育问题。这几年来，全球特别是美国连续发生惊动世界的会计诚信严重缺失事件，对此，我国会计界相当重视，纷纷要求以多种方式加强会计诚信，强化会计职业道德教育。国内许多高校先后增开了会计职业道德课程或增加已有会计职业道德教育的课时。对职业道德教育课程的开设问题，通过我们的调查，66.6%的学生赞同会计职业道德教育应放在以后的工作中，也就是会计人员的继续教育工作中。因此，会计职业道德教育课程的增设或学时的增加没能尊重多数受教育者的意愿而只是教育者的一厢情愿，达不到预期效果。

（5）在教材的选用和编写上创新不够。随着全球经济一体化进程的加快，国内外会计理论和实务不断发展变化且越来越规范化。会计学课程体系的改革和相关教材的选用、编写与修改等方面都应处理好继承、借鉴与创新的关系。在教材的选用上，一些院校倾向于选用国外原版教材，实施双语教学，认为这样做可以加快和国际接轨。我们通过调查发现，完全接受双语教学的占22.3%、可以接受的占63.2%，两者相加占85.5%。因此，我们认为，这一做法反映了受教育者的心声，值得提倡。有一些院校选用的是面向21世纪教材或注册会计师教材，通过我们的调查，发现赞同选用面向21世纪教材的占34.3%、赞同选用注册会计师教材的占47.3%，两者相加占81.6%，这一做法尊重了受教育者的意愿，应继续发扬。而问题就在于，很多院校选用了自编教材且相互照搬，没有创新，缺乏科学系统的思路与方式。

长期以来，我国高校会计类专业人才培养不注重职业判断能力的培养，在培养中理论与实践不能很好地融合，过分地注重专业知识的传授，人为地割裂会计理论与实践的统一等，这不但影响了会计类专业人才的应用能力培养，也影响了独立思考、创新能力等的培养。因此，高校会计类专业亟待更新教育理念，改革现行培养模式，使高校会计类专业人才能够更好且更贴近社会需要。

（二）改革人才培养模式是高校会计类专业生存和发展的永恒主题

改革高校会计类专业人才培养模式是一项庞大的系统工程。就其课程体系的改革来说，它包含公共课程体系和专业课程体系。对于第一部分涉及的不可控因素较多，对于第二部分的建设与改革可以考虑从以下几个平台着手：①学科基础课程平台。学科基础课程平台为学科的基础课程，为学科服务，属于学科形成必须具备的最基本的知识。②学科专业课程平台。学科专业课程平台为学科的核心课程，是学科的立业之本。③特色性课程平台。特色性课程平台主要是为体现学校和学科特色而设立的课程平台。④国际化课程平台。国际化课程平台是致力于学科专业与国际接轨而设置的课程平台。⑤实践性课程平台。实践性课程平台是为了加深学生对专业理论知识的理解、提高学生的实际动手能力而设置的课程平台。⑥专题性课程平台。专题性课程平台是为使学生及时了解会计政策及制度的变化、强化学生的会计职业道德的养成教育而设置的课程平台。

以上六个平台的建设与改革，其着眼点在于提升会计类人员职业判断能力。因此，在具体的实施过程中，可考虑把⑤和⑥部分内容在“产教融合、校地一体”合作人才培养模式中体现。

四、“产教融合、校地一体”合作培养模式是提升会计类人员职业判断能力的有效途径

（一）“产教融合、校地一体”合作培养模式的沿革

习近平总书记在党的十九大报告中指出，要深化产教融合。产教融合是产业与教育的深度合作，是院校为提高其人才培养质量，实现集人才培养、科学研究、科技服务于一体的人才培养目标而与行业企业开展的深度合作的办学模式。而校地合作是指高校与其所处地理位置区域或相关区域范围内的政府部门以及相关单位的一种合作形式。它既是一种全新的教育理念，同时也是一种开放式办学模式，目的是处理好学校的生存、发展与区域内政府、相关单位的关系，从而为学校赢得更大的生存和发展空间。

早在 1862 年，美国威斯康星大学就已开始通过培养人才和输送知识，为地方发展服务，成为高校与社会结合的先驱。目前，高校与区域内政府有机结合，提高教育、科研和生产水平等，已成为世界潮流。

自新中国成立以来，就将教育要为社会主义建设服务、要与生产劳动相结合放在重要的位置上，并于 20 世纪 50 年代兴起了半工半读模式。但是，我国现代意义上的高等院校和地方合作兴起于 20 世纪 90 年代，至今方兴未艾。这种合作的起因主要来自以下三个层面：

（1）区域内地方政府方面。从20世纪80年代开始，为了与社会主义市场化进程相适应，国家教育管理权限开始进行调整和下放。20世纪90年代以来，以地方为主的新格局逐渐形成，高校的部分管理权从教育部下放到地方，省级政府统筹为主的管理模式逐渐清晰。为了促进地方经济、文化等方面的发展，政府需要高校的科研技术、科技创新力量和人才培养等服务地方，因此，地方政府需要与高等学校加强合作，以加快地方经济的建设与发展。

（2）高校方面。高校与地方的合作，也是高校自身发展的需要。在当今社会，高校也面临着越来越激烈的竞争，求生存谋发展成为各个高校的共同目标。特别是在经济上，政府拨款已经不能满足各高校的需求，学校只能转向地方寻求支持，这包括地方政府和以企业为代表的其他社会经济来源。而要得到地方的支持，就必须为地方服务，包括人才培养、科研合作等方面。这种合作既为高校的总体发展、学科建设等确定了方向，也为高校带来了较大的经济效益，解决了其资金不足的瓶颈问题。

（3）企业（公司）方面。长期以来，科研、生产分离运行的体制性障碍，造成技术供需脱节，科技与经济“两张皮”的矛盾十分突出。因此，企业希望与高校“联姻”，借助高校的科技力量，实现向高科技企业的转型，进入新的发展轨道。

目前，四川省高校与地方合作的形式多样，既有整体合作，也有项目合作，各具特色，主要包括以下一些形式：

（1）全面合作模式。所谓的全面合作模式是指高校与地方政府签订全面合作协议，从人才培养、科技开发、成果转化、咨询培训、智力服务、合作办学各方面参与地方建设，逐步建立双赢互利、长期稳定的校地全面合作、校企全面合作的关系。

（2）联合办学模式。这种情况一般是高校与地方联合办学，利用高校的办学力量为政府和企业培养各层次人才。

（3）城市及区域规划。高校受地方政府的委托，为其进行城市及区域规划。

（4）校企合作。这是指由地方政府作为中介、高校和企业联合进行科学技术合作和研发，这也是最常见的一种合作形式。

（5）兴办大学园区或大学城。政府提供优惠政策，兴建大学园区或大学城，吸引或要求高校参与。

（6）其他方式。这包括了各式各样的其他校地项目合作方式。

（二）创新“产教融合、校地一体”合作培养模式，提升会计类人员的职业判断能力

如何创新“产教融合、校地一体”合作培养模式，提升会计类人员职业判断能力是一项非常复杂的系统工程。由于受到不同地区、高校、政府、企业、社会环境等影响，该模式具有多样性，因此，基于提升会计类人员职业判断能力，如何创新“产教融合、校地一体”合作培养模式，我们无法寄希望于一种万能的对策，但我们必须了解高校、政府和企业等方面各自的性质与特点，进行合理定位和分工，整合高校内部资源并理清其外部关系，建立出适合会计类专业人才的“产教融合、校地一体”的合作新模式。

对此，笔者认为，首先必须坚持三个原则：①抓住一个核心，即以提升会计类人员职业判断能力建设为核心。②紧紧依靠三种力量，即依靠区域内政府各职能部门、区域内企业（公司）、区域内相关中介机构的力量。任何经济实体组织和行政事业单位都需要会计类人员，高校的会计类人员既可以到区域内地方政府的相关职能部门顶岗实习，也可以到区域内企业（公司）顶岗实习，还可以到区域内会计师事务所等中介机构顶岗实习。因此，需紧紧依靠这三种力量，实现教学资源共享和教学过程共管，共同建设专业，共同建设实训实习基地，共同确定职业标准、培养方案、课程内容和质量考核体系，让企业专家参与人才培养和课程建设的全过程，充分发挥行业、企业在学校建设中的重要作用。③着力推进三大建设，即积极推进人才培养模式建设、师资队伍建设、校内外实验实训基地建设。逐步建立“产教融合、校地一体”的人才培养模式，依托行业、企业，合作建设校内外实习实训基地，注重校内生产性实训与校外顶岗实习的有机衔接与融通。

其次，在牢牢把握好上述三个主要原则的基础上，还必须处理和协调好“产教融合、校地一体”合作新模式的培养目标、培养机制、培养途径、培养效果的测评等。根据国家关于鼓励高等学校适应就业和经济社会发展需要，调整专业和课程设置，推动高校人才培养的指示精神，地方高等院校必须抓住区域经济发展的契机，转变人才培养模式，提高办学效率。

（1）树立以学生为主体，以高校和区域内政府、企业为主导的“产教

融合、校地一体”合作人才培养的新目标。地方高等院校，担负着为地方经济建设和社会发展培养人才的重任，人才培养的总目标必须以服务地方经济建设和社会发展为主要方向。以学生为主体是指根据学生的智能结构和智能类型，采用适合的培养模式，去发现学生的价值、发挥学生的潜能、发展学生的个性；竭尽全力地为学生成才创造条件、搭建平台，帮助学生成长、成才和全面发展。以高校和区域内政府、企业为主导是指按照区域内政府、企业的自身规律要求研究学校的专业设置和教学模式，要求高校做到专业设置与政府及企业需求对接、技能训练与岗位要求对接、培养目标与用人标准对接。学校可成立由区域内政府各相关职能部门领导、学校领导及校内外专家组成的会计学科建设领导小组，研究学校会计学科建设和地方产业的发展，引导学校拓展学科方向，打造特色专业，为地方经济发展搭建人才支撑平台。

（2）以注重实验实训作为“产教融合、校地一体”合作人才培养的新机制。深化教育体制改革，关键是更新教育观念，核心是改革人才培养机制。《国家中长期教育改革和发展规划纲要》明确指出应“加强学校之间、校企之间、学校与科研机构之间合作以及中外合作等多种联合培养方式，形成体系开放、机制灵活、渠道互通、选择多样的人才培养体制”。地方高等院校应积极与地方政府进行各种形式的合作，但在实际的合作过程中，一定要将注重实验实训作为“产教融合、校地一体”合作人才培养的新机制，作为创新人才培养机制的突破口。

（3）以产学合作、顶岗实习作为“产教融合、校地一体”合作人才培养的新途径。产学合作顾名思义就是生产与学习相结合，其主体是学生，核心是教育，关键是结合。以产学合作、顶岗实习作为“产教融合、校地一体”合作人才培养的新途径的主要好处在于：一是学生就业有针对性，有助于顺利实现从“学生”到“员工”的角色转变，缩短了就业链条，节约就业成本，真正实现“零距离”上岗。二是用人单位能找到真正符合岗位需求的人才，解决了新进人员因“水土”不服，往往需要较长适应期的问题。当然，产学合作、顶岗实习也存在许多不尽如人意之处。如学校在人才培养模式和课程设置方面较多地征求地方政府职能部门、企业的意见，但实施起来缺乏相应的规章制度；学生在实习过程中，文化知识的学习和专业理论的学习没有得到完整的延续；学校的管理也存在缺位现象，有的甚至完全靠自律。尤其是一些合作单位，单纯地把顶岗实习生作为廉价劳动力，不能调动学生对工作的兴趣和激情，导致相当一部分学生被动地完成实习任务，个别学生甚至擅自逃离实习岗位等。

(4) 以“注重质量、好用为上”作为“产教融合、校地一体”合作人才培养模式评价的宗旨。众所周知，我国高校的人才培养质量有两个评价尺度，一个是学校自己的评价尺度，另一个是社会的评价尺度。学校自己的评价标准主要关注学校培养出来的学生在整体上是否达到学校规定的专业培养目标的要求，而较少关注学生能力的发展；社会评价则主要以毕业生的质量作为评价依据，同样不太关注学生综合素质的发展。在“产教融合、校地一体”合作人才培养模式的变革中，对于其培养模式所产生的效果进行评价时应进行综合评价，其评价的标准就是注重质量、好用为上。开展由地方政府各职能部门、学校、企业、社会各界共同参与的教育质量评价活动，通过注重实践环节教学、加强校企无缝对接等形式逐步建立起科学合理的人才质量评价标准。关注学生的发展，完善学生成长记录，做好综合素质评价，根据“好用为上”的要求，共同进行专业建设、共同开发实践课程、共同建设实训基地，深化与地方企业的订单式培养，力求所培养的人才上手快、动手能力强，能较好地满足社会需要。

参考文献

[1] 谢合明，等.“大智移云”技术驱动下会计类 IES 型人才培养模式研究 [M]. 成都：西南财经大学出版社，2020.

综合性地方院校会计学国家一流专业建设探索与实践

——以X大学为例

姚世斌　肖东华　曹丹　赵天颖　王一涵

（西华大学管理学院　四川成都　610039）

摘要：党的二十大报告提出，建立高质量教育体系，注重人才素质培养。随着我国现代化教育事业的高速发展与革新，国家正在加强一流专业建设实践。不断探索会计学人才培养模式创新是会计学国家一流专业建设的必然要求。本文首先从会计毕业生能力供给与社会需求适应性进行分析，进一步探讨了综合性地方院校会计学专业人才培养存在的问题，探究其原因，进而提出综合性地方院校国家一流会计学专业建设思路及举措，力求提升会计学专业人才培养质量，以更好地满足社会对会计专业人才的需要。

关键词：会计学专业；一流专业建设；数智化人才培养

【基金项目】本文是四川省高等教育人才培养质量和教学改革项目JG2021-381和JG2021-913以及西华大学校级教育教学改革项目（xjjg2021041）的阶段性成果，得到西华大学会计学国家级一流本科专业建设项目资助。

党的二十大报告指出，要坚持教育优先发展、科技自立自强、人才引领驱动，加快建设教育强国、科技强国、人才强国，建立高质量教育体系。高质量教育体系中高等教育又担当着培养高质量人才的重要使命，高等教育要主动适应知识生产方式变革，主动服务“国之大者”，现代教育从以传授知识为主转向以培养学生素质为主的教育，除了着重提高学生的人文素质、与人交往与合作的精神和社会责任感外，要特别注重培养学生的创新精神和创新能力等，这就是新时代新征程下党和国家对高等教育新的要求。根据《大学生就业困难群体研究报告（2020）》，从2022年6月就业困难大学生的专业分布来看，会计专业仍在求职的大学生规模最大，占比达到12.6%，居所有专业之首，本属于“热门”专业，竟然成为就业“最难”，这种现象极不正常，但又成为现实。究其原因，主要是在专业质量上没有达到用人单位的要求。因此，建设国家一流会计学专业，必须以党的新时代新征程对教育的基本要求为指引，以提升学生素质和能力为目标，提升人才培养质量，满足社会对高素质会计人才的需要。

一、数字化时代会计学专业毕业生岗位适应能力分析

根据对会计学专业毕业生及用人单位的调查，面对数字化时代，会计学专业毕业生往往存在如下不适应。

（一）缺乏使命感和职业发展目标，对会计行业的发展认知亟待更新

职业使命感是基于长远考量的一种职业导向，是核心信念和价值观的体现，注重工作对于个人及社会的意义。随着社会经济和信息技术的发展，职业使命感已经成为人们工作中追求的要素。新时代员工对工作的期望不只局限于薪酬和职务提升，而是越来越注重精神和心理层面的追求。调查中也发现，在新一代信息技术与传统技术相互碰撞，互联网和会计行业深度融合的背景下，面对会计技能和职能的快速发展变化，很多会计专业大学生对于本专业的认知不深，对未来职业发展的规划缺失，缺乏职业使命感。在“互联网+”浪潮中如何抓住机遇，更好地迎接会计学不断转型的巨大挑战是每个会计学专业学生面临的一个重大课题。

（二）对数字化的狭隘理解与会计所需扎实的专业基础和批判性思维能力的矛盾突出

调查发现，会计学专业学生，比较热衷于对数字化、信息技术应用的掌握，认为懂得会计软件操作就是最重要的能力。因此在学习中，他们特别关注软件操作课程，学习这类课程比较认真，也愿意投入更多时间去练习。在学生看来，掌握了这些技术，毕业后工作更容易上手。殊不知，他们忘了，作为一个好的财务工作者，特别是高阶财务管理人员，更需要的是扎实的专业基础、职业判断能力和批判性思维，软件操作仅仅是一项基本的技能。

（三）除专业技能、数字掌控力的“硬实力”之外的“软实力”欠缺

会计学专业人才除具备极强的专业技能和数字掌控能力的“硬实力”之外，还需要具备情景适应力、沟通能力、执行力等“软实力”。调查发现，许多会计学专业毕业生，硬实力掌握不牢，软实力更欠缺。入职以后，不能很快适应变化的环境，与人交往缺乏较好的沟通，工作中领导交办的任务执行得不好。

（四）会计岗位能力缺口较突出

调查发现，当今会计行业中，初入职的毕业生往往在会计核算、财务报告、资产管理、资金管理、财务分析、成本管理等方面表现出能力过剩，但在并购重组、IT 等技术开发应用、公司治理、公司战略、风险管理、财务战略、预算管理、业绩评价等方面的能力缺失，特别是在并购重组、IT 等技术开发应用、公司治理、公司战略等方面。详细如图 1 所示。

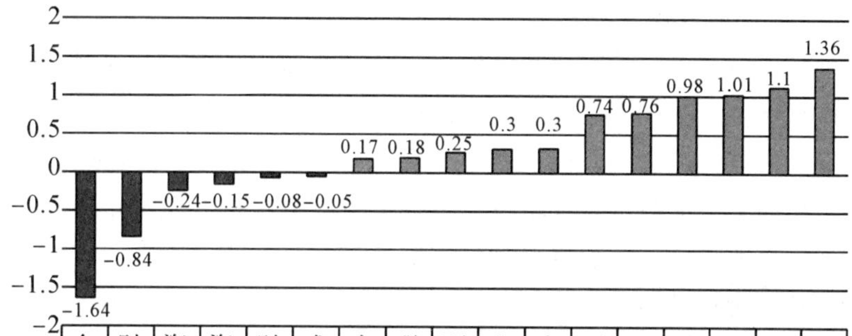

	会计核算	财务报告	资产管理	资金管理	财务分析	成本管理	内部审计	税务管理	预算管理	业绩评价	内部控制	财务战略	风险管理	公司战略	公司治理	IT技术应用	并购重组
■能力缺口	-1.6	-0.8	-0.2	-0.2	-0.1	-0.1	0.17	0.18	0.25	0.3	0.3	0.74	0.76	0.98	1.01	1.1	1.36

图 1　会计岗位能力缺口分析

二、综合性地方院校会计学专业人才培养存在的问题

经过几十年的专业发展，诸多综合性院校均开设了会计学专业，并且发展水平都较高，如何充分利用自身优势，建设会计学一流专业，是综合性院校迫切需要重视与应对的重大课题。本文以 X 大学为例对综合性院校会计学专业人才培养进行分析，总结会计学国家一流专业建设过程中存在的问题。

（一）培养目标界定及未来职业导向不清晰、特色不鲜明

综合性院校普遍存在会计学专业人才培养与会计职业社会需求的结构性矛盾问题。多数高校因会计学专业人才培养目标定位的同质化而错失了根据自身办学条件与办学定位开展差异化人才培养有效对接并服务于不同层次、区域会计职业社会需求（会计人才市场细分）的机遇；会计教育的学科供给导向与人才培养目标同质化必然造成培养体系构建的同质化及其与人才培养需求的偏离，尤其是传统培养体系中重理论轻实践的积弊等问题，导致传统会计学专业人才培养体系中实践教学环节与课时较少，且多附属于理论课程，不能满足对学生专业技能与实践能力等综合职业能力培养的要求。然而，会计职业实践对会计学专业毕业生专业技能与实践能力等综合职业能力培养提出了迫切需求。可见，会计学专业人才培养目标定位及培养体系构建存在与会计职业社会需求对接不紧密的问题。

（二）课程体系不完整、设置不科学，关联知识欠缺且缺乏时代性

现阶段，大多数综合性院校会计学专业课程设置在层次的完整性、结构的科学性上存在不足。除系统性地讲授专业必修课程，数据管理、工程建设、风投风控、互联网应用、智能化等领域知识体系的建设也尤为关键。然而，大多数综合性院校仅将教学重点放在核心课程上，缺少特色化的系统培养规划，缺少符合时代需求的创新型课程，因此，综合性院校人才培养的效果不理想。

（三）传统教学手段与方法制约教学质量的提升

很多高校中，传统的“粉笔+黑板+PPT”教学模式在会计学专业课堂中还大量存在，导致学生在教学过程中长期处于被动接受状态。教师没能认识到充分利用虚拟仿真、远程实训、在线课堂、案例教学等现代教育手段和创新性教学方法对提升学生学习积极性和主动性及教学质量等方面的积极作用，缺乏创新性元素的融入，导致教学方法陈旧落后，课堂环境沉闷，学生积极性不高、交流互动少。学生自主学习能力不强，不能有效改善教学效果、提升人才培养质量。

（四）培养方式轻实践、重理论，学生实操能力不足

目前，国内部分综合性本科院校定位比较尴尬，一直不想放下“本科院校身段”，想把所有专业都办成研究型，不愿意承认会计学专业主要以应用型为主，认为技能训练是高职高专所特有。受重知识、轻技能培养等人才培养观念的影响，多数综合性高校对会计等社科类专业人才培养所需

的实践教学设施建设不足，致使会计学专业人才培养所需的实验实训条件不完善，大体量的学生又无法很好地开展校外实践，难以形成完善的实践教学条件，不能满足会计专业技能与实践能力培养的需求。

（五）单一的培养方式导致综合职业能力培养效果不佳

随着经济社会发展与企事业单位经营管理环境的复杂化及管理现代化，会计职业对从业人员提出运用基本原理与方法及创新思维，分析、解决实际问题等方面能力的要求。近年来，国家与社会也对大学生创新创业能力培养问题越来越重视。但是，传统的“生产线”式人才培养模式与专业课程教学体系，尤其是主要依靠课堂知识传授的单一培养方式，制约了对学生专业技能、职业判断能力、分析能力、表达能力、批判性思维与创新能力等综合职业能力的培养，高素质、复合型、应用型、创新型人才培养效果不佳。

三、地方综合性院校会计学专业教学问题产生的原因

（一）会计学专业教学模式优化与创新不足

部分综合性院校人力、物力、财力各类资源有限，在会计学专业与其他综合性专业之间难以均衡配置，阻碍了会计学专业的快速发展，会计学专业的教师团队在科研任务压力大、考评机制不完善的情况下，难以产生探究新教学模式的积极性，教师教学思路难以拓展，会计学专业教学模式同质化明显。综合性院校的会计学专业教育模式陈旧，教师团队缺乏灵活思维和创造力。

（二）复合型会计教师团队建设未得到充分重视

由于我国当前实行的教学管理体制与教师激励考核机制存在“重科研、轻教学”的不均衡趋势，以及存在绩效考评制度“平均化、一刀切”等现象，一些综合性院校的会计学科建设缺乏对教师团队的规划。在现有的人才引进标准中过于强调被引进者的学历、成果、学术背景，却不够重视被引进者的工作经验丰富与否、实操水准是否达标，未能充分重视现有会计学专业教师队伍职业经验的培养及其后续教育，致使部分教师缺乏实务经验。

（三）会计学专业教学资金投入力度不足

部分综合性院校教学建设规划受限于理工科专业背景，会产生轻视会计学及其关联学科的思维惯性，院校在传统的优势学科上投入了人力、物

力、财力等资源，未给予会计学专业教学团队足够的重视，造成会计学科处于弱势地位，最终影响综合性院校会计学科的发展。

（四）未充分重视会计学专业建设

部分综合性院校常将关注点放在综合性学科的教学体系与教学模式的优化与革新上，对于综合性学科的过度重视会导致会计学科建设的资源不足，会计学专业教学体系难以实现完整建设。综合性院校应将“发展会计学科”设置为学科建设目标之一，平衡已有的教学规划，在维系院校特色化发展的同时，重视会计学专业学科建设。

四、会计学国家一流专业建设思路

（一）准确定位会计学专业培养目标，构建多元化、创新型人才培养模式

XH大学会计学国家一流专业人才模式为“以价值引领为总体目标，以战略思维、数智素养、国际视野为特色，以四力驱动为能力结构的三位一体数智化管理型财会人才培养模式”。培养总体目标为：培养以“家国情怀、责任担当、职业操守”为价值引领；形成“以国际通行的专业知识技能为基础，培养学生硬实力；以情景适应，组织领导为内核，培养学生软实力；以学科交叉、数智素养为特色，培养学生巧实力；以战略思维、国际化视野为优势，培养学生锐实力”的“四力驱动型”能力结构（人才培养模式见图2）。实行“四个结合、四个突出”的人才培养模式，理论教学、模拟实训、案例教学、专业实习相结合，培养应用型人才。理论教学和实践能力相结合，突出实务技能；学历教育与职业资格水平教育相结合，突出职业能力；专业教育与素质教育相结合，突出综合素质；全面训练和岗位训练相结合，突出岗位能力。坚持协同与融合的发展路径，持续培养智能财会融合型人才。注重培养学生实践技能和创新创业能力。以培养学生实践能力和提升学生素质为目的，构筑了课内单项训练、课程综合实训、岗位分项实训、综合能力提升、毕业顶岗实训的实践教学体系，增设其他特色课程、素质拓展课程和专业资格考试强化课程，植入了创新创业教育、劳动教育和美育教育。校企深度融合共建会计学专业。适应数字经济发展需求，与新道科技股份有限公司等共建会计学专业，构筑业财一体的课程体系，实现理实一体化教学，以就业、创业为导向，培养适应大智移云环境下具备专业能力、职业能力、创新能力的创新型会计专门人才。

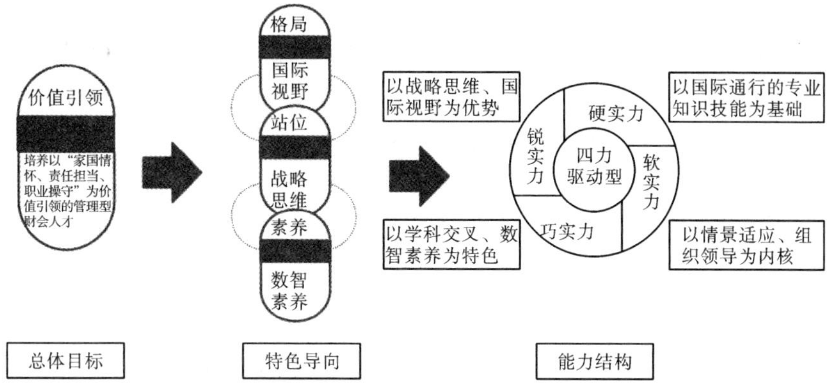

“三位一体”数智化管理型财会人才培养模式

图 2　会计学一流专业建设人才培养模式

(二) 调整人才培养方案，优化体系课程设置

综合性院校应当以专业实际需求与教学团队特色为依据，适度提高选修课程的占比，同时应优化必修课程的教学时长与教学内容。院校可设置模块式课程体系，以确保学生建立合理的知识架构，既可确保学生形成相对较为系统与完整的知识结构，也能贴合学生个性发展。

1. 调整、增置数智财会专业课程体系

开设学习智能化专业及应用类的系列课程。一是根据决策问题获取所需数据，主要开设“数据库应用”“Python 网络爬虫与数据挖掘”“智能财务共享”“VBSE 企业综合运营场景演练”等课程；二是运用信息技术进行数据分析，主要开设“智能财务决策”“大数据审计”“商务数据建模与 EXCEL 高阶应用”等课程；三是基于信息工具平台的数据呈现，主要开设“智能财务分析可视化”“审计数据分析可视化”等课程。同时组织学生参与企业数字化转型的实习实践。优选部分学生在老师指导下参与用友、金蝶等大公司正在实施的客户企业财务数字化转型项目。

2. 突出综合性院校特色及优势，增强会计学科研究特色

将会计学科培养方案的制订与院校工科特色相结合。综合性院校会计学专业无须设立多种不同的培养方向，以免造成过度细分，在培养目标的制定上需明确具有理工科背景的复合型会计人才如何满足区域发展需求。结合综合性院校强势专业与品牌专业特色，结合院校所处地域环境，同时综合考虑社会及行业所需，加强综合性特色课程的设置与教学内容设计，

增加充分体现院校特色与优势的选修课程，并安排体现行业产品技术特征、业务经营管理、商务运作等方面的课程，将综合性院校特色融入人才培养过程。理工科专业普遍重视实践活动环节，加强实训质量，提升师资配置，校内外结合。综合性院校会计学专业目标旨在锻炼学生的实践技能，因而需进一步加强实验实训建设，严格把控实践环节教学质量，建立并优化线下校外实训基地及线上模拟实训平台，全面综合提高学生职业胜任能力。

（三）改善实训条件、实习环境，加强实践教学并提高学生创新创业能力

综合性院校需要最大限度地改善学生社会实践模式缺乏组织性和纪律性、缺少清晰规划等状况，增大资金的投入、加强院校与企业的合作、注重教师团队培训、定期更换会计实践应用软件；夯实关于学生会计日常学习及毕业实习方面的管理工作、进一步建设校外辅导教师队伍、全程监管学生的实习情况、提高实习效率与实习质量。

（四）提升应用实践性课程的教学力度

会计学专业的实践教学理应涉及两部分内容：课内实验环节与集中性实践教学环节。主要专业基础课程与专业课程都需要设立课内实验。以会计学专业培养目标作为学科发展建设依据，构建公共基础课实验、专业基础课实验、骨干专业课实验和专业选修课实验四大实验模块，形成基本专业能力训练、核心专业能力训练和综合决策与创新能力训练三个层次的实践能力训练体系，培养学生发现问题、分析问题和解决问题的能力。

（五）接轨国际化会计教学及培养，开拓国际视野

由于会计学专业与国际紧密接轨的特性，XH 大学重点设立 ACCA（特许公认会计师公会）方向班、CMA（美国注册管理会计师）培训班，同时与德国明斯特大学、泰国易山仓大学开展会计学双学位培养，最大限度地促进中英双语课程的探索与迈进，进一步增强教师队伍和学生会计学专业英语的使用技能，给予教师团队更多出国进行院校间学术探讨交流、与外籍学者专家会谈并分享经验的机会，提升教师队伍对国际会计准则与国际惯例的理解力、娴熟度，进而开阔教学视野、与国际化会计教学及培养前沿接轨，进一步促进会计学科建设。

五、会计学国家一流专业建设的举措

正如教育部副部长吴岩所说，高等教育改革面临五大关键之处，改到

要处是专业，改到深处是课程，改到实处是教材，改到难处是技法，改到痛处是教师，因此会计学国家一流专业建设，本身就是一次大的改革与创新。必须要从五个关键处去落实，构建特色，最终达到提升会计学人才培养质量的目的。XH 大学拟从如下方面探索会计学国家一流专业建设。

（一）以新文科建设为重要抓手，持续深化会计学专业教育教学改革

落实立德树人根本任务，坚持“学生中心、产出导向、持续改进”的教育理念，以新文科建设为重要抓手，深化会计学专业校企专业共建人才培养模式的研究与实践，持续深化专业教育教学改革。

（二）以一流课程建设为重要抓手，打造一流的专业核心课程

追踪和引领课程的发展前沿，及时更新、优化专业课程的教学内容；充分运用信息技术和人工智能技术，加快开发新形态数字课程资源；建成一批具有高阶性、创新性和挑战度的专业核心课程、一流课程。重点打造会计学基础、中级财务会计、财务管理、税收理论与实务、大数据审计等一批国家级、省级、校级一流课程、虚拟仿真及课程思政示范课。同时编写《会计学基础》《税法》《审计案例与实务》《财务管理学》等一批高水平教材。

（三）以学生为中心，进一步强化学生的实践能力

搭建校企对接平台，拓展实习实践资源；深化“综合训练”实践教学模式改革，在学科竞赛、创新训练、课程设计、毕业设计等实践教学中，进一步强化学生实践能力。

（四）加强教师梯队建设，提升教师教学及科研水平

坚持引进和培养相结合，鼓励教师攻读博士学位。引进高层次高水平人才，建立健全师资队伍培养制度，制定并落实梯队建设发展规划和个人提升计划。坚持“引进、培养与使用并重”的方针，重点培养有潜质的中青年教师，支持骨干教师参加各类学科前沿和专业知识高级研修班，提升业务能力。建设以会计学专业和课程为中心的教师团队，以老带新，建立青年教师导师制，帮助青年教师提高教学及科研水平，形成合理的人才梯队。

（五）加强教学过程监督，建设教学质量保障体系

首先，设立刚性听课制度，对教学检查制度予以规范化、标准化，结合学校整体检查环节和学院层面自查环节，进行常规检查与随机抽查；其次，建立教学督导制度，由校级与院级两级督导配合联动，目标在于全

程、全面地指导、监督、检查以及评估教学水平与质量；再次，设立学生信息员制度，按专业信息与年级类别选聘学生信息员；最后，优化教师教学评价制度，构建完整的评价体系。

参考文献

[1] 史璇，李嘉程，江春霞，等. 地方理工类院校会计学一流专业建设的探索与实践［J］. 创新创业理论研究与实践，2022（7）：14-16.

[2] 刘金彬，赵蓓，曹明才，等. 以能力培养为导向的会计学专业人才培养体系探索与实践［J］. 财会月刊，2018（20）：99-105.

[3] 田启涛，葛菲. 职业目标新视角：职业使命感研究评述及未来展望［J］. 上海对外经贸大学学报，2019（5）：39-51.

[4] 李婧涵，高军. 地方高校一流本科专业建设标准研究［J］. 高校后勤研究，2021（10）：61-63.

[5] 孟令薇，朱璐瑶. AI 时代下会计专业学生的认知以及职业规划：以山东农业大学为例［J］. 江西电力职业技术学院学报，2020（3）：68-71.

[6] 杨金豹，康志强，刘希军，等. 国家一流专业建设背景下课程教学目标达成度评价改革与实践：以桂林理工大学资源勘查工程专业为例［J］. 高教学刊，2022（28）：42-45.

新商科背景下地方院校工商管理专业复合型人才培养模式研究

牟绍波　袁红霞

（西华大学管理学院　四川成都　610039）

摘要：数字经济时代的新技术驱动着商业模式的改变和知识的更新迭代，对商科人才的培养在思维、知识和能力等方面提出了新要求。面对外部环境变化带来的挑战，地方院校应在融合区域优势和地方特色的基础上，基于新商科理念从培养目标、课程体系、教学方式、实践平台、产教融合等方面进行改革与创新，构建工商管理人才培养新模式，全面提升地方院校教学质量，培养一批服务于数字经济发展的复合型工商管理人才。

关键词：新商科；工商管理专业；复合型人才；培养模式

【基金项目】本文是四川省高等教育人才培养质量和教学改革项目JG2021-381和JG2021-913以及西华大学校级教育教学改革项目（xjjg2021041）的阶段性成果，得到西华大学会计学国家级一流本科专业建设项目资助。

"互联网+"、人工智能、大数据、云计算、区块链等技术变革重构了现代商业环境，驱动着商业模式的演进，企业的组织结构和管理流程等内部管理趋向数字化转型。新的商业环境催生了新商科人才培养模式的重构与调整，对复合型和创新型人才的需求与日俱增。然而，现阶段既掌握新技术新技能又熟悉具体行业运作的复合型商科人才十分短缺。作为高等教育人才培养的主力军，我国地方院校人才模式的变革速度落后于社会经济的发展速度，在工商管理专业人才培养模式上还存在诸多问题。基于此，地方院校如何聚焦新商科教育理念，立足地方特色和区域优势，从跨学科交叉融合优化课程体系、新技术革新教学模式、地方产业助推产学融合等路径改革工商管理复合型人才培养模式，加速培养一批能够面向未来的卓越企业家和职业经理人，已成为教育界和产业界亟待研究和解决的问题。

一、新商科的内涵

2017年，教育部推出“四新”建设（新工科、新医科、新农科、新文科），突出交叉融合再出新。“新商科”是在新文科理念下开展经济管理类教育的重要新概念，在随后的多次研讨会上被提及，学者们也相继进行了理论探究和实践探索。但目前对其概念还没有取得广泛意义上的共识，新商科的内涵和路径仍处在探索阶段。总结来说，新商科是以传统商科为基础，融合新技术和跨学科知识，构建形成的运用新模式、新理念和新方法开展综合性的跨学科新型商科教育模式，为学生提供的一种跨界融合、开放能动的综合性新型商科教育，着力于培养高水平复合型人才。新商科复合型人才应当是具有“专业+”的复合型知识结构、“技术+”的复合型能力结构、“创业+”的复合型素质结构的综合性人才。

传统商科产生于工业经济时代，以职能为导向培养专职人才；而新商科是以数字经济为背景，对传统商科进行跨学科交叉融合，将新技术融合到商科教育过程中，以行业为导向培养复合型人才。新商科是对传统商科的教育范式、教育思维和教育理念进行的变革，是重塑商科教育的一项系统性变革工程。但新商科建设并不是要颠覆传统商科，而是根据经济社会发展的需要调整思维模式和教学方法，赋予商科教育数字时代的新内涵。“新商科”的新，是以新时代为背景，以新科技革命为支撑，以新经济发展模式为依托，改变传统商科的学科范式，保持与时俱进的商科教育形态。

二、新商科背景下工商管理人才需求特征

随着经济全球化和科学技术的迅猛发展，数字经济催生了新产业、新业态、新模式，驱动着企业生产运营模式发生变革。新商业模式的出现催生了新信息技术与传统商科融合的新商科，对企业管理者紧跟变化、追求可持续发展提出了更高的要求。在新商科强调新思维、新规则、新理论、新工具的背景下，企业和社会对工商管理人才的需求也呈现出新的特征，人才需求特点从传统的单一技能型向创新复合型转变，要求其具备创新思维和多元知识结构，掌握复合性的新技术和新管理方法。

（一）思维特征：重逻辑、拓创新

在新商业时代下，社会经济和高新技术高度融合，行业更加注重人才思维的逻辑性和创新性，科学的逻辑思维和创新思维成为工商管理专业人才应当具备的关键能力。具体而言，科学的逻辑思维是指处理问题时产生符合逻辑规律的思路和切实可行的解决方案。工商管理人才服务于现代企业复杂的管理活动，就要求具备敏锐的观察力、独立思考问题的分析能力和及时解决问题的决策力。在业态模式、组织形式和日常管理革新的新商业背景下，工商管理专业人员必须树立积极的创新思维，能利用发散思维解决管理问题，运用收敛思维做出商业管理决策，发挥联想思维策划管理活动。

（二）知识特征：宽基础、厚功底、融多元

复合型工商管理人才的塑造首先应当积累深厚的知识基础和多元化的知识结构。“宽基础、厚功底”是学科和专业人才培养在知识维度上的一个通用标准。工商管理人才首先需要掌握人文社科、自然科学方面的基础知识，拥有扎实的基础学科知识和学科专业知识，从而具备开展管理工作的基础能力。其次，由于新商科具有交叉融合的特性，这对商科人才的知识结构也提出了更高的要求，工商管理人才还应当了解学习与互联网、大数据、人工智能、物联网数据挖掘等有关的信息技术领域知识，掌握数字经济时代的新技术，做到跨学科知识以及理论与技术的融会贯通，形成具备多元化的知识结构，是“互联网+”时代提升工作效率的基础。

（三）能力特征：稳基础、强拓展

从能力结构上来看，新商业环境下的工商管理专业人才呈现出稳定基础能力、加强商业拓展能力的特点。无论处于什么样的外部环境，工商管理人才首先需要具备学习适应、团队协作、组织协调等基础能力，这是从事企业管理工作的基石。在“互联网+”时代，技术环境不断更新迭代，企业经营管理活动日趋复杂，这就要求新商科背景下的工商管理人才具备更高层次的商业拓展能力，如决策判断、战略思考、控制情绪等能力，还要熟练掌握各种融合新技术的分析方法和管理工具，应对新商业环境中层出不穷的新挑战，而这些能力很难从课堂教学活动中提高，要通过实习实训、工作项目、学科竞赛等实践活动加强锻炼。

三、地方院校工商管理专业人才培养模式存在的问题

（一）培养目标不准确

培养适应和引领新兴商业领域和商业模式的复合型创新人才首先应当明确人才培养目标。然而，目前地方院校还存在着人才培养目标定位不明确的问题。一方面是教学理念与社会脱节，人才培养目标缺乏时代性。在社会数字化不断发展的今天，对人才的需要也在不断更新换代，然而一些地方院校教学理念落后于经济发展，存在理论与实践脱离、培养内容和专业规划设置不合理等问题，导致其培养的人才不能满足新经济环境对管理型人才的需要。另一方面，照搬国家政策性文件，过度借鉴、模仿其他学校，导致人才培养目标缺乏适用性和可操作性，影响了人才培养质量。国家政策文件是从宏观上明确了院校人才培养目标，这些目标定位具有宽泛性和统合性，地方院校需要在此基础上进行细化和具体，设身处地、实事求是地结合自身情况制定符合本校特色的人才培养目标。

（二）培养模式难以实现交叉融合

跨学科交叉和新技术融合既是新商科的两大显著特征，也是创新复合型管理人才培养模式的重要路径。目前地方院校在工商管理专业教学上存在课程设置不合理、教学模式单一等问题，人才培养模式难以实现跨学科交叉融合以及大数据、人工智能等新技术与商科课程的融入。目前很多国外一流大学都设置了板块化和综合化的课程，课程内容具有前沿性和融合性。而我国地方院校工商管理专业课程设置分为专业基础课和选修课程两个板块，课程内容集中在管理学、经济学和会计学等单一独立的学科知识体系，课程之间缺乏融合，“数据+管理”“科技+金融”等跨学科交叉融合的课程设置更是少之又少，不利于工商管理专业学生对现代管理方法和工具的掌握。另外，地方院校老师在授课方式和考核方式上仍以教材和课堂为主，教学方式缺乏对先进教学技术的运用结合，教学内容上对课堂延展至课外、实地学习企业管理等实践教学活动安排不足，导致专业课教学内容不够丰富，学生对理论知识缺乏融会贯通的能力。

（三）培养模式重理论、轻实践

现代科技发展日新月异，企业面临着全面化数字转型的挑战，商科与技术融合的内容处于不断变化之中，这就要求工商管理专业人才能够与科技发展保持与时俱进，深入企业管理活动的实践中。目前地方院校人才模

式的变革速度落后于社会经济的发展速度，对工商管理专业的培养模式还侧重于理论教学，而对实践环节不够重视。一方面是因为缺乏实践平台，一些地理位置偏远的地方院校难以获得能有效利用的实践资源，从而很少甚至没有安排实践活动，学生自然就不能切实走近企业增长实践经验。另一方面是校企合作不完善。有些地方院校虽然开展了校企合作，但教学模式形式化问题严重，很多学生并未实际参与到企业实践中，有些甚至只是应付流程走过场，并没有达到实践教学的目的。

（四）培养模式缺乏地方特色

新技术与传统行业的深度融合催生了新业态和新职业，区域和地方产业人才需求发生变化，亟须大量复合应用型人才作为支撑。地方院校是区域和地方经济社会发展人才的主要来源地，立足地方特色明确人才培养目标、深度融入地方经济发展展开产学融合，成为地方院校创新人才培养模式的必由之路。但目前地方院校很少探究这一人才培养路径，办学定位趋近趋同而对自身特色凝聚不足，较少利用地方资源开展产学合作，教学科研与地方发展融合度不高，缺乏一套具有地方特色的本地化工商管理学科建设模式。地方院校在深入探索商科人才培养模式本土化和特色化方面的任务还很艰巨。

四、新商科背景下地方院校工商管理专业复合型人才培养路径

数字经济驱动着企业的商业模式转向数字产业化和产业数字化，带来了大量全新的管理实践场景，企业的管理活动亟须懂管理又会技术的复合型人才。作为人才培养的主力军，地方院校亟须植入数字经济思维，重构工商管理人才培养体系，动态优化人才培养模式，以满足产业对应用型、复合型、创新型人才的需求。

（一）基于地方院校特色，明确人才培养目标

人才培养目标既是人才培养方向的引领，也是衡量人才培养质量的关键指标。在新商科建设背景下，地方院校必须把握地方经济发展规律和区域优势，以社会、行业、企业人才需求特征为导向，结合自身办学传统和特色，树立具有地方性、应用性、创新性的人才培养目标。地方院校要准确把握新商业对商科人才的新要求，以“立德树人”根本任务为导向，强化“开门办学”的理念，建立跨专业交叉融合的教学模式，采用新商科“思维”将大数据分析、互联网技术应用等新兴技术能力以及创新能力融

入目标体系，从“知识、能力、素质”三个维度准确界定新商科人才培养目标。同时，地方院校是地方发展的产物，人才培养目标必须立足地方，结合自身历史、地方特点和产业结构，办学定位既传承传统又具有鲜明特色，与地方协调发展、良性互动，为区域发展贡献力量。

（二）构建多元融合的课程体系

教学课程是人才培养模式所必备的载体，是人才培养的核心要素。新商科与传统商科最本质的区别就在于新商科教育强调跨专业、跨学科的“交叉融合”。因此，地方院校必须要打破学科间、专业间的知识壁垒，构建“工商管理专业+外语+IT”有机融合的课程体系，合理布局理论课和实践课的占比。在具体措施方面，加强通识课程融入工商管理专业建设，推动素质教育和专业有机融合；建设学科交叉课程，将工商管理与数学、经济学、计算机等学科进行课程交叉融合；开设大数据分析、人工智能概论、数据挖掘、Python语言等选修课程；开展学科竞争、双创教育、实习实训等实践教学，培养一批既精通专业知识、掌握跨界知识又懂技术的管理人才。

（三）运用新技术优化教学模式

教学技术的创新是实现“新商科”背景下工商管理学科人才培养，打造一流本科专业的新路径。地方院校要以问题为导向，以学生为中心，运用区域优势和信息技术革新工商管理专业教学模式。具体而言，可以从以下两个方面优化教学模式。第一，在优化课程体系的前提下，强化实践教学环节。地方院校要加强建设经济学科专业实验室，积极主动与企业对接，建设校外实习基地，推动教师实施案例分析、实验模拟、角色扮演等多元化的教学方式，鼓励教师和学生参加学科竞赛和实践活动，密切衔接理论教学与实践教学，提升学生实践能力和创新能力。第二，充分利用数字资源和新技术，推动课堂教学信息化改革。地方院校要推广“互联网+教育”模式，运用新技术丰富教学内容，构建数字化的教学方式；还可以建立案例库和数据库，打造线上精品课程，采取开展翻转式课堂等新型教学手段，提升教学效率，改善教学效果。

（四）根植地方特色，推动产教融合

产业和教育是相互关联、相互促进的两大系统。在数智赋能新商科的背景下，全面推行产教深度融合是地方院校变革和创新人才培养模式，加强培养创新型人才和复合型人才的必由路径。地方院校是区域和地方经济

社会发展人才的主要来源地，具有产教融合的地域优势。因此，地方院校工商管理人才培养要立足于地方特点，依托地方产业发展的优势，对接区域产业集群，突出专业培养特色，深化校地校企产教融合，构建特色鲜明的人才培养模式。地方院校通过开发利用产学研平台，对标地方行业对复合型管理人才的需求，将岗位所需知识和能力与课程对接，实现招人、育人和用人的一体化。此外，地方院校要积极主动与地方政府、地方企业对接，建立产学研合作教育平台、校内外实训基地，加强实践教学，建立“双师型”师资队伍，与企业建立协调育人机制。

五、结论

在数字经济浪潮下，现代企业对商科人才的需求正在发生颠覆性的变化，新商科建设给高校工商管理专业人才培养模式也带来了冲击与机遇。针对新时代管理人才需求的变化，地方院校要根植于地方特点，依托区域平台和资源，贯彻新商科“融合”的理念，构建符合数字经济发展的工商管理人才培养模式，全面提升商科人才培养质量，为我国现代化经济建设培养优秀人才。

参考文献

[1] 郭彦丽，薛云. 数字经济时代新商科实践人才培养模式探索 [J]. 高教学刊，2020（36）：165-168.

[2] 赵京桥. 信息技术变革下的商业模式演进 [J]. 商业经济研究，2022（6）：5-8.

[3] 贺宁坡. “数字经济” 下企业管理和财务管理转型 [J]. 财务与会计，2018（12）：86-87.

[4] 伍耀规，任红. 新商科背景下创新型会计人才培养模式探究 [J]. 中国管理信息化，2020，23（1）：231-233.

[5] 张国平，王开田，施杨. “四位一体、四维融合” 的新商科复合型人才培养模式探析 [J]. 中国高等教育，2022（11）：50-52.

[6] 王洪才. 专业集群：应用型高校的前瞻与挑战：兼评《应用型院校专业集群研究论纲》[J]. 江苏高教，2022（4）：75-81.

[7] 孔祥维，王明征，陈熹. 数字经济下 “新商科” 数智化本科课程

建设的实践与探索［J］. 中国大学教学，2022（8）：31-36.

［8］陈晓芳，夏文蕾，张逸石，等. 新时代新商科的内涵及“多维度协同”培养体系改革［J］. 财会月刊，2021（5）：107-113.

［9］刘洁，郑丽. 数字经济时代应用型大学产教融合的新商科人才培养模式研究［J］. 北京联合大学学报，2022，36（2）：7-12.

［10］董开颜，谭博. 时代激变下的融合之道与通变之途：“新文科”和“新商科”背景下文化产业管理学科建设与人才培养：“第十七届全国高校文化管理类学科建设联席会议”综述［J］. 中国文化产业评论，2021，30（1）：61-78.

［11］韩国高，陈庭富，刘田广. 数字化转型与企业产能利用率：来自中国制造企业的经验发现［J］. 财经研究，2022，48（9）：154-168.

［12］许驰. 创新思维培养与工商管理类专业教学的全面融合研究：基于课程思政视角［J］. 南方论刊，2022（6）：89-91.

［13］陈芹，郑月龙. “互联网+”背景下新商科创新复合型人才培养模式的构建［J］. 西部素质教育，2022，8（16）：117-120.

［14］朱洪波，王友云. 地方高校治理转型的现实选择：内涵、特色与融合发展［J］. 贵州社会科学，2021（8）：96-102.

［15］肖建国，李雨豪. 地方高校研究生“四位一体”人才培养模式的实践路径研究［J］. 江苏大学学报（社会科学版），2022，24（4）：104-113.

［16］廖文龙，刘卫. 大数据背景下东盟国际会计人才培养模式优化研究：以广西财经学院为例［J］. 会计之友，2022（20）：126-131.

［17］陈恺宇，商子楠. 产教深度融合的应用型人才培养创新模式构建研究：以工商管理专业为例［J］. 高教学刊，2021，7（34）：27-30，35.

新商科背景下
工商管理类专业人才培养探索

牟绍波　鄢然

（西华大学管理学院　四川成都　610039）

摘要：人工智能大数据的不断发展催生了新技术与新思想，也为人们的生活提出了新的挑战。商业模式的变化让更多企业需要复合型人才，也为各大高校的人才培养提出了新要求。虽然高校的工商管理类专业人才培养也在不断探索中前进，但依旧有很多问题需要解决。本文通过分析新商科的背景、定义与内涵，总结出新商科背景下工商管理类专业人才培养的内容与建议，为工商管理类专业人才培养提供一些启发。

关键词：新商科；工商管理类；人才培养

【基金项目】本文是四川省高等教育人才培养质量和教学改革项目JG2021-381 和 G2021-913 以及西华大学校级教育教学改革项目（xjjg2021041）的阶段性成果，得到西华大学会计学国家级一流本科专业建设项目资助。

一、引言

1881 年美国宾夕法尼亚大学成立沃顿商学院，开启了高等教育商科教育的先河。随着经济社会的不断发展，商科教育为了适应社会的需要，不断演化出新的学科。2018 年时任教育部高等教育司司长吴岩提出启动新工科、新医科、新农科新文科建设。新文科建设既面向科技革命，强调学科交叉融合，也扎根中国大地，立足新时代。面对改革进程中出现的新问题、新矛盾、新挑战，培养未来发展需要的时代新人。经济管理学者们在新文科的体系下提出“新商科”这一新概念，借助新文科的发展浪潮推动新商科的迅速发展，具有极强的时代意义。

蒸汽机的出现带动了第一次工业革命的兴起，极大地提高了人们的生产效率。以电力与内燃机的出现为标志的第二次工业革命使科学技术得以迅速发展。第三次科技革命始于对原子能、电子计算机、空间技术和生物工程的发明与应用，深刻影响了人们的生活与思维方式。而现在我们正处于第四次工业革命的时期，新经济、商业模式使企业产生了很多新岗位，并将一些传统岗位交给迅速发展的人工智能处理。传统商科培养出来的传统单一型人才一定程度上已经不能满足企业的人才管理需求。对于为企业提供人才的高等教育而言，培养出一批了解一定信息技术专业知识的创新型人才一定是目前教育的重要内容。《国家中长期教育改革和发展规划纲要（2018—2020）》中提到，我国中长期教育的一大战略目标就是“面向全体学生、促进学生全面发展，着力提高学生服务国家服务人民的社会责任感、勇于探索的创新精神和善于解决问题的实践能力”。简而言之，就是新经济背景下新商科更需要复合型创新人才，更加注重对学生的认知能力、创新能力、协作能力以及职业素养的培养，努力为市场提供情商智商双高、专业素养过关的企业经济参与者与管理者。

中国处于社会发展的重要时期，高校教育应该更加注重文化建设与培养。我们应该将中国优秀文化融入新商科的教育中，在新商科的教育建设中体现出中国的道路自信、理论自信、制度自信、文化自信。新时代的商科教育不仅要迎合中国市场的需要，而且要符合国际文化、经济交流的要求，积极参与到国际商科教育体系的建设与规划中。

二、新商科的定义与特点

新商科，是相较于传统商科提出的一个适应如今数字经济的新概念，属于新文科的范畴。它作为新时代的产物，并不是完全推翻传统商科模式的一种教育，而是在传统商科基础上的诠释与补充。新商科是传统商科的创新型变革，它旨在将新技术、新模式、新方法等融入传统商科以达到培养复合型技术人才的目的，适应新环境。传统商科培养的是职业导向型人才，如市场营销、人力资源管理、财务等，而新商科培养的是以行业为导向的复合型高技术人才，如：云营销、财富管理、金融科技等。新商科的出现为商科注入了“互联网+”与数字经济时代的新活力。新商科建设的内涵主要体现在以下三个方面：

（一）新商科是产业与教育深度融合的全新培养方式

不同于以往传统商科培养单一行业导向的专门人才，新商科为了使人才更符合现代信息技术企业的要求，主动寻求变化，更愿意培养复合型多学科技术人才。新的技术催生了新商业模式与新业态，也改变了市场对人才的要求。新商科教育源于对市场经济的实践，最终运用于实践。新商科教育培养的人才必须面向市场，适应市场经济企业的需求，与时俱进。新经济模式产生了一系列新管理、新营销等变化，对商科人才是机遇也是挑战。想要顺应时代发展，就要求新商科教育满足企业与市场的人才需求，在此基础上进行学科升级与人才培养。

（二）新商科是融合现代新信息技术的综合性学科

现如今，随着信息技术的不断发展，大数据、互联网等技术正在不断改变人们的生活方式与企业商业运营模式，也催生出大量新的职业与岗位，大部分行业界限已经开始模糊，跨行业的竞争越来越激烈。现在大多数企业采用电子数据等方式进行数据管理与分析，对企业产生的海量数据进行解读就需要计算机技术等高新技术的支持。在数字经济迅猛发展的当下，新商科学生应该接受并掌握一定的信息技术专业知识，以适应市场经济与企业的新管理模式。

（三）新商科是面向未来经济发展需要的商学教育

国内外未来经济局势复杂多变，新商科教育就应该面向未来瞬息万变的经济市场。采用数字化智慧教学模式，培养学生的批判性与创新思维能力，让学生形成市场经济的全局观，打破经济学与管理学的知识壁垒；围绕新经济政策研究新的生产方式与组织形态；加入时代前沿的商科知识与管理模型，通过人才培养的变革适应推动新经济新商业的发展。

三、新商科背景下工商管理类专业人才培养现状

目前新商科工商管理类人才培养处于发展阶段，很多高校也在根据自身与地方需求开设工商管理类专业，力求培养高素质复合型人才，但由于实践经验不足，也存在以下问题：

（一）人才短缺导致盲目开设专业

随着中国市场经济不断活跃，各大企业纷纷引入外国先进的管理理念与体系，其中职业经理人便是一个重要的概念。职业经理人作为工商管理类人才的重要成员，通过参与公司重要决策的制定以及对企业经营战略的

优化，引导企业不断向好的方向发展。据统计，我国需要管理类人才共计1 000万至1 300万人，然而每年毕业的工商管理类人才约为200万人，缺口巨大。很多学校为了迎合国家号召便盲目开设工商管理类专业，没有结合地区发展的实际需要，因地制宜进行培养，导致学生毕业后并不能快速适应企业，难以达到补足人才缺口的目的。

（二）师资力量不足

虽然国家引进了国际工商管理教育理念与体系，但由于教师的水平参差不齐而无法实际推行到每个学校。教师无法完全胜任工商管理类教育，对相关知识的理解很多都仅停留在表面，无法带领学生进行实践教学，缺乏对学生的专业技能的训练培养，很难提高学生的动手能力与职业素养。很多工商管理类教师毕业于工商管理类教育专业，实际上并不了解工商管理类学生毕业后从事的工作类型，很难对学生的职业规划进行指导。虽然有些学校也在大力提倡教师的继续教育，但继续教育依旧停留在表面，只重视理论知识的传授，忽略对教师实践能力的培养，更无法对学生进行辅导。

（三）教育资源不平均

我国幅员辽阔，地区间发展不平衡，发达地区的教育投资远高于欠发达地区。在经济发达的一线城市，学校会投入更多的资金用于工商管理类教育，培养的人才数量也会更多，并且毕业生也更愿意留在经济更发达的城市，并且很多师范专业的毕业生并不愿意到经济欠发达的地区工作，导致我国发达地区工商管理类人才溢出，而欠发达地区的人才数量不足。

（四）培养模式滞后

很多高校的工商管理类课程开展使用的教材与设施都十分陈旧，难以反映国内外变化的经济形势。教授的知识也是八分理论、两分实践，课堂上强调学习理论知识，忽略学生的实践能力。有些学校甚至没有设置社会实践与企业实践，这样一来学生没有机会接触到现实经济生活中的工商管理，不利于应用实践能力的培养。

四、新商科背景下工商管理类专业人才培养的内容与建议

（一）在课程中加入数据分析、编程类计算机课程

在大数据、互联网发展的大背景下，新商科概念的提出对人才培养提出了新的要求。新商科的“新”，就是建立资源共享平台，探索新的教育

模式，培养复合型人才。围绕新商科对大数据分析以及数据分析思维的需求，商科教育应该加入一部分数据分析专业课程，帮助学生进入企业后能够更好地参与企业管理。同时也应该将 Python、R 语言、可视化分析等编程类课程加入培养计划，这些课程对于解决行业问题以及形成商业思维有一定的帮助。同时在校老师如果对这方面的程序和知识不太了解的话，可以请相关方面的专家开展集中培训，或利用网络资源进行学习，还可以对学生开设相关课程的旁听辅修，让学生更好地理解运用知识。首先，在设置课程时应该事先和教师沟通，避免重复授课导致浪费教育资源；其次，可以将传统课程与互联网、云计算等课程融合起来，让学生能够逐步接触这些编程课程，提升他们的兴趣。

（二）加强课程思政教育

课程思政教育的主要目的是让学生树立正确的人生观、世界观、价值观、文化观、历史观等，能够传承中华传统文化，做好中国特色社会主义的建设者和接班人。我国市场经济的不断发展需要具有家国情怀与社会责任感的人才。要加强教师对课程思政的理解，加大学校对老师的课程思政教育的力度，老师先理解了才能引导学生。老师之间也可以多进行沟通，交流在授课过程中遇到的问题，集思广益，商量对策，得出比较适合的思政教育的模板。老师同时也应该找准自己的授课课程可以融合的切入点，激发学生的兴趣。思政教育的重点并不在于单纯让学生掌握书本上的思想政治知识，而是将它融入工商管理这一大类中，与学科特征相结合。此时应该利用案例、实践等教学方式让学生在潜移默化中受到思政教育的影响，激发学生的情感共鸣，而不是生搬硬套，强迫学生接受书本上的思政知识。

（三）调整教学体系与方法

数字时代的教师应该是学生的引导者，老师应该多利用翻转课堂、案例教学、实践教学等方式引导学生主动思考并解决问题，而不仅是老师在台上讲，学生在台下听的模式，学生参与度较低可能会导致不太积极的学生上课效果不佳。各个企业的财务状况不同，国家的大经济环境变化迅速，多采用案例实践教学可以让学生更加直接地接触到实际。在案例的选择上，应该选择国内外较为典型的案例，且要注重案例的多样性，提高学生对这些事件的关注度，形成以学生学习为主、老师引导为辅的授课模式。同时可以与企业签订协议，让学生能够在实践中参与企业的经营管理，以实际环境引导学生形成自己的知识体系与职业规划，也让学生能够对实操有更深刻的理解。

（四）培养方案的设计需要结合实际

传统商科教育大部分沿用的是西方教学结构，但因为中国市场经济的快速发展，很多西方观点已不适应中国的经济大环境了。学校需要结合地方经济、政治发展状况，选择适合当地学生的教育培养方案。比如农科学院就可以将工商管理类课程与农科相结合，增加创新创业类课程，让学生了解到“三农问题”，通过 ERP 沙盘实训、会计模拟、电子商务分析等方式提升学生的综合实践能力，通过毕业论文的选题、撰写与修改以及答辩来锻炼学生的逻辑思考、语言组织与表达能力，提升学生提出问题、分析问题和解决问题的能力，让学生毕业后能够更迅速适应企业。在经济欠发达地区也可以给予老师相应的补贴，让老师愿意留在本地参与教学工作，统筹利用教育资源。

五、研究结论

以大数据、人工智能、云计算等为代表的科技革命已经彻底改变了国内外的经济形势与企业的经营模式，现在的社会所需要的人才已经不只是高新技术人才了，了解新商业运行规则又具备多个学科专业知识的复合型人才缺口逐渐增大。高校应该抓住这次机会，从传统商科转向新商科，促进多学科融合教育，提高师资力量，改善教育模式与授课方法，逐步推进教育改革，加快构建工商管理类专业人才培养新体系，培养出符合时代需求的新型人才。

参考文献

［1］吕素香，倪国华．经济类专业新文科建设的探索与实践［J］．北京教育（高教），2021（5）：49-51.

［2］吴岩．新时代高等教育面临新形势［N］．光明日报，2017-12-19（13）.

［3］吕朝晖．新商科：学科内涵与实现路径［J］．河南工程学院学报（社会科学版），2020，35（4）：79-84.

［4］王榄淇．产教融合背景下新商科人才培养研究［J］．河南教育

（高等教育），2022（6）：47-49.

［5］李妍，吕昱，李军红. 地方应用型本科高校新商科人才培养模式探索：基于智慧教学［J］. 现代商贸工业，2022，43（16）：81-82.

［6］杨斌. 试论经济社会发展的工商管理类专业人才需求［J］. 现代营销（信息版），2019（6）：205.

［7］魏蕾. 工商管理类人才的培养模式研究［J］. 现代商贸工业，2018，39（25）：155-156.

［8］姜晓丽，袁基瑜，于静. 新商科背景下课程思政融入市场营销专业建设路径［J］. 经济研究导刊，2022（23）：134-136.

［9］曲志丽，姜雪松. 数智时代新商科会计财管人才培养路径的构建［J］. 商业经济，2022（6）：189-191.

利益相关者视域下
高校激励管理机制的重构

郑蓉

（西华大学管理学院　四川成都　610039）

摘要：本文以“大智移云物”时代下社会经济发展变化对高等教育提出的挑战为研究背景，分析了当前高校激励管理存在的问题。然后通过对高校不同类型利益相关者的界定与分析，提出了如何重构新型的高校激励管理机制。

关键词：利益相关者；高校；激励管理

【基金项目】本文是四川省高等教育人才培养质量和教学改革项目JG2021-381和JG2021-913的阶段性成果，得到西华大学会计学国家级一流本科专业建设项目资助。

随着大数据、人工智能、移动互联、云计算、物联网、区块链的飞速发展，我们的社会步入了“大智移云物”的新时代。智能化与信息化管理手段的普及，一方面加快了企业的反应速度，方便了普通大众的日常生活，使我们都可以充分享受到信息化和智能化所带来的福祉；但另一方面，这些变化在加剧了产业发展与行业竞争格局变动的同时，更暴露出当前高校教育和管理滞后于时代发展的众多问题：多元化教学虽已兴起，但传统的以讲授与灌输为主的教育模式仍在实质上占据着高校教学的主导模式；重科研轻教学、非升即走的绩效考评机制导致了教学质量的下降与科研成果的虚假繁荣；圈子文化与政绩工程使得“大学精神”在中国高校内苟延残喘……如何适应新形势的发展，重振当代高校的生机与活力？人是最关键的因素。如何在新时代背景下有效激发教育主体中人的积极性是高校教育改革的最根本的问题。本文将从利益相关者的角度对新时代高校激励管理机制的重构展开探讨。

一、高校激励管理存在的问题

（一）偏离目标导向的高校教育和管理

国际高等教育的理论研究和发展经验表明，高等教育肩负着服务国家发展战略的外在目标和守护大学精神的内在目标，这两者恰如现代大学的一体两翼，共同推动着高等教育的改革、发展与完善。因此我国高校任何激励制度或措施的设立都应紧紧围绕着这两个目标进行。但现代高校的管理却没能很好地沿着这个方向前行，一方面，没能很好地适应时代发展的需要，出现教育人才供给与社会需求错配的现象；另一方面，不恰当的管理与激励机制推动了教育的功利化，从而使现代大学丧失了其应有的学术风骨和思想批判之风。

（二）缺乏科学合理的激励模式

激励是指通过特定的方法与管理体系，将员工对组织及工作的承诺最大化的过程。激励的目的在于激发人的正确行为动机，调动人的积极性和创造性，以充分发挥人的智力效应，做出最大成绩。企业激励从不同的维度可分为不同类型。按其发挥的作用可分为正激励与负激励；按激励的内容可分为精神激励与物质激励；按激励的效用期设定可分为即时激励、短期激励、中期激励、长期激励。目前高校使用最多的激励模式更多的是物质激励、负激励和中短期激励为主，精神激励、正激励与长期激励为辅。这种激励模式从根本上讲是不符合激励对象的人格特征及其职业诉求的。因为按照马斯洛的需求层次理论与管理的 XYZ 理论，人的需求是具有层次和等级的，而人性本身是有差异的。同时，物质激励和精神激励相结合的原则认为，物质激励是基础，精神激励是根本。大学教师是知识型员工，具有更强烈的尊重需求与自我实现需求。而当前不少高校采用的是与物质激励紧密挂钩的绩效考评机制，以及高度负激励效应的非升即走的岗位聘任机制。这一系列激励模式的设定，从根本上忽略了对教师高层次需求的激励，并试图用简单的惩戒手段将高校教师的工作努力与大学的发展目标简单地绑定。缺乏对激励对象利益诉求的全面认识，必然难以激发高校教师内在的主动性与积极性，从而将其个体目标的实现与集体目标有效地统一起来。

科学有效的激励必须具备两个特征：其一，激励的措施要适度。要根据所实现目标本身的价值大小确定适当的激励量；其二，激励必须具有公平性。这里的公平既包括激励和考核具有程序上的公平性，也包括激励和考核具有结果的公平性。因为激励政策的效果不仅取决于员工对自我付出和收获的比较，还取决于其对自己和他人相对付出与收获的比较结果。高校激励管理中当前最大的问题在于，激励丧失必要的程序公平，激励考核与监管的措施与内容制定也缺乏恰当性与公平性。首先表现在部分高校中，不论是教学的奖项还是科研的评比，在同等水平条件下，总是领导优先。这种程序上的不公平不仅打击了教师的工作积极性，而且会助长高校的崇官之风，使高校越来越像“衙门”，失去“象牙塔”本应有的宁静与纯洁。其次是对不同类型工作的考核奖惩制度的规定缺乏比较公平性，即不同复杂程度的工作其对应的考核要求难易程度不同，其对应的奖励与惩罚力度也应有所不同。譬如，对工作复杂程度较高的一线做教学科研的教师给予更高的考核要求，却给其以与做其他教辅导工作的教师同样的结果激励，必然会导致一线教师工作积极性的降低，甚至缺失。

（三）激励导向的定位不当

有效地引导是激励管理的内在要求，但只有合理的激励制度才会产生有效的引导作用。激励制度内在的设计不合理或奖惩的不公平等原因都会导致教师的行为与学校的管理预期背道而驰。目前高校激励管理上引导失当的主要表现为重科研、轻教学。大学必须以大学人才的培养与输出为其根本，科研的深入有助于更好地进行教学，但却不能让所有教师为了科研而忽视教学。但目前不论是重点高校还是普通高校，均以科研成果为评奖与职称晋升的主要标准，学生对教师的认可对教师的个体评价是无足轻重的。于是教学只是为了完成上课任务，科研才是各个高校集体与个人的重中之重。加之科研水平的考核本就是个难题，于是发表文章的数量与级别成了晋级与定岗的最主要的依据。最终结果必然导致高校教师为了眼前利益不顾一切地追求科研论文与项目的数量，从而造成了高校科研的虚假繁荣和对本科教学的严重忽视。

二、高校利益相关者的内涵及其影响

利益相关者理论始于20世纪60年代，是在对西方资本主义市场所奉行的“股东利益至上”的公司治理实践的质疑中逐步发展起来的。借用1984年Freeman对利益相关者的经典定义，我们可以将高校利益相关者界定为那些能影响高校目标的实现或被高校目标的实现所影响的个人或群体。高校的利益相关者的概念在不同时期其界定会有所不同。在市场经济和校企合作广泛发展的今天，高校的内部利益相关者主要有学生与其教职员工，其外部利益相关者主要为政府相关部门、用人单位、合作企业与单位。这些利益相关者按照是否与高校有正式契约可分为一级利益相关者和二级利益相关者，一级利益相关者，如作为投资方的监管方的政府部门、在校学生，以及存在雇佣合约关系的教职员工；二级利益相关者则包括用人单位、合作单位、校友和社会公众等（母中旭，2021）。若按利益相关者与高校关系的密切程度，可将利益相关者分为四类：第一类为核心利益相关者，即高校的教职员工和在校学生；第二类为重要利益相关者，包括高校的投资监管者与校友；第三类为间接利益相关者，主要为与高校有契约合作关系的当事人，如产教整合或产学研结合的合作者，或其他合作开发单位，以及长期签约的用人单位等；第四类是边缘利益相关者，即受高校招生与发展影响的当地社区和社会公众等（李福华，2007）。不同层次和类别的利益相关者，其对高校发展的影响力与作用机制是有很大差异的。具体而言，核心利益相关者中的教师是高校发展水平和质量的保证，其本身的教学与科研实力，以及其自身对工作的积极性会在根本上决定一个大学发展的速度与方式。核心利益相关者中的学生是高校教育的对象，毕业后也代表了高校教育的成果和水平，其未来工作的成就与其在用人单位的表现就会影响高校长远的声誉及发展。而高校的行政主管是运行的组织者、协调者和服务者，他们的管理水平与本身的品行影响着高校发展的目标、高校的运行方式和精神面貌。当然，高校的其他利益相关者也都会以其各自不同的方式影响高校的发展路径。如作为重要利益相关者的政府作为高校的投资拨款方会主导高校发展的社会目标，知名校友的数量及知名度高低会影响学校的排名与招生。作为间接利益相关者的企业以校企联合的方式促进高校人才培养模式的跨越与升级，而高校的发展与繁荣又必然带动高校周边社区与环境的发展，周边的发展又会反过来吸引更多的学生、企业关注高校，建立良性的经济社会循环运转模式（Freeman，1984）。故我们可以得出，现代高校健康发展的一个重要职责就是要维护和满足各主要利益相关者的利益要求，通过厘清主要利益相关者的需求层次，建立一个以利益相关者平衡共治的管理机制来促进高校管理创新与改革的发展。

三、基于利益相关者的激励机制的重构

（一）核心利益相关者激励机制的重构

1. 对教职员工激励机制的重构

高校教师作为核心的利益相关者，其身份特殊，因为教师既是学校激励政策的客体，也是对学生进行教学激励的主体，因此，如何发挥和调动教师对其工作的积极性与主动性对高校的发展至关重要。针对当前教师管理激励存在的问题，应按如下思路重构对教师的激励机制：

（1）建立组织目标与个人发展目标相协调的考核聘任机制

合理的激励机制必须以实现组织目标为前提。而组织目标的实现与否及其实现程度在很大程度上取决于其与组织中个人目标融合度的高低。传统的组织目标其主要影响因素往往来自两个方面，其一是教育部或政府相关部门对高校的政策性要求；其二是学校的排名及其科研成果指标。教师真正的个人诉求一般是不在高校的发展目标的构成体系之中的。但只有兼顾教师个人长期与短期生活与发展诉求的目标，兼顾效率与公平的组织目标，才能达到组织利益与个人利益的协调统一（池春阳，2021）。故在当下全国高校普遍推行岗位聘任、绩效考核等各项制度的背景下，应充分听取基层教师的意见，了解教师对个人及学校发展的诉求。不能简单以行政命令取代制度制定的科学民主流程，更不能以形式上的民主来实现管理上实质的专断。只有建立具有科学性、系统性和可操作性的激励考核聘用制度，才能真正激发教师工作的内在动机，实现个人成长与组织发展双赢的目标。

（2）激励管理的导向要回归大学之本质

大学的本质对于国家和学生而言是并不相同的。于国家而言，大学是“塑魂”之所。一个国家的灵魂，是靠着高等教育对于每一个孩子的影响去塑造的。而作为灵魂塑造主体的教师，如果自身都因高校长期的类“衙门”式管理和谋生的压力而失去了自己独立的灵魂和知识分子高洁的风骨，这样的教师又如何能教出具有独立思想的学生？如何能为国塑魂？而要让现代高校回归其大学的本质，究其根源是要去除当前高校严重行政化的倾向。因为只有摒除高校严重官僚化的毒瘤，才能让高校教师重拾其精神上的独立，才会有其教学与科研上真正的独立，才能避免学术腐败的不断滋生和继续蔓延。而去除高校严重行政化的关键在以下几点：第一，高

校所有的行政开支和资金使用透明化；第二，高校所有的管理制度与考核程序的制定与执行都真正做到公平公正；第三，真正实现教授治校，让行政部门退化为辅助和支持教学科研的后勤部门，而不是凌驾于全体教学科研部门之上的指挥部门。实现以上三点，高校教师才能真正成为高校的主人，激励管理才可能真正地公平公正，高校激励管理的模式才有可能从简单的以负向的、物质激励为主，转变为充分兼顾教师不同层次的心理需求，长期、正向的、精神与物质激励兼顾的激励模式。

2. 对学生激励机制的重构

《礼记·大学》有云："修身、齐家、治国、平天下。"对大学生而言，大学是其走向社会前的最后一个，也是最重要的一个"修身"之地。所谓的"修身"，并非指专业知识的学习与传授，而是借助对其各方面知识的学习，让大学生学会独立思考，勇于探究世界，探究自我，敢于质疑所有不合理的东西。只有这样的学生才是中国未来发展的脊梁。而要培养出这样的国之脊梁需从大学管理的每一个环节做起。首先，从课程体系的设置上就要充分考虑对学生综合素质的培养。通识教育课程的内容与讲授方法上要能打破一切陈规，其宗旨是让学生学会将所有知识融会贯通，并用于其未来工作与社会交流的每一个场景。其次，为学生创设更多的融入未来社会工作与生活的机会与场所，改变单一的分数奖励机制。让学生建立起对社会经济生活运转规律和程序的好奇心及深厚的兴趣，点燃他们对生活和未来的激情，从而为我们未来社会的变革注入不息的股股洪流。最后，应建立学生对学校管理制度与政策的谏言机制。鼓励学生对现有课程设置、教学方法、行政管理等各方面提出自己的意见与建议。这样，每一所高校可以借助不同学校间学生的交流与感受，从更多角度去改善学校的教育与研究方向，使高校教育重回教育的本质，在学生追求自我的发展与幸福的历程中实现学校的跨越式发展。

（二）对非核心利益相关者激励机制的重构

1. 积极争取非核心利益相关者的支持

政府相关部门是高校的重要利益相关者。政府相关部门主要通过颁布行政法规、制定政策、投资办学、拨付经费等方式发挥宏观管理、统筹规划和综合协调等功能，而这些制度与政策往往都能对高校的教育目标与发展方向产生重大的影响。故对于政府部门这一类重要利益相关者，高校需要做的是认真研究国家相关政策，并努力将高校自身的发展目标与国家的政策引导目标有机地结合起来，从而争取到政府相关部门的政策和经费支持，促进学校更好更快地发展。

2. 通过产教融合等多种方式建立多方共赢的对外激励管理机制

合作企业、校友、用人单位和周边社区等虽不是高校的核心利益相关者，但其均会通过各自的功能对高校的发展产生不同的影响。因此，当前高校应积极建立以产教融合为主的、多种方式结合的多方共赢的对外激励管理机制。如建立校友的联系与合作机制，大学为毕业校友提供反哺母校的机会，校友则因此获得更高的社会认可度和社会声誉。再如建立与用人单位的互信与互访机制等。但从当前高校发展成长的方向看，优化产教融合中的激励管理是当务之急。应积极探索企业与高校利益诉求的共同点与交集，激发参与产教融合企业的热情，将合作企业的“逐利性”和高职院校的“公益性”进行有效的结合与平衡（唐小艳，2020）。一方面，通过产教融合使双方合作的成果既能为企业所用，又能体现高校教育与学术的优势。让学科建设的专业群与产业链对接，使专业建设适应社会产业经济发展的需求。如以合作的效率和合作目标为导向，以双方人才、技术、资金、实验条件等资源的互补性和地理区位、人才政策、人事制度以及信任关系为参数，科学地选择优质的品牌合作对象。再建立将“项目式”短周期合作模式、“共建式”长周期合作模式等不同层次的多种合作模式灵活组合的合作选择模式和互利共赢的利益分享机制。另一方面，高校要根据不同合作主体的实际情况，通过将外部与内部合作驱动力与科学的考核协调机制相结合来为合作提供维护与保障机制，即从人员变动、协作方式、资源对接、知识产权、利益分配等多个方面构建协调机制，以应对因外部或内部环境的变化而导致双方在合作目标、合作理念上的分歧，从而及时解决合作中可能产生的矛盾与利益冲突，保证双方合作产生互惠利益的持久化与最大化。

参考文献

[1] 母中旭. 高职院校利益相关者多元内部治理结构探究 [J]. 职教论坛，2016（25）：49-53.

[2] 李福华. 利益相关者视野中大学的责任 [J]. 高等教育研究，2007（1）：50-53.

[3] R E FREEMAN. Strategic management: a stakeholder approach [M]. Boston: Pitman Publishing, 1984.

[4] 池春阳. 利益相关者视角下高职教育产教融合长效机制研究 [J]. 教育理论与实践, 2021, 41 (33): 16-20.

[5] 唐小艳. 利益相关者视角下高职产教融合机制研究 [M]. 成都: 西南财经大学出版社, 2020.

审计教学改革模式探索

郑艳秋

（西华大学管理学院　四川成都　610039）

摘要： 当今社会科技发展突飞猛进，知识日新月异，教师只靠传统的注入式教学模式已无法适应这个变迁的社会。教师通过教学改革，培养学生创造性思维的能力，已是教育发展趋势。审计教学改革最重要的是在方法上必须摆脱传统思想的束缚，提倡开放式的教学模式，激发学生的发散性思维，培养学生的创造力。

关键词： 审计学；审计教学；信息化教学；案例分析

【基金项目】 本文是四川省高等教育人才培养质量和教学改革项目JG2021-381和JG2021-913的阶段性成果，得到西华大学会计学国家级一流本科专业建设项目资助。

审计学作为会计学科体系中的一门核心专业课程，不仅是会计审计类学生必须掌握的基础知识体系中不可或缺的部分，也是培养学生发现问题、分析和解决问题的一个重要内容。但现阶段审计学被普遍认为是既难教又难学的一门课程。如何通过改进教学方式来促使学生融会贯通地理解和掌握审计学，本文从审计学教学特点入手，系统分析审计教学中存在的问题，思考和研究审计学的教学改革模式。

一、审计学教学特点

1. 审计学内容广泛，专业术语、理论晦涩，容易造成理解偏差

对学生而言，审计学中的很多概念如重要性、审计风险、认定等仅从字面上看较为生僻，而且含义大多是从英文直接翻译过来的，其语言表达及逻辑关系较难理解。为了使学生对这些重要且难以理解的术语、理论有

一个较为深刻的认识并且能够在理解的基础上灵活运用，需要设计适当的案例引起学生的学习兴趣，并通俗易懂地揭示概念和理论的真正含义。

2. 审计学内容多是说理性的，难以引起学生兴趣

传统的审计学教材内容枯燥，多是说理性的，整篇都在介绍审计准则条款、审计计划、业务约定书、审计程序等，难以引起学生的学习兴趣。

3. 审计学紧扣审计准则，审计准则的不断变化引发审计理论更新快

1991—2004 年，中国注册会计师协会先后分 6 批制定了独立审计准则，共计 48 个项目。2006 年 2 月 15 日，中国注册会计师协会制定了 22 项准则，并对 26 项准则进行了修订。随着审计准则的变化，审计理论更新快，学生不了解准则变化前后背景以及审计理论沿革的脉络，因此也就无法清晰地理解审计理论的发展。

4. 审计学本身具有较强的实务性与操作性

审计学本身属于实务性较强的学科，它要求学生通过理论与实践学习，掌握如何执行审计业务，如何编写审计工作底稿及撰写审计报告等。这些较为具体的操作流程和实务，学生必须身临其境地运作，才有可能实现从书本到现实的过渡。

二、目前审计教学存在的问题

从教学方法和内容来看，审计教学主要依赖教材，模式依然以单一“满堂灌”的课堂讲授代替教学内容的更深的探讨与研究。针对这种情况，也有高校和教师进行大胆尝试，如由单向讲授逐步转向双向交流，交流方式包括教师提问、引导学生回答、再提问等；并在案例、模拟教学等方面也做了一些有益的尝试。但这些尝试还处于形式阶段，课堂气氛虽有改善，但从掌握知识和培养能力的角度来衡量，有效性还值得商榷。

从教学手段来看，相比会计实训或会计电算化实训环境或条件的建设和配备，审计学实训建设明显滞后，无论是实训项目教材、实训项目内容，还是实训项目的指导老师，都非常欠缺。审计学实训环节与课堂教学完全脱钩，不能有效满足审计理论教学的需要。无法让学生在操作中体会审计工作底稿的编制方法和流程，使教学在“教、学、练、做”一体化链条中出现了断裂，严重影响学生对知识的理解和掌握。

从教学内容来看，审计课程要求掌握的相关知识和技能比其他课程的要多。审计课程由于综合性强，不仅需要掌握管理学、经济学、会计、财

务管理和税收法规等知识，而且必须紧跟会计、审计准则和国家相关法律法规变动的步伐，教师则需要不断更新知识，并密切关注审计理论与实务领域的动态。另外，审计课程需要讲解的内容较繁杂，学生在学习审计课程时需要运用前期已学过的相关知识，但由于这些知识学生只学过没运用过或遗忘了，教师为保持教学的连贯性，须先讲授相关知识的内容。例如，就分析性复核而言，就牵涉到财务管理、税收、会计以及内部控制等方面知识。

三、审计教学的改进措施

（一）加强学校与外界的联系

审计校外实习是课堂实践教学的补充延伸，主要方式有：社会调查、专业课程实习和毕业实习。学校应积极推进校企合作，与会计师事务所、政府审计部门和企事业单位的内审机构建立长久的合作伙伴关系，建立校外审计实习基地，为学生真正深入实务创造良好的条件。

1. 会计师事务所实习

学校应有意识地与社会的会计师事务所建立合作关系，以便定期让学生到事务所进行审计实习，这种实习方式不仅能为学校节约大量筹建实习场所的经费，而且能保证实习内容与当前审计理论密切联系。由于在事务所实习的内容仅是民间审计部分，有着一定的局限性。这可通过其他实践形式进行补充和完善。

2. 大公司的内部审计部门、审计行政部门实习

学校除了与社会上的会计师事务所搞好关系，建立校外审计实习场所外，还应与大公司的内部审计部门建立长期合作关系。在民间审计、政府审计和内部审计三种形式的审计中，应该说内部审计的范围和内容是最为广泛的。随着经济管理活动的加强，内部审计的作用日益突出，在审计教学和实践中要加大内部审计的分量，因此非常有必要与大公司的内部审计部门合作。另外，加强与政府相关审计与监察部门的合作，让学生参与和追踪某项审计业务，对理解政府审计也有重要意义。

（二）改进审计学教学方式

1. 讲究课堂教学艺术

作为专业教师可根据教学内容，探寻相应的互动式和启发式教学方式。例如，“审计证据的特征”的讲授，可以设计不同类别的审计证据，

引导学生运用所学内容，讨论分析、比较判断各类审计证据的相关性与可靠性。再如，审计风险模型的教学，首先设计固有风险及控制风险（重大错报风险）、检查风险分别为零的情况，学生逐步分析得出审计风险的相关结论；然后由学生自己归纳总结，导出审计风险与固有风险、控制风险、检查风险的关系，最后建立审计风险模型。此外，根据学生的反应，设计课堂教学环节，及时调整讲授方法和内容。

2. 充分运用现代信息化教学手段

认真分析审计学教学内容，合理利用计算机作为辅助教学的工具。如，审计基本理论的图解设计、审计工作底稿的编制技巧、审计案例的分析展示等，制作生动易于理解的课件。教学课件不应只是将讲稿内容简单地转换成幻灯片，而应该体现教学过程与思路，把板书无法容纳的内容展现出来。

（三）改革审计教学模式

案例教学是以案例为素材，在教师指导下，运用多种方式启发学生独立思考，对案例提供的客观事实和问题进行研究，提出见解，做出判断和决策，从而提高学生分析问题和解决问题的能力。

1. 案例教学的优势

（1）引导学生积极参与。案例教学能调动学生学习的主动性和积极性，让他们在真实的氛围中学习和接受具有挑战性的学习任务，充分发挥学生的主观能动性。

（2）容易理解，加深记忆。案例教学是基于经验和现实世界而开展的，为学生提供具体的情景，可以促进理论与实践相结合，较易被学生接受；而且，一旦被学生理解后，将比来自教师的单纯讲授得到的知识更牢固。

（3）培养有效的思维方式。在案例教学中要求学生对其所面临的现实或问题给出自己的见解和可行的解决方案，答案具有多元性。这种方式有利于学生摆脱传统思想的束缚，激发学生的发散性思维，培养学生变通、学思行结合、独创的能力。

2. 案例教学在审计教学中的具体运用

（1）选择恰当的案例。案例的选择在整个教学环节中是至关重要的。既可借鉴国外的案例，也可总结国内大企业成功或失败的典型案例。例如，在讲授注册会计师的法律责任时，以真实发生的案例追溯我国注册会计师法律责任的演变历程；再以厄特马斯公司审计案例来剖析注册会计师应负具体的法律责任。案例教学没有固定的模式，教师应熟知案例的相关背景材料、数据、事实细节，预先进行缜密的教学准备，并准备一系列适当的问题来引导。

（2）学生准备案例。案例教学的成功与否与学生是否充分准备密切相关。学生首先应仔细阅读案例材料，然后根据老师推荐的资料或自己的判断找寻相关的信息来进行详细分析并支撑自己的观点。例如，教师讲授完内控系统的相关内容后，要求学生围绕内控的主题搜集国内外内控良好和内控失败的案例；学生针对搜集的案例进行案例的分析及讨论，为后续审计业务循环内部控制测试埋下伏笔。

（3）教师组织课堂讨论。先由一位同学对案例进行分析，并提出解决问题的方法和途径，然后请其他同学从不同角度分析同一案例，阐述自己的看法。此过程中教师应努力把握和指导好案例讨论，让学生成为讨论的主角，注意案例讨论方向，围绕案例主题。

（4）总结分析。案例教学并不存在绝对或唯一正确的答案，因此教师应注意引导学生对各种解决方式进行分析评价。通过各种意见的相互佐证或撞击，深化学生对问题的理解。

3. 校内审计模拟操作

这是通过对事先准备的审计活动资料，让学生对企业一段时间内发生的模拟经济业务进行监督的方式。学校在实践活动无法开展的情况下，应尽快完成审计模拟实习资料的设计，建立现代化审计模拟实验室，使学生通过审计模拟实习提高分析和解决问题的能力，培养他们的实践和创新能力。

综上所述，审计教学要取得更好的教学效果，必须借助审计教学手段与方法的改进，加大实践教学的比重，使学生从被动学习转换为自主学习。运用现代网络技术和手段，使枯燥的理论形象化，使师生之间、学生之间随时交流沟通，将审计理论与审计实践有机结合。

参考文献

［1］李晓慧. 审计学教学案例设计及其运用研究［J］. 会计之友，2010（12）：111-113.

[2] 张立新. 网络自主学习与课堂教学整合的生态化模式构建 [J]. 现代教育科学，2009 (3)：79-82.

[3] 余玉苗. 审计学案例教学法、实践教学法及其组合 [J]. 财会月刊，2007 (30)：88-89.

[4] 孙晓立. 审计教学模式：案例教学 [J]. 合作经济与科技，2007 (4)：85-86.

[5] 蔡才德. 论审计课程教学改革与创新 [J]. 开放教育研究，2015 (1)：91-94.

[6] 谭利云. 案例教学法在审计教学中的运用 [J]. 当代教育论坛，2005 (19)：47-48.

基于案例教学的 MPAcc 课程思政建设探索

——以“财务管理理论与实务”为例

王翊

（西华大学管理学院　四川成都　610039）

摘要： 如何有效开展专业课思政教育、培养德才兼备的高端会计人才，是新时代会计专业研究生教育所要思考和解决的重要课题。在 MPAcc 课程中融入课程思政教育，是实现培养目标的重要途径。本文分析了案例教学与课程思政融合中存在的问题，从教师培养、课堂设计、案例改进方面提出了相关建议，以期实现课程思政、专业知识和案例教学三个维度的有机融合。

关键词： 课程思政；案例教学；MPAcc

【基金项目】 本文是四川省高等教育人才培养质量和教学改革项目 JG2021-381 和 JG2021-913 的阶段性成果，得到西华大学会计学国家级一流本科专业建设项目资助。

研究生是教育强国建设的引擎，在培养高层次创新人才方面具有重要意义。大力发展会计专业硕士（MPAcc）教育是为了更好地适应社会主义市场经济发展和经济全球化的需要，为实施科教兴国战略和人才强国战略服务。2020 年 5 月 28 日教育部发布的《高等学校课程思政建设指导纲要》（以下简称《纲要》）指出，课程思政建设工作要围绕全面提高人才培养能力这个核心点。同年，教育部、国家发展改革委、财政部发布《关于加快新时代研究生教育改革发展的意见》，明确要求“完善思想政治教育体系，提升研究生思想政治教育水平。开全开好研究生思想政治理论课，推进习近平新时代中国特色社会主义思想进教材、进课堂、进头脑”。2021年3月，财政部《会计改革与发展“十四五”规划纲要（征求意见）》指出：展望2035年，将基本实现打造会计强国的战略目标；会计人员的职业道德、知识结构、执业能力与会计强国的地位相匹配；会计诚信建设取得突破性进展；推动会计人员专业技能和职业道德素养全面提升等。上述这些“意见”和“远景目标”与MPAcc课程思政教育密切相关。

案例教学是MPAcc教育的核心教学方式，作为核心课程的财务管理理论与实务如何提升教师思政育人理念？如何将特色案例与思政教育融合并实施？这些问题急需进行深入探究。

一、文献综述

蒋建华和王开田（2020）认为课程思政的内涵是以立德树人为根本任务，在知识传授中融入思政元素，实现润物细无声的教学效果。高锡文和宗爱东（2017）强调打造思政课堂与其他课堂的协同育人的理念。陆道坤（2018）在分析了“德育与思政”“学科与课程”等概念后，认为“学科德育”更适用于基础教育，“课程思政”更适用于高等教育。

《纲要》指出：“全面推进课程思政建设，教师是关键。”教师是落实立德树人任务的关键。刘承功（2020）指出，教师对课程思政的建设意识和能力锻炼是非常重要的。教师是与学生直接密切联系的，理应充分认识到课程思政建设的重要性和必要性，把思想政治教育工作融入课程教学之中。许瑞芳（2020）指出，教师的工作是教书，教书的目标是培养人才。将教书与育人相结合是教师的职责之本，教师在课程思政建设过程中的角色是非常重要的。赵光等（2020）根据教师具体职责的差异将教师队伍分为思政课教师、专业课教师和辅导员三大类，并进一步分析各类教师在课程思政建设过程中的具体做法。专业课教师是课程思政建设中的重要一环。

会计人才思政教育的改革探索受到了培养高校以及学术界的重视。梁晓舒和梁君（2019）通过比对国内外会计专业中职业道德教育研究现状，基于课程思政的视角提出了会计专业课程改革。殷俊明和张兴亮（2020）主张以会计思政建设为主要抓手，进行会计专业教学创新。郝玉贵

（2021）聚焦绿色会计专硕思政与特色融合教育，以马克思会计思想和习近平“两山”理念为指导，建立了 MPAcc 专业核心课程的“思政+基本+特色”教育体系。钟凤英和廉启悦（2022）分析了 MPAcc 思政建设的必要性和现状，确立了课程思政目标、课程体系，以“立德树人”总任务为指引，探索基于课程思政的 MPAcc 人格培养和能力整合的路径。

上述文献在课程思政的内涵、队伍建设及 MPAcc 会计人才思政培养体系等方面进行了有益探索，但对于如何聚焦课程思政，突破制约因素，将思政教育贯穿于某一门课堂教学过程中的文献较少，因此去研究激发学生学习兴趣，改善教学效果，实现思政元素、专业知识和案例教学三个维度的有机融合，切实提高 MPAcc 的课程思政质量显得尤为重要。

二、案例教学与课程思政融合存在的问题

（一）案例教学设计与 MPAcc 培养目标价值诉求不能有效契合

案例教学法最早起源于 19 世纪 70 年代的哈佛大学法学院，并于 20 世纪 80 年代引入国内，经过多年的发展与应用实践，案例教学法已经成为高等教育日常教学中最重要的教学方法之一。MPAcc 因其更加强调综合能力的培养和会计实际操作技能的强化，更为关注在财务与会计实际工作情景中感悟相关理论知识，案例教学在 MPAcc 教学中的地位尤为重要。

MPAcc 的培养目标是培养拥有较好会计理论基础、熟悉国际和国内会计准则与法规、能够将理论基础和现实情况相结合、具有较强分析和解决财务会计实际问题能力的高素质、高水平的管理型高级财会人才。高级财会人员应了解和弘扬社会主义核心价值观，具有强烈的职业责任感、诚信的职业品格与养成遵纪守法的行为习惯。因此，在 MPAcc 学员中植入课程思政教育，是实现培养目标的重要途径。

MPAcc 案例教学是借助于企业真实情景案例进行“教”与“学”的一种开放式的教学模式。但是教学所用真实情景案例涉及现实财务问题更多地从知识层面进行设计和回答，而忽视了案例本身所包含的思政切入点。各种案例库中的现有案例几乎都没有用到思政问题的相关设计，这使得案例教学、专业知识与课程思政脱节，出现“两张皮”现象。

（二）MPAcc 教师对课程思政的认识程度与实践力度不匹配

从 MPAcc 现有的培养目标来看，MPAcc 教师在课堂教学中不仅需要传授深层次的会计专业理论知识，同时也要求他们精通财务会计实务，更应对学生进行思想指导和价值引领，利用案例教学将专业知识讲授与思政元素有机融合起来。

但是现实情况却是：一方面，研究生专业课程授课教师对思想政治教育的认识有所差异，大都比较片面，更重视学生专业学习和科研发展；另一方面，专业教师往往缺乏相关的思政教育知识，无法有效挖掘丰富的思政育人元素，部分课程的思政建设重形式轻内容、缺乏灵魂，将课程思政“标签化”和“功利化”。这就出现了认识程度较高，而实践能力有限的情况。

三、财务管理理论与实务课程思政教学改革实践

（一）培养具备思政素养，符合“四有”标准的 MPAcc 教师

首先，增强教师开展课程思政的动力，关键在于使他们认识到课程思政的价值和意义，真正成为思政教育工作的责任人，将立德树人理念贯穿于研究生培养的各个环节，潜移默化地引导学生完成价值观的塑造。专业教师要按照习近平总书记在北京师范大学考察时所提出的“四有”教师标准，严格要求自己，坚定理想信念，陶冶道德情操，丰富专业知识，培养仁爱之心，忠于党和人民教育事业，致力于培养新时代德智体美劳全面发展的社会主义建设者和接班人。

其次，提高教师开展课程思政的能力，能深入挖掘思政资源，灵活运用教学方式，例如以课堂讨论、分享等方式增加师生互动、生生互动，充分发挥学生的主观能动性，使学生在思想上产生共鸣，帮助学生认识到“为什么学习”和“怎样学习”，努力让前沿科技照亮青春梦想。

除学校开展的各种教育培训和教学改革活动，MPAcc 各课程组之间可以开展案例设计评价机制，每年课程结束后开展师生案例设计评价，包括教学目标达成、教学过程要素、思政元素，以评价促进教学的方式，提高教师教学能力；其中学生关于课程思政元素评价，让教师认识到“课程思政”不仅不会影响专业课教学，反而能更深刻地引发学生对学科价值层面

的思考，唤起学生的心理共鸣和道德认同感，有助于提高学生的学习动力，改善课程教学效果。

（二）推动案例教学与课程思政的高度融合

1. 案例教学法的课堂设计

首先，以课程培养目标为导向，明确各章节思政育人主题，以真实案例为依托将思政元素融入财务案例中，采用启发式式教学引导学生代入并反思，达到润物细无声的教学效果。案例教学的过程中，应细化教学过程，向学生发布更加具有针对性的任务，例如，增加阅读文献考核以及创新研究方法考核，引导学生有条不紊地展开案例研究学习，并通过提交案例作业的方式培养学生的归纳能力。

其次，以理论知识延伸出的社会现象为切入点翻转课堂，鼓励学生分组讨论并上台展示案例分析的 PPT，鼓励相互之间进行提问，在交流互动中促进知识的消化吸收，培养学生解决问题的能力以及沟通协作精神。

最后，由教师对本节课的教学内容进行总结升华，培养学生的职业道德以及社会责任意识。课后作业分为两部分。一是课程作业需要学生撰写案例分析报告；二是思政作业要求学生结合专题案例回答思政相关问题。

2. 教学案例思政元素的挖掘

从案例教学的特点来看：首先，它具有仿真性，对于实践情形要素的重现，给学生提供一个高度拟真的实践环境，使得学生的直觉体验更加丰富，高效率实现理论与实践相结合的教学目标。其次，它具有完善性，学生在对案例的解读过程中可以锻炼其逻辑分析能力；在甄别若干可选择方案并选择对案例利益最大化方案的过程中则可以培养辨别取舍能力；全过程则可以提升如何一针见血地运用理论知识解决方案的实践能力等。最后，它具有启发性，于教学过程中学生们可充分发挥他们的主观能动性并尊重客观规律性，将自己置身于要素情境中，身历其境地分析解读案例，成为整个分析过程中的领衔主人公。因此，案例教学本身的特点并不与课程思政的设计相矛盾，教师完全能够在专题和案例当中融入思政元素。

教学团队根据授课经验，从中华传统美德教育、社会主义核心价值观教育、理想信念与中国梦教育、马列原理四个维度挖掘课程的思政元素。在中国专业学位案例中心案例库中，选取与专题知识相关的案例，并融入思政问题，实现思政问题与专业知识的融合，具体如表 1 所示。

表 1　案例教学法下思政元素融入“财务管理理论与实务”课堂设计表

专题名称	案例选取	思政元素	融入案例的思政问题
财务管理理论构建与财务管理目标	是草木皆兵？还是危机四伏？——华谊兄弟控股股东股权质押对股利分配及公司价值的影响	中国传统文化	在《管子·轻重》一文中，桓公问于管子曰：“吾欲制衡山之术，为之奈何？”通过创造新的规则，达到有利于自己的一种新的平衡。 上市公司股权较为集中，控股股东的权利过大。那么可以通过增加其他股东的数量来对控股股东形成制衡，例如引入资质良好的机构投资者
项目投资评价	攀和资源公司的资本预算	价值观教育	关注时间价值、突出重点、忘掉过去、放眼未来与相互关系；攀和资源公司在资本预算中关注长远利益，实现长期与短期的均衡
企业资本结构优化	百大集团：经营战略与资本结构选择	马克思主义原理	高负债一定具有高风险吗？经营战略实施的结果展现在资产结构上，资产结构与资本结构协调的重要性。引导学生形成辩证思维，具备全面看待问题的能力
期权理论及风险控制	连续员工期权激励让生活真的可以更“美的”	理想信念和中国梦	连续员工期权激励，激发员工的工作积极性，实现员工价值提升，达到个人与公司价值的双赢局面。人民幸福是国家富强、民族振兴的根本出发点和落脚点
企业并购与重组	“蛇吞象”还会上演吗？——艾派克收购利盟事件中的并购动机及融资方式探究	价值观教育	滴水穿石、铁杵磨针、一只小蚂蚁也能够背起相当于自己重量几十倍的食物来。不要总是以自己太渺小，自己职位低等来为自己的不作为、不负责、不进取找借口，其实只要有合适的杠杆，谁都能撬动地球
股利理论与股利政策	理性分红还是另有玄机——万科高派现股利政策的动因及对未来影响	科学发展观	公司自由现金流难以支撑持续的高额现金分红，万科的持续高派现并非完全理性分红。高股利支付率对企业的可持续发展能力产生了不利影响

注：案例选取自中国专业学位案例中心案例库。

四、结束语

课程思政既是我国高校育人现阶段的首要任务，也是大学生持续进行思想政治教育的重要方式之一。将课程思政融入“财务管理理论与实务”课程教学中，要结合课程实际情况，将爱国主义、职业道德、法律法规、传统文化等思政元素与课程知识点和实务案例有机结合，讲授专业知识和分析案例的同时，潜移默化地为学生传达正确的思想观念，利用先进的信息化教学手段提高教学质量，并建立合理完善的考评体系保障教学质量，为国家培养高质量的专业人才。

参考文献

[1] 高德毅，宗爱东. 从思政课程到课程思政：从战略高度构建高校思政政治教育课程体系［J］. 中国高等教育，2017（1）：43-46.

[2] 郝玉贵. 会计专硕课程“思政 + 特色”的融合教育目标与实现路径［J］. 财会月刊，2021（24）：4.

[3] 蒋建华，王开田. 新型财务管理人才培养模式探究［J］. 中国高等教育，2020（22）：45-47.

[4] 梁晓舒，梁君. “课程思政”视角下高校会计课程改革的路径探究［J］. 当代会计，2019（10）：102-104.

[5] 刘承功. 抓住全面提升高校教师课程思政建设意识和能力的关键点［J］. 思想理论教育，2020（10）：10-15.

[6] 陆道坤. 课程思政推行中若干核心问题及解决思路：基于专业课程思政的探讨［J］. 思想理论教育，2018（3）：64-69.

[7] 邱伟光. 课程思政的价值意蕴与生成路径［J］. 思想理论教育，2017（7）：10-14.

[8] 许瑞芳. 一体化视角下高校课程思政建设的四个维度［J］. 中国高等教育，2020（8）：6-8.

[9] 殷俊明，张兴亮. 会计学“专业思政”建设的思考与探索［J］. 财会通讯，2020（15）：5.

[10] 赵光，孙伟锋，仲璟怡. “课程思政”视域下高校教师胜任力模型构建研究［J］. 南京社会科学，2020（7）：136-143.

[11] 钟凤英，廉启悦. 基于课程思政的 MPAcc 人格培养和能力整合探讨［J］. 商业经济，2022（5）：4.

[12] 周谦，赵娟. “课程思政”视阈下财务管理学课程教学改革探索［J］. 财会通讯，2021（11）：4.

数智化背景下
会计本科人才培养教学改革探讨

——以四川省 X 高校为例

张敏　马宗莹

（西华大学管理学院　四川成都　610039）

摘要：培养符合时代和社会需求的人才是高校的使命，作为全国高校专业人数占比较多的专业之一，高校开展会计学本科专业培养教学改革是很有必要的。本文以四川省 X 高校为例，分析 X 高校目前的会计本科人才培养现状，总结其在会计本科人才培养上面临的挑战，并积极探索数智化背景下会计本科人才培养教学改革，致力于会计基础知识与新兴科技的交流融合，试图为企业、社会输送数字化、智能化、复合型的高级会计人才，希望能以此助力我国高校会计学本科人才培养模式改革的前进方向。

关键词：数智化；会计本科教育；人才培养；教学改革

【基金项目】本文是四川省高等教育人才培养质量和教学改革项目 JG2021-381 和 JG2021-913 的阶段性成果，得到西华大学会计学国家级一流本科专业建设项目资助。

随着大数据、人工智能、云计算等技术的快速发展，以财务共享中心为代表的财务智能模式在国内企业中得到广泛应用。其中，为人熟知的元年科技、中兴、华为等企业均实现了财务智能化。会计自动化、智能化的发展，对会计从业人员来说既是机遇也是挑战，在让财务人员从底层的事务中解放出来的同时也取缔了一些会计岗位，企业对传统会计人才的需求减少。然而，我国普遍存在会计人员供需不匹配的问题，即高级会计人才的供应与社会经济发展的需求之间的矛盾。在此背景下，高校应该顺应社会变迁，对原有的人才培养模式进行改革创新，培养更多符合企业需求的复合型会计人才，提升高校会计专业毕业生在职场的竞争力，避免出现学生毕业即失业的情况。四川省X高校为了响应数智化发展战略，目前在会计本科人才培养方面进行了一系列改革与实践。本文以X高校的会计学本科人才培养为例，分析该校人才培养面临的问题，提出可行的改革与建议，以期对我国高校会计人才培养有所启发。

一、四川省X高校会计本科人才培养现状概述

（一）人才培养目标

高质量人才的培养离不开一个科学的目标的指导。根据2018年教育部文件《工商管理类教学质量国家标准（会计学专业）》（以下简称国标）提出的培养目标，X高校的管理学院在适应经济社会发展实际需要的前提下，立足现实情况进行评估和调整，制定了如下会计本科人才培养目标：培养具备人文素养、科学精神和诚信品质，掌握会计、管理、经济、法律和现代计算机应用技术，具有国际视野、协调沟通和服务地方经济发展的实际能力，能够在工商企业、中介机构或金融企业、政府机构、事业单位及其他相关部门胜任会计及相关工作的应用型、复合型专门人才。学院以学生为中心，采用“校内校外结合，教学科研结合，本硕学习结合，一、二课堂结合，不同专业结合，国际学习结合”的模式促进人才特色培养。根据学生发展需要，开设国际注册会计师（ACCA）方向班和美国管理会计师（CMA）培训班，并与德国明斯特应用技术大学、泰国易三仓大学等开展联合人才培养。

（二）课程设置

课程是人才培养的基础。高校通过构建科学的本科教育课程体系和开展丰富多彩的课外活动，帮助学生养成问题意识、质疑精神、批判性思维和创新精神，为经济社会发展和高层次人才培养提供源源不断的新鲜血液。因此，为了进一步提高人才培养质量，一方面，X高校根据自身的定位与特色，设置了“会计学基础”“财务会计（双语）”“管理会计”等专业核心课，以及“财务共享实验”“虚拟仿真跨专业综合实验”等实践专业选修课。另一方面，为了保证开设课程的质量，X高校积极探索精品课程和一流课程建设，其中“会计学基础”被评为省级混合式一流课程，为会计人才培养打下了坚实的基础。

（三）教学方式

随着科学技术的发展，教学方式也变得多样化。从传统的黑板，发展到多媒体教学、线上直播课程等多种教学方式，慕课等在线学习平台也应运而生。学习不再受时间、场地的限制，学生随时可以在慕课平台学习会计专业相关的课程，也可以通过线上课程回放的功能复习老师教过的内容，案例教学、实践教学也开始大范围运用。X高校管理学院积极开辟第二课堂，采用第一、二课堂相结合的模式，实现线上与线下相结合的混合式授课，在学堂在线的平台开设了“会计学基础”等慕课，促进人才特色培养。

二、X高校会计本科人才培养面临的挑战

（一）智能化时代下会计人员的转型

经济市场中，会计人员始终扮演着重要角色，是经济发展不可或缺的一环。尤其是在大数据与人工智能高速发展的时代，企业对会计人员的要求，除了履行最基本的核算、监督职能外，还需要会计人员参与到企业经营发展的全过程中。本文将从智能技术、业财融合两个方面探讨会计人员的转型升级。

第一，在财务智能化的大趋势下，会计人员需要做的基础性工作减少，而更注重的是如何利用新兴技术和分析工具从海量数据中发现问题，助力企业完善业务流程并健全财务管理机制。在智能技术的支持下，会计人员可以实现从数据管理向价值创造的转变，从数据分析中得到有价值的信息，从而更准确地预测经济前景、评价经营业绩、规划企业经营目标，助力企业做大做强。在信息化时代，业务与财务的边界逐渐模糊，传统结构化数据以外的半结构化数据、非结构化数据的价值逐渐浮现并受到重视，重要性日益凸显。第二，业财融合是新时代会计人才的转型方向。传统的财务会计一般只是在事后对公司的业务的收入、成本、利润进行核算。而现在，由事后监督转向事前预测、事中控制、事后分析才是大势所趋。其中重要的一点就是，财务人员既要足够了解企业的业务，把握业务的发展情况，也要关注行业发展情况、政府政策趋势。业财融合可以帮助财务人员基于财务数据，提出更可行的业务发展的建议，把握企业的整体情况。

综上所述，智能化财务背景下，需要的是不仅有基础财务会计能力，

还应具备管理、金融、税务、法律等综合知识，并且拥有一定分析决策能力、战略管理能力、数据挖掘整合能力、人工智能及云计算等信息技术与财务相结合的能力以及注重沟通协调、组织领导的复合型人才。X高校之前培养的人才与数智化时代市场需求的人才还有一定差距，课程体系不够完善。基础财务类课程仍占主导地位，大数据挖掘与处理、智能技术课程、实训课程等均需要加强建设。因此必须对培养方案进行一定的调整，尤其应该重视会计专业人才能力的转型升级。

（二）智能化时代对会计教育的冲击

在市场经济中，不同经济主体的竞争实质上就是人才的竞争，而高校经常以“教育服务产品”（高校所培养的人才）为媒介进入市场，这使得人才的经济价值属性得到凸显，以市场需求为导向的人才培养模式受到前所未有的重视，高校必然会结合市场对会计职业的要求对培养方案进行调整。在1 265所本科院校中，开设会计学、财务管理和审计学专业的院校分别有661、706和195所，分别占比52. 25%、55. 81%和15. 42%，开设会计学、财务管理或审计学专业之一的院校占比74. 47%，会计类专业成为本科院校广泛开设的专业之一。高校培养了大量的会计学专业的人才，但是市场上仍存在高级会计人员供不应求，而传统财务会计供大于求的现象，主要是因为会计本科教育还没有完全适应这种转型升级。

大部分高校的会计教育还更加注重基础的财务核算能力培养，但数智时代对会计专业学生的能力有了更高要求。多学科交叉有利于丰富会计人员的知识储备，提升能力，成为难以被替代的高水平、复合型人才。以X高校课程设置为例，从初级会计到高级会计，在学习过程中反复强调实务和实操，以加深对会计科目、借贷方向、账务处理的记忆。而培养学生管理思维、数据分析的管理学、财务大数据分析等方面的课程，还停留在老师单方面教学的阶段，X高校对此类课程建设，还在探索过程中，其教学方式、教材编写、配套设施不如财务核算类课程那么成熟。除此之外，X高校仅仅是开设例如经济学、专业英语、国际法等课程作为选修或者补充课程，在经济、金融、法律等多领域知识的交叉融合方面还有待加强。

三、X高校会计本科人才培养改革对策

（一）会计学专业课程设置

根据X高校管理学院2022年发布的最新会计学专业本科培养方案，

可改进的地方主要体现在以下几个方面：首先，现有课程体系中增设了数据挖掘分析、编程、智能会计核算等课程，向着“会计+大数据”方向发展（如图1所示），但是这些实践课程、论文阅读与写作课程普遍不太受学生重视。实践课程，可以锻炼学生的实践能力，帮助学生毕业后快速适应工作岗位；论文与写作课程，使学生加深对本专业的理解、把握专业前沿发展，提升写作能力和逻辑思维能力。所以，学院应该重视实践课程的完成效果，确保实践贯穿于四年本科学习过程中，采用理论教学与实践教学并重、相辅相成的“双体系”，适当增加实践类课程的学分或者对完成情况优秀的学生给予奖励，由此引导学生充分认识到实践的重要性，保质保量地完成这些课程。其次，专业英语课程以及全英文课堂建设不成熟，缺少专业英语课程的熏陶，学生在阅读英语文献或者跨国公司财务文件时会面临困难，视野也受到局限，不利于后续进一步深造或者职场发展。因此，学院在充分调研和配备好硬软件设施后，可适当增设全英文课堂。最后，部分教师在授课时仅按照课程教材的内容进行讲授，缺乏对教材中的知识是否过时或者某项准则是否已经改变，以及观点是否仍然适用等问题的思考。所以，教材的配套建设要跟上专业课程的改革，教材内容要根据经济热点和市场发展状况，及时编写、更新适用于课程的教材，同时教材形态不应该拘泥于课本，可添加二维码扫描线上课程、线上课后习题等。

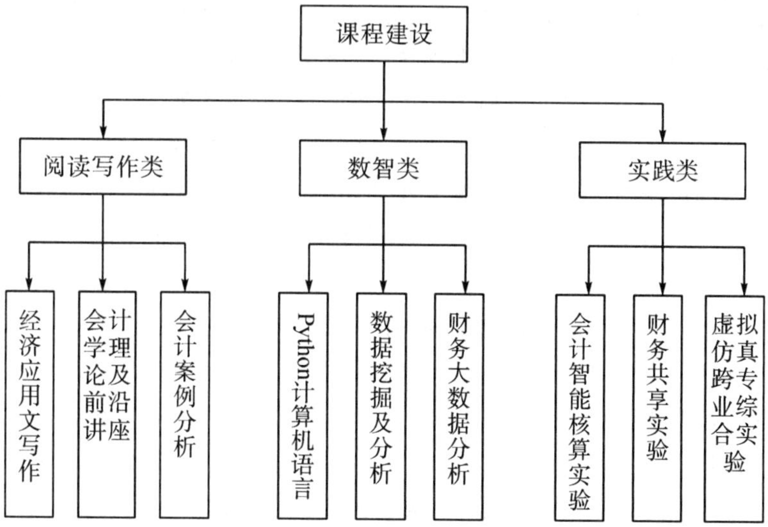

图1　智能化下的会计课程

（二）师资队伍建设

教师是文化知识的传递者。在学习知识的过程中，学生自身的努力固然重要，但一支水平高超、经验丰富的教师队伍更能发挥事半功倍的效果。因此，为了更好地实现会计本科人才培养的目标，应该建设一支能够跟上智能时代发展的复合型师资团队。

首先，X 高校切合自身发展需要，制订合理的人才引进计划，引入精通传统财务会计又具有计算机能力、有智能化背景的教师，丰富师资队伍。同时，学科带头人应起到领导、模范作用，带领整个教师团队不断学习。其次，在引进新教师的同时，学院还积极推动教师定期调研的学习制度。学院带头积极开展校企合作，让教师深入使用大数据、财务职能领先的企业调研、学习财务智能化。此外，还定期邀请财务职能相关的专家或者其他高校的优秀教师来学校开展专题讲座，指导会计专业的教师进行智能财务软件的培训，学习它们的开发、设计和操作。这样复合型的师资团队，更能培养学生发现问题和解决问题的能力，也能及时向学生介绍或者引导学生自主了解会计制度与行业法规的最新变化，提升学生实践认知与适应时代变化的能力。

（三）教学方式改革

当前在教学中普遍存在的一个误区就是只重视知识的讲授，忽略了学生自主思考和逻辑思维的锻炼。教学方法的改革，应该使教师做到在教学中不仅重视知识的传播，更要重视对学生学科思维的锻炼。以下有几个建议可供参考：第一，结合课程知识点，引入真实的案例。案例的选择要紧贴时代发展，并及时更新。案例教学可以代入真实的财务环境，使学生在案例学习的过程中，熟练地掌握专业知识，并理解到其在实际生活中如何应用；还可以锻炼学生自主分析，发现并解决财务问题的能力。第二，注重交互式教学方式。例如选取课程中合适的章节，进行小组 PPT 展示，在展示过程中，应要求学生在课本知识的基础上有所延伸，不能完全照本宣科，这样能让学生进一步加深对专业知识的理解掌握。在每一组展示结束后，还可以组织其他小组成员对该组成员展示的内容进行评价、提问，这样可以避免每个小组只关注自己的内容。采用小组合作和翻转课堂的形式，让学生成为课堂教学的主角。激发学生主动学习的热情，此外还可以培养学生们沟通合作能力、逻辑思维锻炼和表达能力。第三，学院组织教师团队通过公众号定期推送专业相关的案例、政策等，扩大学生的阅读范围。

（四）平台建设

会计学科不仅是信息系统，同时也是管理系统和社会系统，兼具技术属性和社会属性，其独特的学科魅力在于知识的运用是在大量的、真实的商业场景中，为企业运营风险监控、生产效率提高和提升市场竞争力等方面提供支持。管理学院通过建立实践基地、开展专家讲座、搭建实验平台等方式，让学生将理论知识与实际问题相结合，提高知识运用能力。

首先，管理学院通过与企业合作建设了多个大学生校外实践基地，学生在参加企业实地调研的过程中，了解企业的生产制造流程或者业务流程，切身地体会企业是如何运转的，而财务人员有在其中起着什么作用。其次，学校通过线上或者线下组织行业前端的学术研讨会，也可以邀请各界成功人士或者其他高校的专家开设讲座，与学生近距离交流，拓宽学生视野，与社会接轨。最后，学校可以为学生搭建更多锻炼的平台。X 高校具备区域财务共享、跨专业综合模拟仿真、财务大数据分析、ERP 等 10 余个先进的实验平台。学院还积极组织“互联网+”大学生财会大赛、沙盘模拟竞赛、案例分析大赛等。一方面，可以让学生接触到行业最新动态，学习如何选择、收集有效资料。另一方面，在此过程中，锻炼了学生的合作能力、抗压能力等。

（五）学生道德培养

习近平总书记在全国高校思想政治工作会议上强调，使各类课程与思想政治理论课同向同行，形成协同效应。高校培养人才，不仅是为国家输出具备理论知识和专业技能的会计基础人才，也要为国家培育具备职业价值观和职业道德的高素质会计人才，尤其是会计作为一门特殊职业，日常会接触到企业的资金，直接进行账务处理等，对职业伦理要求较高。因此，必须加强对会计专业学生职业道德规范、正确价值观的教育，将职业道德教育渗透到人才培养的全过程。具体做法包括：第一，在专业课程教学中也要重视思想政治的教育。教师应当为学生阐明会计学专业的人才培养定位，在案例中明确会计学人才对中国特色社会经济建设的意义。第二，在会计课程教学中，强化会计职业道德、遵守准则。在遵守相关法律法规、不突破职业道德底线的前提下，提升思想道德水平。

四、结论

综上所述，智能化带来的技术进步，改变了市场经济环境。企业需要的会计人才需求改变，也给会计人才培养工作带来了挑战。而高校作为向社会输送人才的主力军，也应该顺应时代潮流，在制定培养目标和培养计划时，考虑到智能化时代的要求，将会计学本科的培养重点放在建立高端复合型会计人才上。丰富课程体系，改进教学方式，加强师资队伍建设，搭建实践平台等，以提升会计学专业毕业生的职场胜任能力，为企业培养更多的高层次会计人员，进而改善目前社会上会计人员供需不平衡的现状。科学技术是不断变化发展的，未来的市场会出现新趋势、新需求，会计教育改革也需要持续不断地推进。

参考文献

[1] 教育部高等学校教学指导委员会. 普通高等学校本科专业类教学质量国家标准 [M]. 北京：高等教育出版社，2018.

[2] 钟秉林，方芳. 一流本科教育是“双一流”建设的重要内涵 [J]. 中国大学教学，2016（4）：4-8，16.

[3] 蒋瑜峰，李夏宇，蒋绍宇，等. 财务智能化趋势下会计人才培养改革研究 [J]. 财会月刊，2022（13）：94-101.

[4] 徐玉德，刘迪，樊柯馨. 数字经济时代会计教育转型与职业发展规划 [J]. 财政科学，2021（12）：27-36.

[5] 宫义飞，李佳玲，李沛樾，等. 智能财务时代下管理型会计人才培养路径选择 [J]. 会计之友，2020（16）：44-50.

[6] 黄巨臣. 高校人才培养方案中的利益相关者逻辑及其作用机制 [J]. 北京社会科学，2021（10）：56-65.

[7] 舒伟，曹健，王华，等. 我国会计本科人才培养的现状、挑战及对策 [J]. 会计研究，2021（8）：177-189.

[8] 龙月娥. 我国高校会计本科人才培养的实现路径 [J]. 财务与会计，2017（14）：59-60.

[9] 靳庆鲁，朱凯，曾庆生. 数智时代财会人才培养的“上财模式”探索与实践 [J]. 中国大学教学，2021（11）：28-34，45.

[10] 唐衍军，韩士专，王芸. 新文科会计人才培养的变革路径 [J]. 实验室研究与探索，2020，39（11）：275-278，308.

基于“六大解放”理论的线上线下混合式教学改革探索

——以“会计学基础”为例

李君

（西华大学管理学院　四川成都　610039）

摘要： 在高校全面梳理课程建设内容，打造“金课”建设的背景下，以“六大解放”教育理论为支撑，探讨了当前传统课堂教育和纯粹线上教育的利弊，得出线上线下混合式教学改革的必要性，再从“会计学基础”课程的线上线下混合式教学设计、教学样例、教学考核以及教学实践中出现的问题几个方面分析了当前的课程改革情况，并从线上和线下课程内容划分、课程思政融入、丰富教学手段和完善课程考核四个方面提出会计学基础混合式教学改革的进一步优化建议。

关键词： 会计学基础；“六大解放”教育理论；线上线下；混合式；教学改革。

【基金项目】 2021 年四川省线上线下混合式一流本科课程“会计学基础”建设项目（RC2100001376）；2021 年四川省高等教育人才培养质量和教学改革项目“新技术变革下地方院校会计学一流专业人才培养模式改革与创新研究”（JG2021-913）；2021 年工商管理与农业经济管理类专业教指委高等教育人才培养质量和教学改革项目“‘大智移云物区’背景下地方院校会计学一流专业人才培养模式的探索与实践”（JG2021-381）；2021 年西华大学会计学国家级一流本科专业建设项目。

引言

随着经济的发展、科技的进步以及新生代的更迭，社会发展使得会计面临巨大的考验。我们作为教育工作者也面临前所未有的挑战。传统意义的教学不断被新生代诟病，“代沟”让台上的“教书的”陷入殚精竭虑，没有达到理想的教学效果，台下的“听书的”兴趣索然，“满堂灌”机械接受，消化得不知所踪。任何时代的教育都是和环境相关的，尤其是大智移云技术的环境不断推动教育的诸多改革，包括教育的内容、教育的模式等，教育的改革总是和环境协同演进并发展的。所以国家金课建设更多地以线上线下混合为主。

会计学是应用型学科，近年来，随着大智移云技术的推动，会计学科受到技术进步的巨大挑战，财务共享、财务机器人等都带来会计界的震荡，但是即使技术如此进步，也挡不住诸如康美药业、瑞幸咖啡等的会计信息造假的脚步并因此对经济造成巨大冲击。如何培养新生代的会计人成为会计学专业的建设目标，而“会计学基础”是会计学专业的核心基础课程，是专业“地基”，包括未来技能“地基”和职业素养“地基”，也就是说我们在这门课程中要有意识地培养学生的技术思维下的专业技能和符合社会主义核心价值观的职业道德素养。作为教育工作者的认识也是逐步发展的。

2015 年 7 月国务院发布《关于积极推进“互联网+”行动的指导意见》，明确了行动要求，为加快推动互联网和各传统行业深度融合和创新发展再添动力，也为我国高等教育下会计学专业人才培养指明了新的发展方向和思路。2018 年教育部印发《关于狠抓新时代全国高等学校本科教育工作会议精神落实的通知》，指出各高校要“全面梳理各门课程的教学内容，淘汰‘水课’，打造‘金课’，增加课程难度，拓展课程深度，切实提高课程教学质量”。加强会计本科教育教学改革的深入推进，创新会计专业人才培养模式、大力培养切合市场需求的财会人员，成为我国众多高校会计院系竞相追逐的目标。但是如何从教育模式探索中去培养人才仍然是我们不断探索和努力的目标。

一、为什么要做线上线下混合式改革探索

1. 纯粹课堂教学的利弊

传统的课堂教学是有优点的。首先，知识点讲授全面，一般对于重点和难点，课堂花费时间会多些，学生的整体连贯和系统性体验较好。其次，课堂教学易于教师掌握学生上课情况，比较有利于精准交流，尤其是

对于学习主动性较强的学生更具有面对面和老师交流的优势。尤其是基础性课程，理论性较强，需要较强的理解能力，在老师的讲解和指导下可能利于理解。

但是传统课堂教学的弊端也是很明显的，对于大学教育来说，纯粹课堂教学不利于学生创造力的培养。在这里，我们认为在高中阶段以及之前的应试教育的延续下，进入大学教育阶段的学生在传统教育方式下被封闭了“六识”。

（1）封闭头脑，很少主动思考，等着老师讲解。

（2）封闭双手，很少自己动手做，查找资料，等着老师给。

（3）封闭眼睛，很少多方面客观看待事实，等着老师指定。

（4）封闭嘴巴，很少主动提问，长期应试教育的结果，等着老师说。

（5）封闭空间，很少自己调研，很少主动探索。

（6）封闭时间，很少自己主动学，课后没有机会见老师。

2. 全线上教学的利弊

虽然我们金课也倡导线上教育，线上教育学生的空间和时间利用率高，受众广，但是对学生和老师的要求都很高，尤其是对学生的自律、理解能力等都是巨大考验，不适合所有课程和所有层次的学生，尤其是像“会计学基础”这样的专业基础课程，理论性强，需要更强的理解力和老师的引导。

不管是纯课堂教学还是纯线上教学，对本身具有优秀学习能力的学生来说，可能影响小些，能很好地发挥这些教学方式的长处。指望从应试教育走过来的大学生们自己主动动手、动脑等是不现实的，否则就不需要学校教育了。

基于以上的分析，我们提出以“六大解放”教育理论为基础，构建“会计学基础”课程的线上线下混合式教学改革探索。

3.“六大解放”教育理论

“六大解放”是著名教育学家陶行知先生于 20 世纪 40 年代针对儿童教育提出的，主要目的是培养儿童创造力，要让学生“头脑解放、双手解放、眼睛解放、嘴解放、空间解放和时间解放”，以此获得“学校的基本自由”（见图 1）。今天看来，这些需要解放的恰恰就是我们的“大儿童们”。基于“六大解放”，我们要把封闭了“六识”的“大儿童们”解放出来，真正实现“以学生为中心”的教与学。

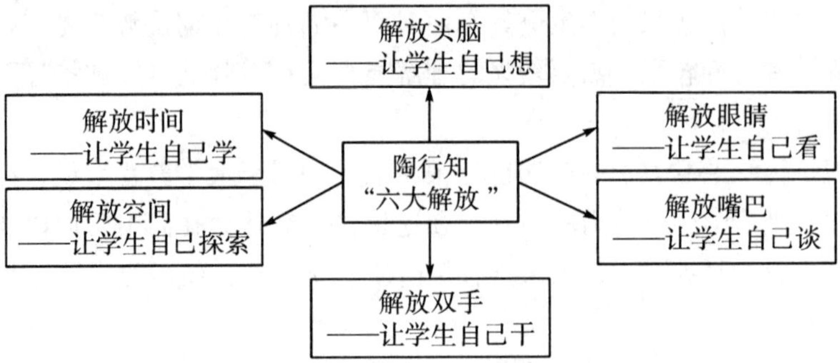

图 1 “六大解放”教育理论

二、会计学基础线上线下混合式教学设计

在“六大解放”教育理论的指导下，根据“会计学基础”的课程特点、教学内容、知识体系及教学目标，我们将“六大解放”融入教学具体活动中，充分让学生“主动”起来，打开“六识”，以学生为中心，以大智移云为技术推手，实现“个性+共性”的专业基础课程培养，我们设计了“线上课前预习→线下课堂教学→线下线上课后融合拓展”的教学模式，如图 2 所示。

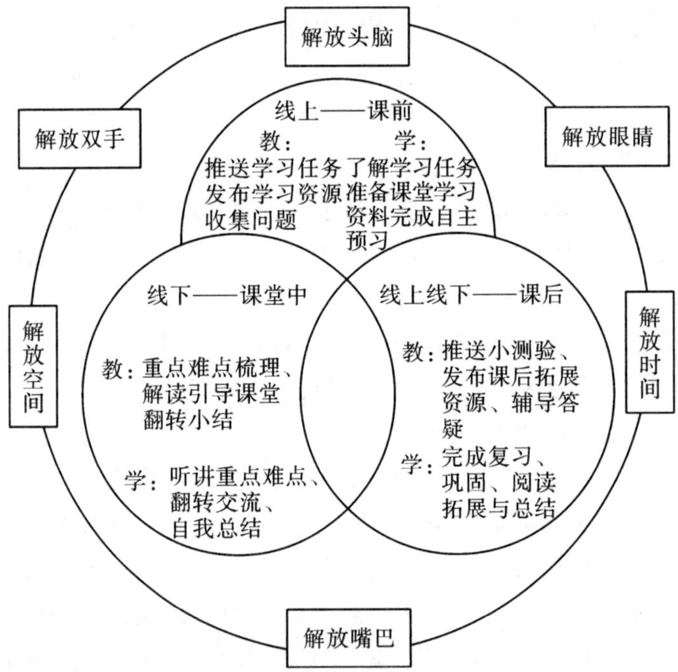

图 2 线上线下“混合式”教学设计

1. 线上——课前活动设计

（1）教师在线上推送学习资源，如与课程内容相关的引导案例，发布课程公告，安排学习任务。

（2）学生通过学堂在线 MOOC 平台和教材，根据学习任务要求自主学习“会计学基础”课程相关内容，学生还可以在讨论区提问，如果是翻转课堂，还要在预习阶段收集相关翻转资料。

（3）教师在讨论区初步回答学生在预习过程中产生的问题，并整理汇总，找到学生提问比较集中的问题，作为课堂教学的重点或者难点。该环节主要引导学生进行自主学习，初步理解学习内容，认识“是什么”，培养学生的认知理解能力和自己收集整理案例资料问题的能力。

2. 线下——课堂中活动设计

（1）根据线上阶段收集的问题，教师有针对性地进行梳理和重点讲解。

（2）教师引导进行课堂翻转，设计研讨性问题，以案例形式与学生进行探讨和交流。

（3）学生听讲课堂内容，并分组进行翻转，通过老师引导进一步理解重难点。该环节培养学生分析能力，要求学生理解“为什么”。

3. 线上线下——课后拓展活动设计

（1）教师推送课程内容测验。

（2）推送与教学内容密切相关的阅读拓展材料，及时将学术前沿成果引入课程，提升课程学习的深度和广度。

（3）教师展开定时、不定时的在线辅导答疑。

（4）学生在学堂在线 MOOC 平台进行测验。

（5）学生在学堂在线 MOOC 平台完成和教师的交流或者案例讨论。

（6）教师根据后台数据，进行学情分析，为下一次的课程总结做准备。

在这个教学设计循环中，从不同角度解放学生的头脑、双手、眼睛、嘴巴、空间和时间。为进一步说明如何解放学生，下面我们通过一个具体的教学案例设计进行说明。

三、教学案例设计

我们以“会计信息质量”部分知识点做如下案例设计。

（一）线上——课前

教师	学生
1. 发布“会计信息质量”学习任务 2. 推送康美药业案例资料，设计翻转提问：①像康美药业这样的会计信息披露，你觉得可能带来什么后果？②你如何看待这种会计信息质量？这种信息和社会主义核心价值观有悖吗？	1. 解放头脑：自己思考案例问题 2. 解放双手：自己做翻转演示 3. 解放时间：自己预习 4. 解放嘴巴：预习提问 5. 解放眼睛：自己看书和资料 6. 解放空间：自己探索初步答案

（二）线下——课堂中

教师	学生
1. 引导翻转 2. 讲解可靠性、谨慎性 3. 总结：课程思政引入——诚信、平等、公正	1. 解放嘴巴：翻转探讨 2. 解放头脑：自己思考

（三）线上线下拓展——课后

教师	学生
1. 发布会计信息质量章节测验 2. 推送瑞幸咖啡案例资料 3. 辅导答疑	1. 解放空间：自己根据拓展资料，自己探索 2. 解放嘴巴：提问 3. 解放时间：进一步自己学习，深入理解

四、教学考核和评价设计

线上线下混合式教学如何进行考核，最终评价学生是非常重要的设计环节，可以说是导向和指挥棒，设计恰当会引导学生更好地自主学习并打开“六识”，让学生更主动地动脑、动手、多看、动嘴，充分打破时间和空间的限制。对学生的评价应当是多维度的综合考评，而不是一次期末考试定终生。问题的关键在于，除期末考试以外，其他哪些环节可以作为学生最终课程成绩的构成。教学考核和评价一般客观和主观都会掺杂其中，比如翻转课堂时，可能有些学生的表现就会更好，但是这个学生交流表达的成果可能是小组团队的集体成果，那么如何评定，另外线上和线下如何均衡，这些都是我们要考虑的问题。

既然是线上线下的混合，我们对于会计学基础课程成绩考核分为线上占40%，线下占60%。线上成绩考核部分包括观看课程视频、参与学习讨论，在学堂在线提问，完成网上作业、测验；线下成绩包括两大部分，一部分是平时课堂学习表现，如考勤、课堂讨论、团队合作，这部分占线下成绩的25%，另一部分是期末线下考试，占线下成绩的35%。这些考核学生的个人自学能力、阅读理解能力、沟通能力、团队合作能力、综合运用能力，能更好地引导和激励学生加强平时的学习，从而也有利于改善课堂教学的效果，线上和线下相辅相成。

五、教学实践中发现的主要问题

尽管我们要从“六大解放”的角度去激励学生，但是在实际运行中，我们发现线上线下混合式教学仍然存在如下需要进一步研究的问题。

（一）线上线下课程教学内容如何优化的问题

既然是混合，线上加线下，那么整个会计学基础课程的教学内容如何划分线上和线下内容呢？我们初步可以根据课程教学大纲对教学内容的定义来估计判断，但是也有部分同学反映，有些基础理论视频自学存在一定的困难，比如我们一般认为借贷记账法很重要，但不容易理解，会放在线下集中授课，但是像会计科目和账户就放手让学生自己学习，部分学生认为科目和账户很抽象，不容易理解，影响了后续借贷记账法的课堂教学，所以如何进一步优化线上线下内容是教学设计中需要思考的。

（二）采取怎样的教学方法更好地解放学生的眼睛、时间、空间、头脑、双手、嘴巴

作为混合式教学，为了贯彻“六大解放”，我们采取了翻转课堂教学、案例教学等，一般都是二者的结合使用，翻转课堂环节应基于问题学习法和“干中学”的教学思路，但是我们发现线下翻转课堂教学实施过程中，容易出现时间把控不好，个别学生参与度不高，讨论过程松散的情况，并且随着这种教学手段的持续运用，学生出现应付现象，浪费课堂宝贵的时间，学习效率下降。

（三）立德树人怎么更好地融入线上线下教学

任何教育都必须是时代德育的渗入。作为反映一国经济信息的会计更是需要培养学生的社会主义核心价值观。会计学基础课程的课程思政更是如此。怎样自然地融入课程思政，而不是为思政而思政，课程教学中容易出现思政融入生硬、学生接受度较低、重视不够的情况。将立德树人更好地融入线下教学中是未来优化的重要内容。

（四）课程考核评价方法怎么进一步优化

由于我们大多采用多维度考核，一般来说，容易量化个人成绩的考核环节问题不多，而涉及团队考核的环节就容易出现考核偏差，如果我们对某个团队所有成员打分都一样，那么也就容易出现“搭便车”现象。

六、课程设计改进建议

首先，结合专业定位，一方面可以按照教学大纲的内容重难点划分，另一方面也可以参考学生在预习阶段留下的教学疑问判断哪些内容可能需要在课堂精讲，哪些可以“放手”并“拓展”，并通过这些方式不断优化教学大纲和教学计划。

其次，任何教学工具都不是万能的，我们要进一步丰富教学手段，翻转课堂的运用也要适度穿插使用，尤其是可以配合应用开展。作为应用型专业，会计学基础课程也是有应用性的，尤其是进入主要经济业务核算的时候，我们可以通过经济业务循环实现基础应用，这样开展教学手段的混合使用，让学生保持新鲜感和活力。

再次，对于课程思政的融入问题，会计学课程和思政结合还是很紧密的，比如，作为财务工作者应诚信为本，杜绝会计舞弊，担负应有的责任和使命，关键是如何“显性融入”和“隐形融入”。我们认为从教材的编写、课程大纲到教学计划都应该相互配合，把思政点明确。而且还需要专业思政教师参与，和专业教师一起研究思政的“无形”融入，建立会计学基础课程思政教师团队。在明确的思政点下，与相关课程内容结合，并且教师推送的相关案例资料应该符合这样的思政教育，引导提问也要跟进。

最后，课程考核由于涉及团队合作能力的考核，在翻转课堂环节我们由学生互评和老师评分构成学生团队成绩，但是不是每一个学生都是相同的分数，可以再由团队集体自主分配个人成绩，尽量减少“搭便车”的行为。每位学生至少要完成一部分团队工作才能有个人成绩。

任何的改革和探索都不是一帆风顺的，要把习惯了应试教育的大学生们解放出来，不仅要解放他们的眼睛、时间、空间、头脑、双手、嘴巴，而且还要把习惯了课堂教学的老师们解放出来，在大智移云技术的推动下，我们可以借助更多的现代教育手段，走进新一代大学生的心，通过线上线下混合式教学改革实践，让学生对会计学基础课程更有兴趣，更有感官体会，而不只是漂浮的理论基础，通过这种学习循环让学生转变思维，以学生为中心，让学生带着问题去学，“干中学”“学中干”，老师也可以利用现代技术更及时把握学生学习情况，进而做到因人施教。甚至老师还可以通过学情分析将学有余力的学生筛选出来，做更多线上拓展引导，这样线上线下混合式教育能更好地实施。

参考文献

[1] 张小彬，王璐，谷德林，等.“工程热力学”线上线下混合式教学改革研究［J］. 教育教学论坛，2022（2）：77-80.

[2] 袁旭.“会计学原理”线上线下混合式教学改革实践与反思［J］. 财会学习，2020（35）：187-188.

[3] 邵明振，杨帅通. 大数据背景下线上线下混合式教学改革探索：基于“统计学”的教学实践［J］. 长江师范学院学报，2022（1）：108-114.

[4] 喻晓宏. 金课建设背景下会计专业课程教学的改革与探索：以高级会计学为例［J］. 中国乡镇企业会计，2022（6）：169-172.

金融学案例教学中的思政路径的实践与探索

黎霞

（西华大学管理学院　四川成都　610039）

摘要：课程思政建设是近年来高校课程改革的主流和热点。金融学作为经管类专业的基础课程，具有宽口径的特征。文章结合《高等学校课程思政纲要》，从金融学案例教学引入思政建设的必要性入手，讨论了金融学案例开发前的动态调整、案例使用的方式和过程的调整及案例使用后的完善，并总结了金融学案例思政建设的实践经验，探索了金融学案例教学中课程思政的实现路径。

关键词：金融学；案例教学；思政路径

【基金项目】本文是四川省高等教育人才培养质量和教学改革项目JG2021-381和JG2021-913的阶段性成果，得到西华大学会计学国家级一流本科专业建设项目资助。

自教育部2020年5月正式印发《高等学校课程思政建设指导纲要》的通知以来，课程思政建设成为近年来高校课程改革的主流和热点。从根本上看，课程思政建设的核心是要把社会主义核心价值观、中华优秀传统文化、职业素养教育和法治观念融合习近平新时代中国特色社会主义思想，润物细无声地落实到高校专业课程的所有环节，从而全面提高高校人才培养的质量，落实立德树人的根本任务。

金融学作为经管类专业的基础课程，在如何提高学生金融基础认知的同时，结合思政建设的相关论文层出不穷，但研究较多集中在：一是金融课程总体思政建设思路的建构上；二是金融课程某个章节课程思政如何运用上。对于专注于在案例教学中如何深入实施金融学思政教学的实践和改革，谈者寥寥。因此，以金融案例为中心，从案例的设计、课堂案例的引入、课后案例丰富和融合的角度探讨金融学的思政建设，更好地改善金融课程思政建设效果，就具有了紧迫性和重要性。

一、金融学案例教学引入思政建设的必要性

首先，金融学的研究领域具有较宽的口径，涉及货币及货币制度、信用与利息、金融市场、金融机构，并最终落实到宏观经济的调控、国际收支等范畴，几乎涵盖了现代社会主义市场经济运行的方方面面。金融案例教学能以生动有趣的实际案例引领学生对于个人、企业、机构与政府在经济生活中扮演的金融角色有着更深入的理解和认识。在金融案例中潜移默化地引入社会主义核心价值观的理念，会更容易让学生理解和接受，较之干瘪的理论灌输，也往往会起到事半功倍的效果。此外，金融学的广泛触角有利于案例具备丰富的来源和种类，并有着极强的时效性和国别的差异性，这既为金融学思政建设提供了取之不尽的素材，也为金融学案例思政建设提出了更大的挑战。

其次，从学情来看，金融学案例教学的授课对象为全日制本科三年级第一学期的学生，处于对专业基础知识有一定了解，对专业知识的拓展、认知世界的经济现象均有较强的求知欲望的阶段。对于成长于互联网蓬勃发展大潮中的新生代，这些学生普遍会通过网络满足自己的好奇心，甚至把一些对经济以及金融现象偏颇不当的认知当作金科玉律。在金融学案例中，让学生通过案例的学习，掌握正确的搜集信息的渠道，引导学生运用专业知识深入比较和分析中国的金融现象，能极大地激发学生自主学习的主动性和创造力，从而理解中国货币制度、金融市场和宏观金融调控的优势和成果，培养深切的爱国主义情操和职业道德素养。

最后，从学科建设来看，西华大学金融学案例教学自 2021 年以来以会计学专业学生为试点，服务于会计学国家一流本科专业建设，在学院会计学专业大力开展思政建设的背景下，金融学课程案例教学也需要顺应发展的需要，把思政更好地落实在案例教学的设计和应用中。

二、金融学案例教学中的思政建设的路径探索

（一）思政背景下，金融学教学案例开发的动态调整

在课程思政的教学改革思路上，金融学教学案例的选择，从原来只关

注是否能说明金融理论和相关知识点，转变为同时还要关注是否能较为自然地引导学生领悟国家、民族及文化的优势，完善自身的人格和素养。具体而言，我们把教学案例开发的思政标准定为：是否能培养社会主义核心价值观？是否能弘扬中华传统文化？是否能树立职业素养和法治观念？这三个标准帮助我们在原有案例的基础上，水到渠成地引入一个或一个以上的思政要求，是我们在金融学案例开发的重要改革思路。下面，以货币及货币制度章节的案例开发为例，来讨论思政建设引入的实践（见图1）。

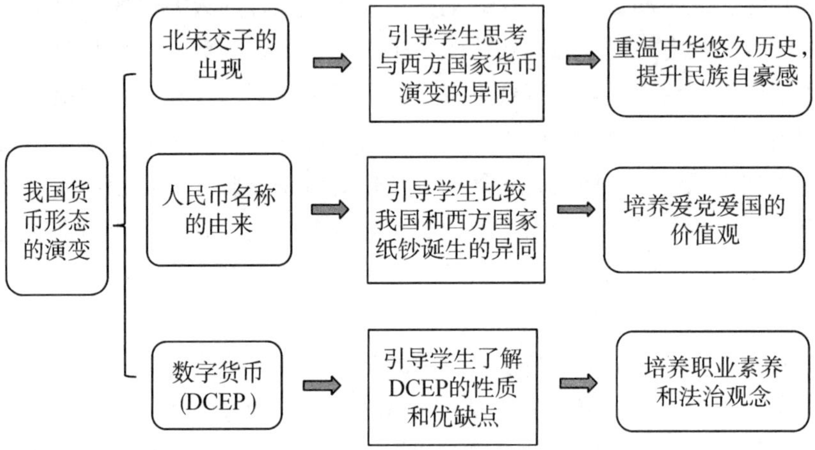

图1　货币及货币制度章节的案例开发

（二）思政背景下，金融学教学案例使用方式和过程的调整

传统的案例教学，关注对知识点的解析和思考，引入思政建设后，最大的影响是，课程内容变得更为丰富，随之而来的后果就是原有的上课课时会相对不足。因此案例教学过程中，可灵活分配案例使用时间，有的案例适合预习，有的案例适合课堂，有的案例可用于课后，从而多维度地鼓励学生自主学习，充分感受全面的思政教育的滋养。当然，在教学手段上，大量利用线上线下的资源，小组合作等方式也就变得更为重要。

以货币及货币制度章节的案例使用为例来进行说明。

1. 案例教学前

要求学生预习教学内容并进入学习通这样的线上教学平台通读相关资料，帮助学生对教学案例背景的基础知识点有清晰的认识。同时，提出预设案例，比如北宋交子的出现，请学生比较中西方纸币的演变历程的不同是什么。为鼓励学生自主思考，对预提问题设置“存钱机制”。存钱机制指学生提出一个合理问题，可得虚拟金融币 1 枚，累积 10 枚，平时成绩可增加 1 分。一次案例前，最多只认可 3 个问题。以此竞争机制，激励学生学会主动思考，合理竞争和合作。

2. 案例教学中

在老师完成课堂相关知识要点讲授后，在货币制度的相关内容中，可引入人民币法定货币的案例讨论，比如为什么美元叫美元？为什么人民币不叫中国币等。同时可以顺势回答预设案例的学生问题，引导学生思考我国人民币制度和西方货币制度的优劣对比，激发学生的文化自信和民族自豪感。

3. 案例教学后

（1）可以通过学习通的线上平台发布学生可以延展学习的资料，比如网址、视频、论文、书籍等，以便学生积极主动地开阔专业视野。

（2）可定时发布课后案例，课后案例有两类。一类是学生可以个人完成的。比如本章中 DCEP 的性质和优缺点，学生可以依照案例要求，自主查阅资料了解 DCEP 的相关基础知识点；另一类可以安排学生小组作业。比如在此章中可以设置延展问题，请学生举出电子货币的类型，并选择 1 个做介绍，同时和 DCEP 做比较等。

（3）可丰富和完善案例的认知。比如让学生自主参观钱币博物馆，请专业人士讨论人民币的流转等，皆可以提升学生的专业素养和课程知识点的认知。

（三）思政背景下，金融学思政案例的完善

紧跟时代完善案例，思政建设的时效性与时俱进。随着国际局势、国家政策导向等因素的影响，金融环境不断变动，思政建设的要求随着专业发展也必然会不断调整和发展。在保留经典案例的同时，尽量引入一些全新的热点案例，或者采用全新的分析角度，对于金融学案例的新鲜度的保证，从而吸引学生学习的积极性非常重要。比如在货币及货币制度章节中，2021 年年底，英国央行表示未来将大量引入塑料货币替代纸币。此案例可用于引发学生对于货币制度中币材的作用和趋势的思考。比如，人民币国际化的进程和阻碍的思考，比如 2020 年新冠病毒感染疫情暴发以来，我国居民购买商品线上支付的比例大幅度上升，对于纸币的影响有哪些？还可以和欧美国家线上支付能力做比较，体现我国电子支付体系的优越性，从而进一步增强学生的爱国爱党的社会主义核心价值观。

教学相长完善案例，思政建设的深度不断提升。金融学思政案例在使用中，必然会出现教师在设计时未设想到的问题和缺点。通过学生的案例完成的回馈和上课过程的把握，了解学生的需求和关注点。凝练案例的文本，对设计的问题、设问的条件和环境进行全面的审核和修订，在多轮教学反馈中不断提升案例的实践性。此外，学生的问题及学生的案例作业回馈，也会清晰地反映出学生的所思所想和心理状态，及时地关注学生的思想变化，针对学生在案例、专业甚至人生的诸多困惑，给予力所能及的帮助和扶持，帮助学生形成对独立人格和职业道德操守的正确认知。

专业融合完善案例，思政建设的广度不断拓展。金融学课程是一门多维度、多层次、宽口径的课程。在教学内容上和西方经济学、会计学基础、商业银行业务与经营等课程皆有一定的关联性。基于服务于会计学一流课程建设的出发点，金融学案例教学思政路径还需要考虑如何结合会计学专业特点，把案例和金融学、会计学、思政建设紧密结合起来。比如国际收支中，存贷的计量思路和会计上的存贷做比较；比如在金融工具的相关章节，商业票据、债券等内容里以会计的眼光如何看待其特点和性质等，从而理解我国在国际收支、商业票据、债券中的一些中国特色，找出我们的优势，提升学生的国别认知。

三、金融学案例教学中的思政建设的实践经验

首先，考核改革促进金融学案例教学思政建设的实现。在原有案例教学中，提高思政建设相关问题和内容的比例，一方面，加大平时成绩的比重，由过去的20%提高到40%，在提高的平时成绩计量构成中除考勤、作业、案例的大类，在作业和案例中增设与思政建设结合的内容的成绩比例，提高学生主动接受思政教育的动力。另一方面，在期末试题中增设思政相关的考试题目，全面提升学生的思政意识。从教学成效看，在收回学生的问卷调查后，75%的同学认可和接受这样的专业课程思政考核方式，并表示满意。

其次，教师及教学团队建设促进金融学案例教学思政建设的实现。引入课程思政的教学改革要求后，作为授课者的教师在思想上也需要从社会主义核心价值观的角度增强对国家经济发展、大政方针、国际局势等角度的深入思考，从而能顺应改革要求，合理地设计出符合条件的思政案例，促进思政建设的实现。此外，任课教师分工协作，定期讨论，又能进一步

加深对金融学案例建设和思政建设本身的理解和认知。特别是在教学团队中引入思政课程的专业教师参与讨论，更有利于教学案例中思政角度和深度的合理实现，从而有利于改善整体案例教学思政建设的效果。

最后，以赛促教，以赛促学，促进金融学案例教学思政建设的实现。在金融学案例教学的思政建设中，教师应积极参与学校相关授课比赛和精品课程的申请，学习其他教师在思政建设过程中的经验和教训；鼓励学生参加学科教学竞赛，走出去和其他高校的学生竞争，在自我提升的同时，也寻找和其他高校的思政建设的差距，从而促进金融学案例教学思政建设目标的实现。

四、总结

金融学案例教学的思政建设刚刚起步，以案例为中心，在“三个是否”的思政目标指引下，从案例思政建设的开发、使用到完善已经形成我们自有的模式。但是在案例的数量、质量和丰富性上，以及在教学团队的建设上依然有诸多可以改进的地方和可以突破的方向。金融学案例教学的思政改革，任重道远！

参考文献

[1] 顾艳辉，邹睿蓉. 基于课程思政视角的“货币金融学”教学优化设计［J］. 无锡职业技术学院学报，2022，21（1）：23-27.

[2] 廖春华，欧李梅. 智能时代以自主学习为中心的学生学业发展体系构建探索［J］. 中国大学教学，2020（10）：6.

[3] 穆玉堂，吴尚燃，王运卓. 基于文化视角的课程思政教学路径探析：以“金融学”课程为例［J］. 兰州职业技术学院学报，2022（6）：39-41，45.

[4] 齐明，常建壮，邓朝阳，等. 思政进课堂，讲好一堂生动的金融课［J］. 大学教育，2022（7）：190-192.

[5] 徐维.《金融学》课程与思政教育耦合教学模式探索［J］. 现代商贸工业，2022，43（16）：210-211.

“财务管理”课程教学新模式
——知识传授、财商培养与价值观塑造“三位一体”

高洁
（西华大学管理学院　四川成都　610039）

摘要：在全国高校思想政治工作会议上，习近平总书记提出了要把思想政治工作贯穿教育教学全过程，实现全程育人、全方位育人，并强调各门课都要守好一段渠、种好责任田，使各类课程与思政课同向通行，形成协同效应。“财务管理”课程要完成课程思政改革的重任，可以改变传统教学模式，开展“知识传授、财商培养与价值观塑造”三位一体的新教学模式，通过组建教学改革团队，深度挖掘本课程中蕴含的思政元素，重塑教学目标，重编配套教材，改革教学方式和课程评价体系，利用多样化的教学手段和方法，将思政元素润物无声地融入专业知识点，在传授知识、培养财商的同时，弘扬社会主义核心价值观，落实立德树人的根本任务。

关键词：财务管理；三位一体；课程思政

【基金项目】本文是四川省高等教育人才培养质量和教学改革项目JG2021-381和JG2021-913的阶段性成果，得到西华大学会计学国家级一流本科专业建设项目资助。

在2016年12月7日至8日召开的全国高校思想政治工作会议上，习近平总书记强调，高校思想政治工作关系高校培养什么样的人、如何培养人以及为谁培养人这个根本问题。要坚持把立德树人作为中心环节，把思想政治工作贯穿教育教学全过程，实现全程育人、全方位育人，努力开创我国高等教育事业发展的新局面。同时明确指出，其他各门课都要守好一段渠、种好责任田，使各类课程与思想政治理论课同向同行，形成协同效应。会后，将思想政治教育融入专业课程的课程思政改革在全国高校中如火如荼地展开，课程思政成为补充完善高校思想政治工作的主渠道。应该如何将“三全育人”理念落到实处，如何在各门大学专业课中自然地融入思政元素，成为所有大学专业课教师的新挑战。

一、“财务管理”课程融入课程思政的必要性

财务部门属于企业要害部门，主要管理对象是企业的资金，对企业具有至关重要的作用，除了专业能力外，财务岗位还特别强调财务工作人员的职业道德水平。顾瑞鹏和陈静（2022）通过“乐调查”调查平台形成网络调查问卷，面向全国各类企业财务负责人和人事主管定向开展了“企业对财务管理岗位人才德育内涵需求”调查。他们的调查结果显示：高达95.75%的受访对象表示“非常有必要”加强财务管理专业大学生的思政教育。大多数受访者认为对财经类或管理类专业大学生最应该进行的思政教育内容主要包括：“守法遵纪教育”“爱岗敬业教育”“责任担当教育”“爱国爱党教育”和“企业忠诚教育”，半数以上的受访者认为：对于财务管理岗位而言，“团队合作”“诚实守信”“工匠精神”和“职业礼仪”也很重要。另外，受访者还认为：思政教育的内容、手段、社会舆论、教师素质以及国际环境等都会影响思政教育的有效实施。

除了思政课程，其他大学专业课也有育人功能，所有专业课程中都可能蕴含着家国情怀、理想信念、创新思维、科学家精神等丰富的思政元素，“财务管理”课程作为财会类专业的核心专业课程之一，自然应率先肩负起财会专业课程思政改革的重任，在课程讲授中，应该充分挖掘思政元素，创新载体、积极融入，与思想政治理论课同向同行，形成协同效应。

二、“知识传授、财商培养与价值观塑造”三位一体的教学模式

“财务管理”课程以资本市场为背景、以企业理财为核心，主要讲授现代企业财务管理的基本理论和方法，具体包括：资金的时间价值、收益风险观念、企业资金的筹集、投资、资金的运营、收益的分配等以“资金”为管理对象的知识点。现有“财务管理”课程教学中普遍存在重理论、轻实践，重财务决策方法的传授、轻财商的培养，重智育、轻德育，缺乏价值引领等问题。在此课程的讲授过程中，教师应该将知识传授、财商培养与价值观塑造相结合，从财务管理具体方法的传授转向财商的培

养，并努力挖掘各章节知识点中蕴含的思政点，将思政元素润物无声地融入知识的讲解过程中，在向学生传授财务管理知识、培养学生财商的同时，引导学生树立正确的价值观、社会责任观和理财观，落实立德树人的根本任务，形成“知识传授、财商培养与价值观塑造”三位一体的教学新模式。

三、“财务管理”课程“三位一体”教学模式的实现路径

想要完成从“财务管理”课程传统教学模式到“知识传授、财商培养与价值观塑造”三位一体教学新模式的成功转型，需要从团队建设、教师培养、课程设计、教材开发、教学环境及考核系统等方面进行全面改革。

（一）组建课程改革团队

课程改革首先应重视课程团队的建设。考虑到财会专业教师平时主要专注于本专业领域的理论与实践，思想政治理论基础和思政教育实践经验比较少，在组建教学团队时，除了讲授“财务管理”课程的老师外，还可以邀请专业思政教师加入课程团队，充分利用专业思政教师在思政理论和思政教育实践上的优势，让他们为课程思政体系的设计和思政内容的讲授提供指导。另外，可以努力创造条件加强校企合作，邀请企业人员加入教学团队，这样有利于主讲教师更直接地了解当代企业对学生思想政治水平的需求，同时还可以邀请企业家或财务经理参与到课堂教学之中，让同学们跟企业家和财务经理面对面，更直接地感受企业家精神和财务工作人员的职业素养。

（二）提升主讲教师课程思政水平

育人先育己，课程主讲教师在不断提高自身专业素养的同时，还应该回归育人初心，强化“以德树人”意识，通过深入学习《高等学校课程思政建设纲要》以及习近平总书记在系列会议上关于高校思想政治教育的相关讲话内容，积极参与课程思政建设的相关培训，多和团队中的专业思政教师和企业相关负责人交流，努力提高自身思政水平，争做先进思想文化的传播者，更好地成为学生健康成长道路上的引路人。

（三）重塑课程目标

配合“知识传授、财商培养与价值观塑造”三位一体的新教学模式，“财务管理”课程目标应立足于专业人才培养目标和课程标准，贯彻“三全育人”理念，将思想价值引领贯穿于教学计划、课程讲授、教学评价等

主要教学环节，将价值导向与知识传授相融合，在知识传授、能力培养、财商形成的过程中，弘扬社会主义核心价值观，传播爱党、爱国、积极向上的正能量，落实立德树人的根本任务。课程目标的设定不能局限于知识和技能目标，还应强调职业道德和风险意识，引导学生树立守法经营、诚信理财的理念，弘扬“以和为本、以和为善、以和为美”等社会主义核心价值观。期望通过课程思政教育的引入，让我们的学生在掌握财务管理专业知识的同时，还能树立正确的世界观、人生观和价值观，拥有健全的人格和端正的品行。学生在进入财务管理工作岗位后，能够拥有良好的职业道德意识，不会一切仅以企业或自己的经济利益为出发点，还会考虑企业其他利益相关者的利益，助力企业合法经营、依法纳税，对客户负责、关心员工、维持和供应商的友好关系，重视环境保护、关注社会福利。

（四）重编配套教材

课程思政成功实施的关键因素在于教师能否充分、有效地挖掘专业课程中蕴含的思政元素（张莉，2019）。课程教学团队应该系统化地深度挖掘与“财务管理”课程知识点密切结合的思政元素，在已有教材内容基础上进一步梳理和开发，形成依托每个章节专业知识点的思政素材，重编配套教材、重新撰写教学大纲和教案，为思政教育的融入提供支撑材料。

需要注意的是，思政元素的融入应具有针对性，避免教书与育人“两张皮”。习近平总书记在全国高校思想政治工作会议上指出：“好的思想政治工作应该像盐，但不能光吃盐，最好的方式是将盐溶解到各种食物中自然而然吸收。”教师在设计课程思政内容时，应结合当下时代特征，深入了解学生思想现状，立足学生的实际需要，有针对性地进行创新教学。

孙海兵（2021）利用“问卷星”平台，以“财务管理理论与实践”课程学生为对象，围绕学生对课程思政的需求进行了问卷调查，针对课程思政应关注的重点内容的调查结果显示：有83%的学生认为是对社会热点问题的关注与解读，75%的学生认为是职业素养和专业知识的融合，67%的学生认为是对前途迷茫的解惑，49%的学生认为是创新意识与法制意识，还有47%的学生认为是理想信念教育。另外，有71%的学生认为教学内容脱离实际、实效性不强会影响教学效果。从调查结果可以看出，结合课程知识点，通过在对社会热点问题的案例分析中融入思政元素是最容易得到该课程学生共鸣的方法；对职业素养的培养也是他们关注的重点；另外，有三分之二的学生都表示出对前途的迷茫，希望得到老师的解惑。可见，在挖掘“财务管理”课程思政元素、重编教材的过程中，我们需要重点关注专业知识与社会热点问题相结合的案例开发，强调对学生职业素养的培养，以及职业生涯规划的引导。

（五）利用多样化的教学方法融合“思政点”

孙海兵（2021）的调查问卷结果显示：有64%的学生认为，教学手段单一会影响思政效果。思政元素的融入要选择让同学们更容易接受的方式，增加亲和力，让思政元素与学生的实际学习生活相联系，与他们的成长发展相联系，使专业课程中的思政内容更接地气。为了能够在专业课中融入思政元素时尽量达到春风化雨、润物无声的效果，应该合理利用多样化的教学手段和方法。比如，在传统讲授的教学方法上，针对当代大学生的特点，可以充分利用互联网技术，大力推进现代信息技术与教学深度融合，打造线上线下混合式教学模式，积极引导学生进行探究式与个性化学习。与其将思政知识灌输给学生，不如让学生“悟”出其中的道理（张春艳 等，2021）。通过自主式学习、探究式学习、“团队+个人”的情景学习等多种学习方式开展教学活动，可以让同学们在老师的引导下自己去感悟其中的思政元素，在调动学生学习专业课程积极性的同时蕴藏思政教育。

（六）课程考核评价体系嵌入“思政点”

如何考核课程思政的实施效果是课程思政改革的难点之一，在设计课程考核评价体系时，需要在传统考核内容和方式上进行创新，将课程思政与专业知识的考核有机结合，既在试卷上体现课程思政内容，也在课后实践中增加课程思政内容的考查，将以期末卷面考试为主的考核模式转变为以过程性考核为主，建立“学生自评”“学生间互评”和“师生间互评”的课程评价体系，利用学习通、智慧树等网络教学平台记录课程学习全过程，实现过程性考核需求。

四、总结

为了培养出符合新时代需求的德才兼备的财务管理专业人才，在专业课中融入思政元素，开展课程思政改革是大势所趋，为了守好“财务管理”课程这道渠，种好责任田，主讲教师们应该积极组建课程思政改革团队，努力学习，提高自身思政水平，了解企业和学生对思想政治教育的需求，有针对性地深度挖掘本课程中蕴含的思政元素，重塑教学目标，构建新的教学大纲，重编配套教材，改革教学方式和课程评价体系，利用多样化的教学手段和方法，将思政元素自然地融入专业知识点，在传授知识、培养财商的同时，弘扬社会主义核心价值观，传播爱党、爱国、积极向上的正能量，落实立德树人的根本任务。

参考文献

［1］顾瑞鹏，陈静．企业需求视阈下财务管理人才思政教育需求切入研究［J］．财务管理研究，2022（8）：85-93.

［2］孙海兵．财务管理理论与实务课程思政建设探索［J］．会计师，2021（12）：121-123.

［3］吴晶，胡浩．习近平在全国高校思想政治工作会议上强调 把思想政治工作贯穿教育教学全过程 开创我国高等教育事业发展新局面［J］．中国高等教育，2016（12）：5-7.

［4］郑钟琴．“课程思政”与专业教育创新融合模式探索：以财务管理专业为研究视角［J］．企业科技与发展，2019（3）：72-73.

［5］张莉．财务管理专业推进“课程思政”建设的策略［J］．学校党建与思想教育，2019（9）：55-56.

［6］张春艳，田景仁．高校财务管理课程思政教育改革探索［J］．商业会计，2021（17）：94-98.

浅谈新信息技术驱动下的会计人员素质提升

胡伟

（西华大学管理学院　四川成都　610039）

摘要：随着大数据、人工智能、移动互联网、云计算、物联网和区块链等新信息技术的快速发展，会计领域也迎来了巨大的挑战和机遇。如何更好地将这些新信息技术运用到会计领域，已经成为一项非常重要的时代任务。会计人员素质的高低直接决定新信息技术与会计融合的广度和深度。本文在探讨新信息技术对会计人员提出的新要求和会计人员素质提升遇到的挑战的基础上，从强化宏观制度性约束、依托高校优化人才培养过程和引导从业单位助力会计人员素质提升三个方面提供一些参考性建议。

关键词：新信息技术；会计人员；会计人员素质；素质提升

【基金项目】本文是四川省高等教育人才培养质量和教学改革项目JG2021-381和G2021-913的阶段性成果，得到西华大学会计学国家级一流本科专业建设项目资助。

根据《中华人民共和国国民经济和社会发展第十四个五年规划和2035年远景目标纲要》，国家需要加快发展数字社会，建设数字经济和数字政府，营造良好的数字生态，建设数字中国。数字时代的到来必然要求会计行业的数字化转型，这是时代的潮流，也是整个社会发展的必然。《会计行业中长期人才发展规划（2010—2020年）》实施以来，财政部门会同相关部门加快完善会计人员发展与管理的各项制度，有效实施会计人员培养重大工程，积极营造会计人员发展的良好环境，会计人员规模有序增长、人才结构不断优化、人才竞争力明显提升，会计人员在推动各单位提高现代化管理水平、引导社会资源合理配置、保障社会公众利益、维护国家经济安全和市场经济秩序中发挥了重要作用。但大数据、人工智能、移动互联网、云计算、物联网和区块链等新信息技术的快速发展给会计领域带来了巨大的挑战和机遇。

一、新信息技术对会计人员素质的新要求

新信息技术的飞跃式发展突破了海量数据的收集、处理与分析障碍，数据的价值得以充分挖掘，数字资源成为企业优化经营管理决策的核心利器。企业经营过程中所涉及的“数据”与“决策”，必然会与会计和会计人员有联系。新信息技术的发展使会计人员由“小会计”转型为“大财务”成为可能，也将成为必然。会计人员需要从核算思维向管理思维转变，借助人工智能等新信息技术从海量的结构化和非结构化数据中获得多维度、立体化的数据信息，为管理者的决策提供智能化支撑。由此看来，数字化时代下企业的发展模式发生了改变，企业对会计人员的能力也提出了新的要求。

1. 高度的职业敏感

职业敏感是专业人员从事专业工作的意识与思维，是对不同环境变化的嗅觉与灵感，是对外界新生事物发展掌控的反应能力。随着新信息技术的广泛应用，社会经济运行方式发生革命性变化，经济运行管理模式也随之改变。会计作为社会经济的组织体系，其管理模式及工作流程方式也随之发生重大变革。这就要求会计人员必须对新技术应具有高度的职业敏感性，密切关注新技术发展趋势，深入分析新技术应用将会给会计带来的变化，及时领会掌握新技术的本质特征和方法体系，敏锐地观察新技术与会计工作的契合点，快速抓住机会将新技术运用于会计工作中，破解信息信息技术下会计实践中面临的难题，促进会计更好地适应信息技术发展的需求。

2. 持续的学习能力

学习能力是指人获取工作所需知识的数量与质量，是个人吸纳与扩充知识的能力。由知识构成的新兴技术已渗透到社会经济的各领域，并引发知识的快速更新及新兴技术的创新发展，新信息技术已经渗透到社会经济的各领域并引发重大变革。知识的快速更新及新信息技术的创新发展，要求会计人员必须树立终身学习理念，以开阔的视野、前瞻的思维，紧跟知识与科学技术发展进程，不断提高与强化自我学习、持续学习、跨界学习

能力，及时更新知识，建立适应数字经济时代的知识体系。

3. 熟练的专业技能

在新信息技术的推动下，新经济形态、新商业模式不断涌现，信息技术已经成为数字经济时代社会经济发展的主导力量，管理规则与方式发生了全新的变化，对会计人员提出了更高的要求。会计人员不再是单一专业化的人才，而是需要具备多专业技能的会计人员。会计人员需要具有数字技能与会计专业双重技能。数字技能成为会计人员数字经济时代应具备的新技能，会计人员必须熟练地掌握现代数字技术，将数字技术应用于财务会计的实践中，充分发挥现代信息技术在数字经济发展中的功能作用。在掌握数字技术的同时，还必须重塑会计专业技能，强化逻辑思维能力的培养，从传统的记录报告生成财务会计信息为主向数据挖掘、加工、分析为主转型，真正为管理决策支持服务，尽快成长为数字经济时代的新型会计人才。

二、新信息技术下会计人员素质提升遇到的挑战

1. 会计发展未能跟上新信息技术发展的步伐

以信息技术、数字技术、人工智能为代表的新一轮技术革命催生了新产业、新业态、新模式，对会计理论、会计职能、会计组织方式、会计工具手段等产生了重大而深远的影响，但社会整体对新信息技术下如何培养会计人才认识不足，导致会计理论创新发展不够，会计数据相关标准建设不及时，应用新技术推动会计审计工作数字化转型及推动会计数据资源开发利用不足。

2. 会计人员存在严重的结构性失衡

我国会计人员队伍区域发展差异较大，结构性失衡问题仍然存在，中西部地区会计人员队伍整体素质有待提高，基层行政事业单位会计力量亟须增强，高端会计人才仍然缺乏，难以满足高质量发展对创新型、复合型、国际化人才的要求。

3. 培养会计人员的社会资源相对不足

目前，大多数行业或社会培训机构主要以财务会计和税务会计为主，目的是帮助部分会计人员通过职称考试和相关的专业资格考试，并用于企业的内部管理。高素质会计人员的培养主要集中在传统高校、相关的研究部门或者部分企业家的高等管理培训机构，一般会计人员接受培训和继续教育的渠道和机会并不多。

三、顺应新信息技术发展，“三位一体”提升会计人员素质

1. 强化宏观制度性约束

（1）持续加强会计人员诚信建设

诚信既是会计职业道德的重要内容，也是对会计行业的最基本要求。要加强会计法治建设，为会计诚信建设提供法律保障。通过修订会计法律制度、制定会计人员职业道德规范、修订完善注册会计师职业道德守则等，强化会计诚信意识，支持会计人员依法履职尽责，保护会计人员合法权益；完善会计法律责任体系，提高会计违法成本。要建立涵盖事前、事中和事后全过程的会计诚信体系，建立会计人员信用信息管理制度，规范信用信息归集、评价、利用，探索诚信积分管理机制，健全会计人员守信联合激励和失信联合惩戒机制，加强与有关部门合作，实现信用信息的互换、互通和共享，将会计人员信用信息作为会计人员选拔、培养、评价、使用的重要依据。支持会计相关行业协会建立健全信用承诺制度，加强行业自律。要加强会计法治教育、会计诚信教育和思政教育，将会计职业道德作为会计人员培养教育的重要内容，推动财会类专业加强职业道德和课程思政建设。要加大会计诚信宣传，组织开展先进会计工作者评选表彰，健全评选表彰机制，宣传先进事迹，鼓励会计人员主动担负起时代赋予的使命责任，加强对典型失信案例的警示教育。

（2）规范开展会计人员继续教育

开展继续教育是建设高素质专业化会计人员队伍的基础性战略性工作。应紧密结合经济社会和会计行业发展要求，以能力建设为核心，完善继续教育制度，丰富继续教育内容，创新继续教育方式，突出继续教育的针对性、差异化、实用性和前瞻性，持续提高继续教育质量。应充分利用云计算、大数据、虚拟现实、人工智能等新技术，推进继续教育信息化平台建设和应用，提供标准统一、内容规范、质量优秀的会计人员继续教育课程和注册会计师胜任能力全要素模块课程，开展继续教育师资库建设。应将继续教育完成情况作为参加会计人员评价、会计人员选拔、先进会计工作者评选的重要依据。加强对继续教育机构的指导和监督，鼓励继续教育机构提供优质继续教育课程资源。各地财政部门应加强对本地区基层会计人员继续教育的管理。各业务主管部门、用人单位应支持和保障会计人员、注册会计师参加继续教育。会计人员、注册会计师应主动适应岗位需

要和职业发展要求完成继续教育，不断完善知识结构，增强创新能力，提高专业水平。

2. 依托高校优化会计人员培养过程

（1）调整会计人员培养目标

大多数高校原有培养方案对会计专业人才培养目标的表述强调学生应具备经济、法律与管理相关的专业知识，未提及对学生运用新信息技术进行分析与决策等方面的知识和能力要求。由于原有的会计专业人才培养模式难以满足当前及未来企业对会计人员的知识和能力需求，若不及时对人才培养目标进行调整，将导致会计专业人才的输出与职业市场需求脱节，或增加学生进入职场后胜任工作的难度。高校应当结合当前会计专业学科的发展趋势，适时将新信息技术时代对会计人员的新要求纳入人才培养目标中，以进一步指导教学方式的开展和专业课程体系的设置。

（2）优化会计课程体系设置

《会计行业人才发展规划（2021—2025 年）》指出：财政部门配合教育部门深化会计学历教育改革，依托部分高校，聚焦直接影响会计学科专业体系建设的关键因素，从师资、课程、教材、教学内容、教学方式和实践基地等方面进行以战略思维、业财融合、数字智能为导向的教改研究和探索，推动产学研一体化发展。这足以说明目前地方性本科高校的会计专业的课程体系须调整和完善。通过对四川部分学校会计专业的人才培养方案进行梳理，笔者发现大多数学校仍处于“会计先生”的培养阶段，与之对应的课程仍然仅限于基础会计、财务会计、管理会计、税法、审计等基础理论课程，而对于计算机和数学类课程则基本是以计算机基础、高等数学、微积分、线性代数等课程呈现。信息时代需要的新兴和跨学科课程，如 Python、大数据分析、数据库应用、风险控制、战略决策、资本预算等都还没有被纳入课程中传统的课程体系。这种传统的教学很难使培养对象具备时代所需的能力。

在大学的专业发展与人才培养的设计中，需求导向是一个非常重要的原则。随着我国经济信息化的发展，高校的会计专业必须逐步建立与健全管理会计人员的课程体系。统筹各学科间的教学资源配置，增加人工智能、云计算、区块链等与资讯科技有关的基础课程，使学员能够了解信息技术的最新发展，并掌握基本知识及技巧，以及资料的分析与发掘。整合专业的课程结构，对传统的专业课程进行评估、简化和调整，并设置财务共享中心、商业智能分析、战略运营与决策等管理会计课程。通过建立新的会计专业课程体系，学生既要掌握会计专业的基本理论，又要掌握会计逻辑与数据分析的综合逻辑。

（3）提高专业教师教学能力

原有的会计专业授课教师往往只具备会计、财务管理、成本核算等方面的专业知识，新兴的大数据、云计算等数据收集、挖掘与分析技术以及人工智能方面的知识较欠缺，而纯粹大数据背景的教师往往又缺乏财务方面的专业知识。会计专业的学生要同时具备大数据、云计算相关背景知识，但并不是将它们简单堆砌，而是要实现数据挖掘与分析为财务决策所用。因此，亟须培养一批符合专业课程教学要求的师资队伍。对教学师资的培养一方面可以通过选派青年教师外出学习与大数据财务相关的课程，另一方面可以通过人才引进的方式直接补充师资队伍。

3. 引导从业单位助力会计人员素质提升

（1）搭建会计人员展示能力的场景

由于会计部门与企业各部门、各项目间联系十分密切，这就使得在企业中处于基础地位的会计部门，必须要参与企业管理，这样才能更进一步加强企业内部联系，使整个企业更具备发展动力。压力就是动力，会计人员要有效参与企业管理，必须在已掌握的会计或财务管理方面知识的基础上，主动学习法律、经济、计算机等方面的知识，持续提升分析问题、解决问题的能力。

大数据在经济和社会中得到广泛应用，尤其是财务领域，财务信息“数据化”趋势加快，企业必须顺应这一潮流和应对大数据发展所呈现出的特点，加大资金投入，注重趋势研究，强化预测职能，挖掘企业生产经营过程中的潜在价值和行业发展趋势，推动企业会计使用大数据平台分析大数据中所蕴含的决策信息。在这一过程中，会计工作与大数据技术相结合，运用大数据分析工具能够帮助企业解决数据大而繁杂的问题，对于会计系统工作效率的提升打下了坚实基础。

（2）建立适宜的激励考核制度

企业要结合实际情况，依据会计人员工作任务完成度、会计人员对企业的响应程度和会计人员工作的发展预期，建立会计人员素质考核标准，构建会计人员素质考核制度。这个制度的实施，一方面可以激励会计人员在工作中力争上游，通过竞争的方式获得奖励、荣誉，带来自我认同感，摆脱长时间工作带来的疲惫，使其在工作中实现自我价值，把更大的热情投入工作中，提高会计人员综合素质；另一方面对落后的会计人员进行培训教育，有利于激励其奋斗精神，及时发现自身存在的问题，通过专业的培训，加强对专业技能的掌握。

（3）营造积极主动的持续学习氛围

企业除了根据业务需要为会计人员提供外出参加各种培训的机会和条件保障外，还可以定期举办专题讲座、线上授课和邀请一些专家学者向会计人员介绍会计领域的新政策、新趋势和新经济形势，帮助会计人员更好地领会会计的新变化，从而提高他们学习知识和处理业务的能力。此外，企业要为会计人员提供良好的团队学习环境，培养会计人员集体学习的积极性和主动性，形成你追我赶的学习氛围，实现团体整体素质的提升。

四、结束语

目前，中国正经历第四次工业革命的数字时代。大数据、人工智能、移动互联网、云计算、物联网、区块链等数字技术的快速发展，全方位推动了经济社会的数字化转型，会计的转型也势在必行。无论是从政策导向层面，还是从企业管理转型升级的需求来看，数字化已经成为一种势在必行的趋势。在数字化转型的今天，企业面临的不再是“做不做”的选择，而是关乎未来生存和发展的必要行动。只有国家、高校和企业“三位一体”，共同形成培养合力，才能培养出具有高度的职业敏感、持续的学习能力和熟练的专业技能的高素质会计人才，会计及会计职业才能在新兴技术突飞猛进的新时代拥有一席之地。

参考文献

[1] 连静. 基于会计信息化职业胜任能力人才培养的框架分析与构建［J］. 陕西教育（高教），2020（9）：64-65.

[2] 陈立新，肖芬. 会计信息化人才职业胜任能力框架构建［J］. 中国管理信息化，2020，23（3）：64-66.

[3] 本刊编辑部. 数字经济时代会计人才素质新要求［J］. 新会计，2020（10）：1.

[4] 丁欣. 大数据时代管理会计人员职业能力框架构建研究［J］. 营

销界，2021（33）：138-139.

［5］杜娟. 企业会计人员能力框架与会计人员评价研究［J］. 中国市场，2020（4）：187，191.

［6］何瑛，宋康宁，张宇扬. 数字经济时代会计专业人才能力框架与培养路径［J］. 北京邮电大学学报（社会科学版），2019，21（3）：104-112.

［7］胡俊南，杜思远，王振涛，等. 大数据时代多学科交叉复合型会计人员培养研究［J］. 财会通讯，2022（7）：155-161.

［8］李想，李永昊，李志永，等. 大数据时代管理会计面临的机遇与挑战［J］. 合作经济与科技，2022（5）：150-151.

［9］吕孟轩. 数字化时代会计行业面临的挑战［J］. 理财，2022（2）：12-13.

［10］刘通，刘靖萱，耿晓媛. 基于极值思维的会计人员素质提升问题研究［J］. 黑龙江八一农垦大学学报，2022（6）：123-128.

［11］吴振涛. 大数据时代会计从业人员素质提升策略探析［J］. 内蒙古煤炭经济，2020（12）：107-108.

［12］郑方方. 大数据时代高校会计专业人才培养的几点思考［J］. 大学教育，2022（6）：199-201.

会计学一流本科专业人才培养方案创新路径研究

刘雨先

（西华大学管理学院　四川成都　610039）

摘要：本文以一流专业人才建设为背景，研究新时代会计学国家级一流本科专业人才培养方案，以问题为导向，并结合新时代对会计专业人才培养的新要求，对如何实现人才培养方案的创新路径展开了探讨，希望能够助力会计学一流专业建设，为其提供一定参考。

关键词：一流本科专业；会计学；教学改革；人才培养方案

【基金项目】本文是四川省高等教育人才培养质量和教学改革项目JG2021-381和G2021-913的阶段性成果，得到西华大学会计学国家级一流本科专业建设项目资助。

新时代以来，我国高等教育规模不断扩大，青年学生对高等教育的需求也在逐年增加。截至2022年年底，我国接受高等教育的人口达到2.4亿。随着高等教育的“量”的扩大，对提高“质”的呼声也在不断增加。因此，国家适时提出“双一流”建设，并在2022年，由教育部、财政部和国家发展改革委联合印发的《关于深入推进世界一流大学和一流学科建设的若干意见》中提出，服务新发展格局，优化学科专业布局。

为更好服从国家教育发展战略，提高高校人才培养能力，走好人才自主培养之路，培养一流人才方阵，高校要把一流专业作为一流人才培养的基本单元，不断提高教育教学能力、科技创新能力、社会服务能力。通过加强一流专业的建设，助力我国的高等教育发展的“质量革命”再一次升级。

在此背景下，会计学专业作为服务市场经济健康高质量发展的基础学科专业，其专业建设顺应了政府提出的构建高水平社会主义市场经济体制，完善中国特色现代企业制度的改革方向。那么在“双一流”背景下，提出会计学一流本科专业人才培养方案的创新路径研究是十分有必要的。

一、会计学专业人才培养面临的新问题

随着数字革命的兴起，人工智能时代将会随之到来。这场数字革命预计将给包括会计行业在内的大多数领域和行业带来根本性的变化。它将从根本上改变操作当前会计工作的方法。这既会为会计行业带来改革的动力，也会对会计从业者带来掌握新技术的压力。而大学的会计专业人才培养，也会受到这场革命的强烈影响。作为会计学专业人才若仅持有从业证书，则很难达到企业招聘专业人才的高标准。既了解专业知识，又了解企业管理的创新人才，是适应当前经济形势的必然选择。然而高校作为人才培养的基础和基本起点，承担着相当大一部分的会计人才培训任务，其会计人才培训体系的变化并没有跟上动态商业环境的变化，没有及时更新培养目标，优化培养结构，培养具有财务会计、分析和决策能力的复合人才，由此增加了学校与企业之间的距离。要想改变现状，高校必须勇于探索，将创新人才培养理念有机地融入熟练会计人才培养模式，培养创新人才。

在信息时代下，如何实现会计管理专业人才培养模式的转变，如何建立会计专业创新和管理人才培养的新模式，使学校培养的专业人才能够满足企业需求，提高他们的不可替代性，成为当今会计学专业人才培养面临的新问题。

（一）思想教育的缺位

随着市场的发展，企业在职能岗位管理上，不再单一地要求员工专业素质过硬，更对员工的思想道德水平有所要求。以此提高企业文化软实力，让企业运行更加符合法律和社会要求，从而达到提升企业效益、降低运营风险的目的。但我国高校当前对于大学生主体性思想道德教育的实践仍存在一些问题，会计学一流人才培养不仅要提高专业技能，更要努力解决教师和学生之间的意识形态失衡、单一的教学范式以及缺乏政治思想教育的总体思想等问题。上述问题对会计专业人才政治思想教育的有效性提出了巨大的挑战，亟待改变政治思想教育的发展方式。

（二）线上教育的功能单一

新冠病毒感染疫情以来，线上教学成为高校授课方式的重要方式，并

且线上教学的时间逐渐增加。虽然线上教学可以不受空间的限制，可以让更多的学生参与到课堂授课环境中来，一定程度上可以缓解教师紧张的情况，但现今的线上教育仅具有专业理论教学这一单一功能。授课教师更因设备问题仅局限于专业理论输出，无法让学生进行会计实际操作。并且高校为培养人才斥巨资建立的会计实操实验室，往往也因课程和学期的推进，学生没有时间去操作进而形同虚设。

所以线上教育功能单一，无法完全具备培养会计专业人才的能力。

（三）实操课程的脱钩

随着管理现代化理念深入企业，企业愈加重视财务现代化。大型企业纷纷建立财务共享中心，并具有自身企业的特色。但高校针对这一不断快速发展的商业状况，所建立的实操课程却依然维持在财务共享中心刚刚兴起的时候，其实操课程所针对的也仅仅是初级的，没有具有行业针对性的共享中心。而由于高校预算因素，也无法实时更新相关培训设备，所以导致高校和社会需求之间的差异不断扩大，学生进入社会的难度也随之增加。并且实操课程也仅仅局限于对学生专业能力的培养，对其在社会实践中所需要的其他能力并未给予充分重视，例如团队合作、跨部门合作与沟通能力等。

（四）教师研究方向的不合理

专业教师的角色因素被认为是影响会计专业培训质量的最重要的因素。这是因为大学里的教师既扮演着教师的角色，又扮演着研究者的角色，主要的任务是授课、研究、开发和更新、引进新技术，通过教学和研究向学生提供科学技术的新知识。但目前高校的评价体系更注重理论成果，往往导致高校教师更侧重理论研究，而忽视了对企业不断进步的财务技术和财务设备的学习，导致其教授给学生的方法让学生步入社会后无所适从，降低了学生的职场竞争力，加大了学生对职场的陌生感。

二、会计学专业人才建设的新要求

当前会计学专业理论课程已经十分完备，但面对日益复杂的经济发展状况和用人单位不断提出的新要求，当前的培养模式下的毕业生仅掌握专业理论知识和一般的实践技能已达不到当前发展的新要求。随着人工智能不断进步，会计的基础工作越来越多地被先进的技术所替代，会计专业学生的培养更应该由专业理论素质的培养向专业人才素质的培养转变。这也体现了一流本科会计专业人才培养的重要性。

当前高校学生接受的教育培养模式仅仅注重自身专业理论的灌输和传统技能培训，并不侧重于满足劳动力市场和学生自身未来可持续发展的需求，要想实现会计学一流本科专业人才培养方案的创新，那么其一流本科专业人才培养的成功的一个重要标准不应该是名字，而应该是由毕业生自己、用人单位和独立专家的意见来衡量的教学质量，就应该以社会和学生的视角为新培养方案的出发点。国内相关调查机构发起的调研显示，国内绝大多数在校学生受访者认为，当前教育模式导致毕业生专业实践技能水平较低，就业后专业再培训的期望较低，会计创造性能力较差，社会交际能力和管理能力并未在专业培训上得到锻炼和提升。

而会计学专业人才对未来自身发展更是提出了新要求：

（1）应用与实践：发展在实践中应用知识、塑造有效实施和实现个人发展目标的思想过程，发展批判性思维。

（2）创新、创造性和主动性：在自身专业实践活动中产生和使用创新，以进行有效的专业应用。

（3）团队合作：任何专业实践都需要展示团队合作的能力和妥协的能力，展示自身想法和实现专业落地的能力。

（4）道德和职业责任思维：学术诚信、职业道德、对自己行为负责。

（5）有效的沟通和语言技能：可以和同事、客户进行商业对话，能够与不同个性和社会地位的人取得沟通。

（6）时间计划和时间管理：有能力且有效地管理专业活动时间和日常生活中的时间。

三、会计学一流专业人才培养创新的具体措施

（一）注重会计学专业人才政治和职业道德思想培养

当前会计学人才培养主要有课堂学习阶段和社会实践阶段两个阶段。而无论是在哪个阶段，政治和职业道德思想教育都没有得到足够重视。一方面，教师作为培养专业人才政治和职业道德思想素质的最关键因素，都习惯于以专业技能素质为中心的培养模式。他们认为，会计知识和理论基础是最重要的，具有扎实的专业知识和技能的学生能够胜任会计工作，所以专业课程教师与政治思想理论教师应通力合作，做好会计学专业人才的政治和职业道德思想工作，遵循政治思想工作法、人民教学教育法、学生

成长法，不断提高教学能力。运用各种教育媒体、教育学科和相关实践教学案例等有利因素，充分发挥各部分的作用，有效地实现会计学专业人才思想教育的目标。另一方面，本科四年里，由于主体性思想道德教育课程是单独设置的，在专业课程上有所缺失。而高校在本科四年教育课程设置上，专业课程课时最长，课节最多。所以，要将课程中所蕴含的思想道德要素贯穿于整个专业课教学过程，建立融入课程思想道德的新教学模式，努力形成专业课教学与思想道德同向同行的新态势是有必要的。

（二）建立财务智能课堂

智能课堂的“智能性”包括教学内容的优化呈现、财务案例资源的方便获取、课堂教学的深度互动、工作情境意识与测试。它们可以概括为以下五个维度：显示、可管理、可访问、实时交互和测试（“SMART”）。这五个维度体现了智能教室的特点，称为“智能”概念模型。

财务智能课堂教学模式的框架包括以下教学过程：第一，云存储和智能推送。智能课堂通过数据挖掘来分析和存储会计专业人才的当前年级学习需求，并根据学生的学习进展情况推送相关资源。第二，教师通过之前的需求分析，提出问题，创造工作应用情境，并为学生提供学习任务和工作应用场景。第三，智能课堂创造个人学习空间，提供个人学习模式，包括自助、探索类型和创造者类型。第四，智能课堂可以根据对学生学习特征的分析，对学生进行智能分组，帮助学生相互合作、交流和评价。第五，智能课堂可以及时将学生的学习信息反馈给教师，帮助教师诊断和评价学生的学习条件。第六，在课外扩展中，智能课堂可以总结学生的学习情况，推动扩展资源，帮助学生学习课外扩展。

（三）建立跨学科联合专业实践课程

当前高校内的会计学专业实践实验室系统相对落后且封闭，上课浮于形式，并未真正起到提高学生专业实践能力的作用，而且也忽视了学生在实践工作中所需要的其他能力，如：团队合作、跨部门交流和汇报等工作能力。

在高校内部，往往会计学专业所在院系并不仅仅只有一个专业，也包括市场营销、工商管理和审计等其他管理类专业，甚至包括工程管理等工业管理方向专业。所以有效运用学院资源，建立企业全流程业务线，让多个专业共同参与进来，不仅可以让不同专业的学生之间进行沟通交流，增进对彼此专业的认知了解，也有助于让学生对未来的工作环境和工作内容有更进一步的认识。在此过程中，可以提高专业工作能力和社会能力，更好地助力学生由校园向社会过渡。

目前高校内部会计学专业实践课程建设较为落后，且和工作实践不相符，所以可以建设针对本校主要用人单位或者市场主要招生行业，建立具有针对性的实践课程，也有助于提高会计学专业人才的实践能力，并且专业实践课程应集中于筹款管理、投资管理、财务预算、财务控制等内容，以反映高校培养学生分析财务问题的能力。

（四）引入企业已退休高级财务人员作为高校教师重要组成部分

教师对学生的知识、技能和兴趣是构成教育质量的最重要因素。目前高校教师考核体系以教师的科研成果为主要考核对象，这就必然导致高校教师将自身科研成果作为工作重点，而忽视去企业积累专业实践经验，更无法有效指导本科会计专业学生实践。而根据有关机构发布的《2022老龄群体退休再就业调研报告》，68%的中国退休人员有强烈的就业意愿，特别是有专业技能的人才。

据此，高校和学院可以聘请一批企业已退休的财务主管作为专门的会计实践课程教师，既不占用高校的教师编制，又可以做到“术业有专攻”，让擅长科研的教师专心科研，传授专业理论；让退休的财务主管安心指导会计实践课程。在此过程中，一方面可以促进教师和企业财务人员之间的交流，提高教学质量，促进企业和高校的交流和理解，另一方面也可以让会计专业人才接受最新的专业理论和实践知识，并且在无形之中提高就业率，让学生对企业财务具有贴近工作一线的经验。

参考文献

[1] 蒋瑜峰，李夏宇，蒋绍宇，等. 财务智能化趋势下会计人才培养改革研究 [J]. 财会月刊，2022（13）：94-101.

[2] 凌华，金玥，潘俊. 思政教育与高校会计课程建设融合机理与路径 [J]. 财务与会计，2022（12）：31-35.

[3] 张静，张海晴. 新时代背景下高端会计人才培养工作的思考 [J]. 财务与会计，2021（20）：72-73.

[4] 李扣庆，张各兴，蒋志明，等. 在高端会计人才培养中开展“大思政课”的探索与建议 [J]. 财务与会计，2021（12）：4-7.

[5] 肖婷，董雨，刘瑞. “双一流”建设视域下研究生第二课堂课程体系的构建 [J]. 研究生教育研究，2022 (5)：56-61.

[6] 包水梅，陈嘉诚. 政策工具视角下我国“双一流”建设高校教学评价政策偏好研究 [J]. 高校教育管理，2022，16 (5)：40-51.

[7] 张亚歌，赵东保. “双一流”建设高校大学生思想政治教育质量提升研究 [J]. 河南大学学报 (社会科学版)，2022，62 (5)：118-124，155-156.

[8] 温素彬，董必荣，张兴亮. “思政引领+科技赋能”的会计学专业智能化升级：以南京审计大学为例 [J]. 财会通讯，2022 (20)：27-31，43.

[9] 张延华. 智能财务对会计人才的新要求 [J]. 财务与会计，2022 (7)：82-83.

[10] 张敏，王银屏，李昂. 新文科背景下的商科学生项目制学习方法：以智能会计专业为例 [J]. 财会月刊，2021 (23)：63-67.

高校创新人才培养模式教学改革

——以会计学专业为例

白慧茹

（西华大学管理学院　四川成都　610039）

摘要： 当前社会的高速发展，为我国的会计人才提出了更高的要求，高校传统的教学模式，已经无法满足学生自身水平的提高和社会的需要。新的市场结构对会计人才的需求发生了巨大变化，这使得会计人才培养模式改革迫在眉睫。而高校存在教学内容缺乏实践、教育手段相对落后、会计学科定位偏低、研究经费投入不足、课程设置创新不够等问题，我国高校会计学专业应从改革教学模式、创新教学方法、建设师资队伍、构建培养机制、改善办学资源、改革课程设置等多方面深化改革，为培养会计人才提供支撑。

关键词： 创新人才；高校会计；教学改革；培养模式

【基金项目】 本文是四川省高等教育人才培养质量和教学改革项目JG2021-381和G2021-913的阶段性成果，得到西华大学会计学国家级一流本科专业建设项目资助。

在时代潮流的推动下，年轻一代的成长与奋斗，与国家和社会的创新发展紧密结合。人才培养是大学的核心职能，同时也是国家发展的基础。实现中华民族伟大复兴的中国梦，需要青年一代的共同努力。

从新中国成立到20世纪末期，本科教育一直是我国高等教育的重心。但随着研究生教育领域的迅速扩张，本科教育的主体地位受到侵蚀。许多大学对本科教育在其教育体系中的地位缺乏明确的认识。因此，要与高校基础教育目标相匹配，首先要认识到本科教育在我国高等教育体系中的基础性作用，牢牢把握本科教育在办学指导中的核心作用。

财务部门是公司的重要部门，是公司健康全面发展的基本保证之一。随着我国企业的快速发展，会计人员面临的环境也在发生变化，使得企业对高质量会计人员的需求逐渐增加。目前高校会计教学模式存在诸多问题，导致会计人才培养存在一些不足。为了更好地培养高质量的会计人才，必须对我国现有的会计教学进行改革。

一、本科会计学教学存在的问题

（一）教学内容缺乏实践

在理论教学过程中，教师在教材中讲授学生系统中的会计技能。由于大多数学生没有相关实践经验，对理论知识的理解比较简单，对会计知识的接受往往是被动的，不仅难以理解和记忆相关理论知识，而且容易对理论知识失去兴趣，不利于其理论活动的开展。

在实践教学中，教师偏重于将具体的实践步骤以文字的形式展现给学生。学生往往习惯于模仿老师，只注重掌握理论知识，而没有真正的实践技能。大多数本科教育仍以知识灌输为基础，严重扼杀了学生的主动性和创造性，具体表现在过分强调对会计理论的掌握，忽视实践教学，学生在学习过程中缺乏对问题进行更深入思考的机会。

（二）教育手段相对落后

在素质教育背景下，各学科教学活动的开展更加注重学生的主动性和学生之间的互动性。教师是学生学习成长的引路人，有义务和责任将知识和经验传授给学生。然而，在实践中，教师常忽视了主动与学生的交流和互动，在课堂上单纯向学生灌输理论知识，完成工作，不利于会计人才的培养。

（三）研究经费投入不足

自然科学学科研究往往需要广泛而精心设计的实验以及大量的仪器、设备、材料和研究空间。然而，人文社会学科主要采用比较研究和社会研究的方法，更多的是理论手段，而不是硬件手段，这使得人文社会学科相比自然科学学科来说，科研投入少很多。

会计学作为一门应用性非常强的社会学科，不仅探讨了会计的发展规律，还探讨了会计准则在经济和社会发展中的具体应用。会计学科的研究经费主要用于支付差旅费、查阅资料和收集文献的费用等。然而，由于社会与高校对于会计教师“报销困难”和“经费需求低”的误解，使得教师付出的时间成本与智力成本得不到应有的回报，严重伤害了会计类教师对于科研的积极性。

（四）课程设置创新不够

在专业基础和专业课程体系建设方面，将按照国家教育指导委员会的要求，开设基础会计、中级财务会计、高级财务会计、财务管理、审计等必修课程。专题课程通常包括市场营销、公司战略和风险管理、经济法、资产评估、证券投资等。传统会计人员的培养可以满足日常工作的需要，但在大数据时代背景下，企事业单位的需求已经无法满足，因此掌握信息技术是新时代会计人员必备的技能之一。

二、创新人才培养模式下大学本科会计学教学改革途径

（一）改革教学模式

在传统教学方法的基础上，大胆推行案例教学、网上教学和专题教学等模式，尤其是分析具体的案例，例如热点公司关键时间点等，提高学生自主学习的积极性。教师通过上课讲授和课堂互动，提高学生解决实际问题的能力。采用多样的教学方式，引导学生去发现问题、思考问题和解决问题。建设教育教学融合创新平台，建设共享实践基地，推进校内外双导师制，推广校企合作模式。学校教师负责日常理论知识的传授和考核，校外教师负责实践教学的传授和考核。同时，制定相关规则和管理实践的综合评价体系，使学生更加重视实践教学的重要性。应鼓励所有学生参加各类竞赛，拓展知识面和人脉，如数学模型竞赛、英语讲座、ERP 沙盘模拟大赛等。鼓励学生参与研究项目和教师活动，培养良好的科学技能。

（二）创新教学方法

秉承“学生为中心、问题为导向”的教学理念，利用大数据、移动终端、云计算等新型教学方式，构建课堂内外师生全方位互动的教学网络体系。利用中国大学慕课、智慧树、雨课堂等互联网教学平台，构建线上线下教学相结合的混合教学模式，以慕课、微课等新教学方式提升学生的学习兴趣，利用腾讯课堂、钉钉、微信、微博等互联网工具进行互动交流，及时解答学生的疑难问题。实现教材和资料电子化，利用二维码技术扫码学习相关背景知识、法规和指南、案例资料，方便学生实时学习。引入过程评估与最终评估相结合的方式，利用各网络平台的大数据，查看学生的签到和作业完成情况，作为过程评估的依据，客观公正地评估学生。通过

互联网平台创新教学方式，以社会需求为导向调整优化教学内容，借助互联网平台实现远程学习互动，提高学习效率和人才培养质量。

（三）建设师资队伍

一方面，积极创造条件吸引高级人才和专业人才来校从事会计学工作；另一方面，要加强对现有教师的培训，鼓励现有教师继续进修，攻读硕士和博士学位，同时要加强队伍建设，提高学术团队的教学和科研技能。

选拔具有创新人才培养经验的导师，以愿意坚持科研和技术创新竞赛的学生为主要培训对象。导师负责指导学员在寒暑假等课余时间开展科研培训、科技竞赛和科研项目活动，将学生培养成具有学术标杆、科学创新精神和团队意识的高素质人才。

学术交流与合作是提高科研水平的重要手段。随着科学交流与合作的不断扩大，科学研究的前景更加广阔。积极参加会计领域的高级别学术会议，研究该领域的趋势，为该学科的进一步发展提供智力支持。在现有科研平台的基础上，举办具有研究特色的高水平学术会议，充分展示专业研究成果，不断拓展专业交流与合作的广度和深度。加强团队成员之间的交流，例如通过学术趣味性会议、学术沙龙等形式，营造高校良好的学术氛围，激发青年以及老教师的学术兴趣，提高专业研究的宣传和影响力。

注重内部建设，加强教师理论教学和研究水平，突出社会实践能力，实现横向和纵向教学队伍的有效结合。鼓励教师参加网络教学平台培训，参与社会实践，提升教师实践能力和教学实践水平，培养优秀的专业教学队伍。

（四）构建培养机制

实现由单一会计培训机构向多元化培训机构转变，加快高校与政府部门、高校与行业协会、高校与企事业单位的合作步伐，形成具有创新性的会计人才培养机制，达到人才培养优势互补、人才培养资源共享、人才培养能力同步的效果。“互联网+”会计协同培训的重点是推进师资队伍建设、实践教学基地建设、人才培养方案优化、课程资源建设，通过互联网技术和平台，实现学校教育资源与社会资源的有机结合，达成会计人才培养目标。借助行业企业数据，结合大数据技术，建立专业的会计数据中心，搭建会计信息教育资源网络共享平台。打造优质课程、在线公开课，以及每门专业课程的案例和补充教材，并通过网络平台与政府部门、上市公司、会计师事务所、证券公司、姊妹大学等单位共享，通过网络交流平台共享企业财务信息和审计项目信息，形成开放的资源库，实现教育资源共享，构建会计人才协同培养体系。

（五）改善办学资源

1. 加强课程体系建设投入

品牌专业课程和精英课程是人才培养的基础，是高校建设的主要手段。高校要加强对会计学专业建设的经费支持，提高对优质学生的吸引力。高校要对本校教师的纸质教材、数字教材和外文版教材的开发提供资金支持，必须配置资源进行课程设计、开发和优化。

2. 加大师资队伍建设投入

高校要抓好人才培养、学科建设和科学研究等重点工作，实现多目标教学研究的融合发展。教师可实行职务分类制度，充分发展教师个人技能。教学型教师应是教师队伍建设的主要目标。注重教师的职称评聘、薪酬制度设计，充分考虑教师的经济利益，使教学真正成为教师的基础性和核心性工作。

3. 加大社会资源合作

大学必须对其教育机构的合作化和国际化有所认识。高校要充分利用校外资源，利用本校学科和科研优势，与社会组织沟通交流，通过走出去、引进来、项目合作、联合办学、学术交流等方式发挥自身优势。强化政府和校友力量，支持学生成长发展平台建设。

（六）改革课程设置

基于互联网时代背景，明确会计岗位对会计人才能力的要求，根据现代企业对会计人才水平的不同需求，确定明确、具体、可检验的课程目标，以专业能力需求为导向，围绕现代培养目标，设计专业能力培养项目，构建教学模块，整合课程内容高素质的会计人才和一体化培养模式。合理安排课程，以必修课课程为基础，围绕会计学设计新的基础性选修课，可以划分几类方向，提供可供选择的课程设置，广泛涵盖管理、金融、经济、财务、计算机以及其他相关学科。根据本校学科特色和教师优势，创办特色选修课，作为专业课程的补充性课程，学生可以根据自身发展情况和目标自行选择。

完善实践课程模块，在会计人才培养方面，通过逐步安排学生收发会计、票据整理会计、票据录入账、审计会计、税务会计、税务申报会计、装订会计、财务分析会计等实务操作，逐步提升学生在互联网时代背景下的核心竞争力，实现学生在校学习与职场的“精准”匹配。同时，积极鼓励学生参加相关学科竞赛和科研培训项目，培养学生的创业技能和创新意识。完善会计信息技术课程模块，通过对学生安排会计信息系统、管理信息系统、Excel 会计应用、大数据分析、会计电算化实验等课程，培养学生会计信息处理与分析能力。在财务会计专业课程体系的基础上，增设企业战略管理、内控与风险管理、绩效管理、供应链管理、组织行为学等交叉学科课程，明确各专业相关课程的实践目标和内容，从而增强学生的社会竞争力。

三、结语

随着社会的快速发展，社会对于人才的能力要求越来越高。在会计专业中，传统的教学模式培养的人才难以适应社会的需求。本文主要研究了以会计学专业为例的高校创新人才培养模式下的教学改革，旨在提高高校会计学教学的质量水平。在高校会计教学改革中，第一，要改革教师的教学方法，教师应改进教学模式、重视实践教学、鼓励学生参加各类比赛；第二，高校应加强师资队伍建设，鼓励进修，组织各类活动来增进教师的学术交流；第三，应提升会计学科等级，高校应加强对于会计学科的重视程度，以利于会计学科的发展；第四，高校应改善办学资源，加大对学校基本物质条件、课程体系建设、师资队伍建设和教育资源的投入，并且加强与社会资源的合作；第五，应改革课程设置，除会计学基础性课程以外，根据时代发展，针对性地开展基础性选修课程，利用本校特色和教师优势提供特色选修课。

以创新驱动发展为重点的人才培养体系具有多方面的优势，对更多的高校具有重要的参考价值，将使更多的会计学学生以及其他学生受益。

参考文献

［1］戴先凤，向玥，陈晶，等．“双一流”背景下地方应用型高校创新人才培养的途径研究［J］．现代职业教育，2020（23）：96-97.

［2］张应强，王平祥．“双一流”建设背景下我国本科教育人才培养目标的思考［J］．湖南科技大学学报（社会科学版），2019，22（6）：148-154.

［3］王莹. 创新人才培养模式下本科会计教学改革策略［J］. 上海商业，2022（5）：202-204.

［4］秦嘉龙，慕丽. 大数据背景下会计本科应用型创新人才培养模式研究［J］. 教育教学论坛，2020（43）：104-106.

［5］芦丽丽，于应来，孟祥革，等. 创新人才培养模式下大学本科会计教学改革的探讨［J］. 经贸实践，2017（10）：30.

［6］刘晓光，盛春光，邵润欣. "双一流"建设视阈下会计学科发展探究［J］. 绿色财会，2021（11）：14-17.

［7］邹敏. 创新人才培养模式下的高校会计教学改革［J］. 纳税，2019，13（30）：98-100.

会计学应用复合型人才培养模式研究

郭才华

（西华大学管理学院　四川成都　610039）

摘要：在数智时代下，为了顺应时代的发展，高校需要培养出与企业需求高度契合的会计学应用型人才，为了解决会计人才与企业需求之间的冲突，本文现对现今高校会计学应用型人才培养模式存在的问题进行分析，以探究有效的会计学应用型人才的培养路径。

关键词：应用复合型；会计学专业；人才培养模式

【基金项目】 本文是四川省高等教育人才培养质量和教学改革项目JG2021-381和G2021-913的阶段性成果，得到西华大学会计学国家级一流本科专业建设项目资助。

教育是国之大计、国之根本，党的十八大以来，党中央坚持领导我国高等教育与国家现代化和民族复兴同向同行，扎实走好新时代人才自主培养之路，为加快建设世界重要人才中心和创新高地奠定坚实基础。《中国教育现代化2035》提出要提升人才培养与创新能力，其中需要加大应用型、复合型、技术型人才的培养比重。应用型会计学人才是指能够将会计专业知识和会计专业技能应用于会计工作实践的专门人才。培养应用型会计学人才，发挥会计学人才在社会实践中的作用，是会计学人才队伍建设的重要任务。随着我国经济的高速发展，国内市场与国际市场接轨速度加快，我国的经济发展模式也发生了复杂的变化，由高速增长模式转变为高质量发展模式。会计行业逐渐开始向大数据、智能化方向发展，传统的会计教育模式已经不符合现在经济市场对人才的要求，另外有大量的会计新型业务崛起。由此一方面，我国消费市场的各个行业对人才素质需求的标准发生了跨越式的变化，现在的企业越来越看重会计专业人才能否客观地根据财务信息结合所学运用到企业的管理中，并为企业创造价值，成为一位应用型、复合型的人才；另一方面，我国高等院校对会计学人才培养的理论和实践发生了改变，高校如何培育出能与社会企业需求相匹配的会计人才，是发展会计学应用型人才方案的催化剂。

一、会计学应用型人才培养存在的问题

（一）人才培养目标定位不准确

会计学应用型人才培养目标的准确性与提高会计学人才培养的质量是成正比的，目前许多会计学应用型本科院校的人才培养目标较为不清晰，大多还是采用传统的人才培养模式——重理论而轻实践。只是单一地将应用型人才理解为掌握专业的理论基础知识和需要的专业基础技能及方法的会计人员。本科生在实际工作中需要具备哪些能力的调查报告显示，具有实际操作能力的占比高达 90%，这可以说明实践能力的培养是多么至关重要。然而，现在是智能时代，各种智能财务机器人、财务共享中心推陈出新，传统的财务人员逐渐被取代，现在各个企业单位急需高素质的复合应用型的会计人才，即不仅需要掌握专业基础理论和技能的人才，还需要能够拥有分析大数据、创新、发现并解决问题的能力的人才。会计学专业人才培养目标定位同质化严重，没有自身的特点和亮点，导致了社会上会计相关工作的供给满足不了会计专业毕业生的求职需求。高校是社会人才输送的源头，应该坚持以社会经济发展需求为导向，坚持以产学合作协同育人为路径完成高质量建设。因此，怎样根据社会需求结合自身发展特点准确定位人才培养目标、培养复合应用型会计专业人才的问题有待解决。

（二）教学模式、课程体系设置陈旧

传统的教学模式通常是以老师向学生们传达知识为主，是老师将消化过的知识教授给学生，学生在整个过程中处于被动的状态，他们没法进行独立的学习、独立的思考和独立的创新能力的培养。此外在产学合作协同育人的背景下，高校应该注重培养应用型人才，注重实践教学的设置。会计实践课程应与会计理论课程相结合，在相应的理论课程结束后，将会计理论应用于会计实践，在实践中学习，在学习中实践，这样才能将会计知识理论融会贯通。然而，现实往往都是骨感的，大多数的企业都不愿意聘用会计学专业的实习生，因为在企业财务方面比较私密和重要，对接相应

的工作也比较麻烦。即使学生有机会在企业做会计实习生的工作，也未必能接触到会计实操工作，可能只是基础、简单的会计工作，如：复印会计凭证以及制作会计凭证等工作。虽然各个高校购买了类似用友、金蝶等的财务实训软件，也开设了相应的课程，但也存在一些问题：首先，财务实训课程开设的时间较短，学生们不能连贯地学习；其次，实训课程的内容过于片面化和程序化，一遇到实际工作中的财务问题可能就不会操作。

如前文所述，人才培养目标定位同质化严重，导致各个高校的教学课程也都千篇一律，没有各自的特色，也没有根据学生们学习情况进行课程的调节。并且课程与课程之间也有许多重复的内容，会使学生对这一内容产生疲惫感，失去了上课的积极性。虽然在实际的学习中采用情景模拟法和案例分析法，由学生自己准备内容，但学生们并未做到真正的理解与应用，只是浅显地了解案例内容，并未能做到深度理解与分析。目前，学生们对会计专业的工作概念还停留在会计核算阶段，只是单纯地希望自己只掌握基础的理论知识和基本的操作技能就行了，高校要加强学生们思维的转变，培养复合应用型人才。

（三）师资力量缺乏

老师之于学生犹如灯塔之于渔船，老师在学生学习的过程中扮演着非常重要的角色。现在在招收教师时对学历的要求是较高的，一般要求至少具有硕士或者博士学历。现在高校的专业课教师大多比较年轻化，他们可能刚毕业或者在社会中工作的时间不长就投身于教学工作中，可能由于他们的工作生活压力较大，导致他们无法分身于实践能力的锻炼和提高上，也可能由于现在大多数的企业不接受教师的顶岗社会实践，导致虽然他们对专业的会计知识十分地擅长，可能他们缺乏实际的实践经验，对知识的了解只能来自课本或者文献期刊，往往只能照本宣科。俗话说“授之以鱼不如授之以渔”，学生在学习的过程中真正需要的不是理论知识本身，而是知识点是怎样来的，以及如何运用这些知识。

（四）职业道德教育略显不足

不论从事哪种职业除了需要考察个人的工作能力，还需要具备职业道德。黄炎培先生认为职业道德教育能更好地发展自身的个性，能更利于为自己谋生，能更好地为社会服务做准备，对于职业道德教育的内容也需要根据社会发展需求确定。然而现今高校学生职业道德观念还有待提高，教师在课堂上讲授职业道德方面有关的知识时只注重课本上表面的知识点，对于学生会计职业道德的行为规范并未真正实践。所以，在学生今后的职业生涯中，当面临会计职业道德的冲突时，由于他们不具有道德选择的能力和道德冲突的解决能力，所以很可能出现会计行业道德观念和行为的偏差，导致当学生即使知道自己的行为是错误的时候依然违反职业道德，从而阻碍企业的经济发展。教学中仅仅是单一地灌输理论知识，并未将其进行实践，将会导致学生职业道德认知和职业道德行为产生偏颇。

二、会计学应用型人才培养的路径

（一）准确定位人才培养目标

在制订人才培养方案时要明确知道所在高校育人的最终目的是什么，高校的目标不仅需要让学生们获取和掌握专业的会计知识，更重要的还是需要将所学的知识发挥出来，运用到实际的工作中，真正做到学有所用。会计学专业的人才培养规格包括知识要求、能力要求和素质要求三个方面。知识要求包括专业知识、通识知识和其他相关知识；能力要求包括专业能力和综合能力；素质要求包括人文科学素质、专业素质和身心素质。高校应该根据自身的办学目的、办学特色和办学条件重构细致、适合的人才培养方案，细分以上所提及的三项要求。会计专业是一种应用型的专业，在新时代背景下，社会和企业真正需要的是“能力”，要想真正做到学以致用就需要与企业和社会进行交流，三者相辅相成，最大限度地将产学融合落实。从社会和企业的需求出发，高校要打破传统的知识教育体系，学会“化识为智、化智为能、化能为用”，实现从“学校应完整学科体系、充分安排课时”到“满足行业岗位要求和职业发展需求”的转变（朱秋月，2019）。那么社会以及企业也不能将学生们当成免费的劳动力，根据不同学生的不同实践能力安排相关的工作，真心实意地与高校合作、培养人才。同时，学校、企业以及社会三者应树立“人才培养利益相关者”的理念。

（二）优化教学模式和课程体系的设置

制订良好的人才培养方案，教学模式和课程体系的设置是重中之重。在新时代教育背景下，应用型人才的培养才是主流，我们要打破传统教学模式的禁锢，让学生们融入课程教学中来，参与思考与表达。高校的主要目的不是告诉学生们知识点是什么，而是要让学生们明白怎样获取知识、分析理解知识、应用知识。采用多元化、创新性的教学模式，将信息技术、财务共享理念、大数据融入会计专业课程中（上官立波 等，2021）。例如多案例化教学，让学生们自己制作案例，分析案例中所涉及的知识点、问题，得出结论并上台分享展示，老师负责案例点评及相关知识的讲解。同时需要注意的是案例教学不能仅仅只流于表面，要考查学生们是否真正理解消化。此外还需要老师们教授信息检索、信息挖掘、信息分析的方法，推荐一些类似东方财富网等的财务信息网站。

对于课程比例设置应做适当调节，增加实践性课程的设置，增加 ERP 沙盘模拟实验、财务应用一体化的实训课程课时，在此课程中学生们能够切身地感受到对知识点的应用，可以通过讨论式的自主思考、询问老师加强知识点的理解，加深对业务流程的熟悉程度，进行可视化的教育。如上文所述可以通过树立“人才培养利益相关者”的理念来增强校企合作的力度，也可以通过订单式人才培养、企业人才到校兼职等模式加强校企合作。高校还可以通过设立创新实验室、扩大实验室的开放，开设科技创新竞赛、专业知识竞赛的活动，带领学生参观孵化园，鼓励学生勇于创新、敢于实践。

（三）加强师资力量的培养

加强“双师型”师资力量的培养，为学生们实践课程提供更好的教育支持，首先加强教师与企业的接触，安排一部分教师进企业挂职锻炼，让教师走进企业，多多与企业的员工交流，老师走进企业不仅能够将自身的科研成果转化成生产力、丰富自己的实践经验、弥补自身的不足，还能清楚了解到企业真正需要的人才是什么，将真实的案例和需求带入课堂中，进行针对性和系统性的教学。同时可以邀请企业的专家或者其他高校的老师来校进行讲学，与本校的老师和学生进行面对面的交流，拓宽自身思维，吸取先进经验，教学内容不必过于高深，最好能与实际工作相结合。此外，还可以聘请企业优秀的会计员工加入实践教育的指导和允许优秀的兼职老师进行教学。

目前高校的会计学专业教师偏向年轻化，缺少一定的实践经验，高校应设立教师培养的专项基金，定期将青年教师不同批次地送往国内外标杆高校进行进修和学术交流，掌握先进的方法、了解学术的前沿。同时也可以要求老前辈教师对青年教师进行“传帮带”，安排经验丰富的前辈们指导青年老师的备课计划、授课方式等，由此来促进青年教师教学水平的提升。加强教师对自身学识的提升，可以采用激励机制，鼓励教师积极参与会计相关资格证书的考取，用自身的动力和激情感染学生。

（四）加强职业道德的教育

会计职业道德不仅对会计人员有着很强的制约和引导力，还能维持整个社会制度的稳定。虽然各大高校都开设了会计职业道德的课程，但是诸如宜华生活虚增巨额利润、康得新百亿造假大案等问题屡见不鲜。职业道德教育不是仅仅依靠短期授课就能将此观念根深蒂固在学生的心里。所以高校应该加强对学生职业道德的教育。为此对会计学专业的学生的职业道德教育有以下几点建议：首先，全体师生应树立立德为先的观念，党的十九大报告指出"教育要全面贯彻党的教育方针，落实立德树人的根本任务"。高校要不断加强全体师生对会计专业职业道德的理解，从而强化他们对会计职业的尊严感。其次，不仅要求学生对职业道德规范教材上关于会计职业道德的行为的要求熟记于心，还要开创许多有趣的教学方式以此来加深印象，比如案例展示法，展示正面案例——模范道德事迹，激励全体师生以德为人，要有肩负会计职业道德的使命感；展示反面案例，以起到警示的作用，引导学生们在今后的工作要一直保持初心，明辨是非。相较于教材干巴巴的文字，结合实际生活鲜活的例子更易让人铭记于心。

三、结语

总而言之，为了顺应时代的发展，企业的财务模式也要随之发生转变，因此会促使高校加强对会计学应用人才培养的改革。高校在改革的过程中首先要精准确定人才的培养目标，真正做到理论知识与实践的融会贯通；对教学模式和课程体系的设置要进行优化和完善；不断深化校企合作，增强"双师型"师资力量的培养；结合学生对会计职业道德观念的深入学习与应用，实现高校会计学应用型人才的培养目标，为数智时代下的新型会计人才的培养贡献出一分力量。

参考文献

[1] 上官立波，刘洋洋，侯昊林．财务共享背景下高校会计学专业应用型本科人才培养模式研究［J］．会计师，2021（9）：96-97.

[2] 唐洋，周金标，胡海波．新文科背景下地方高校会计学一流本科专业人才培养模式研究［J］．黑龙江教育（高教研究与评估），2022（2）：8-10.

[3] 魏武英，杨丽明. 应用型本科院校“1+X”人才培养模式改革探索与分析：以会计学专业为例 [J]. 福建轻纺，2022 (3)：29-31.

[4] 李视友，刘录敬. 基于产学合作的会计学专业应用型人才培养模式探讨 [J]. 高等农业教育，2021 (4)：78-83.

[5] 刘春奇，徐媛媛，徐晓. 创新实践能力为主的会计学应用型人才培养模式研究 [J]. 创新创业理论研究与实践，2021，4 (6)：96-98.

[6] 刘晓光，张楠. 创新型国家建设视阈下的会计学专业人才培养模式研究 [J]. 绿色财会，2016 (6)：36-39.

[7] 郑鹏，赵师嘉. 会计学专业校企协同应用型人才培养模式研究 [J]. 中国多媒体与网络教学学报 (上旬刊)，2018 (4)：53-54.

[8] 陈新民. 完善本科院校应用型人才培养体系的几点思考 [J]. 中国大学教学，2009 (1)：66-67，69.

[9] 应益华. 地方高校会计学应用型人才培养模式 [J]. 中国农业会计，2019 (7)：88-91.

[10] 刘永建，张景富，常瑛，等. 关于构建应用型本科院校人才培养模式的几点思考 [J]. 教育教学论坛，2014 (5)：100-101.

[11] 朱秋月. “能力本位”应用型人才内涵、特征与实现路径：基于《斯坦福大学 2025 计划》的启示 [J]. 教育学术月刊，2019 (8)：20-26.

[12] 谷晓霞. 大数据时代下会计实践教学中情景模拟教学法应用研究 [J]. 会计师，2020 (21)：77-78.

[13] 叶怡雄，王群. 尚德务实：高校会计学专业开展职业道德教育的思路 [J]. 时代金融，2020 (6)：119-120.

[14] 李庆，王菲，钟瑶瑶，等. 高校会计学专业学生职业道德培养研究 [J]. 合作经济与科技，2015 (6)：99-100.

[15] 张嘉宁. 会计学应用型人才培养模式问题与对策研究 [J]. 中小企业管理与科技 (中旬刊)，2019 (11)：99-100.

[16] 刘启云. 产学研结合模式下高校会计学专业应用型人才培养研究 [J]. 呼伦贝尔学院学报，2020，28 (4)：128-131.

[17] 杨春燕，卫明武，赵雄. 黄炎培职业道德教育思想对大学生职业道德的启示 [J]. 医学教育研究与实践，2016，24 (6)：892-895.

[18] 王亚萍，王远利. 会计学专业应用型人才培养的现状及模式优化 [J]. 会计之友 (下旬刊)，2010 (5)：116-118.

人工智能时代背景下会计本科人才培养研究

刘凤娇

（西华大学管理学院　四川成都　610039）

摘要：人工智能的兴起对我国许多行业来说都极具挑战，人工智能与各自专业领域的融合发展更是一个全新的领域。其中，在财务会计行业里，人工智能技术的飞速发展虽然有效促进了财会行业的技术革新与升级，但同时也给会计人员的职业生涯带来了不小的风险，其在给传统的财务会计行业穿上"智能"外衣的同时，也迫切地需要人才教育方面的升级，尤其是对高素质的复合型会计人才的培养提出了更高的要求。本文聚焦于高校对本科会计人才的培养，深入分析了人工智能时代对会计的影响，人工智能时代背景下本科会计人才培养面临的问题，并对如何优化或解决这些问题提出了自己的见解，以期对高校在本科会计人才培养方面有所帮助。

关键词：人工智能；人才培养；会计本科；复合型人才

【基金项目】本文是四川省高等教育人才培养质量和教学改革项目JG2021-381和G2021-913的阶段性成果，得到西华大学会计学国家级一流本科专业建设项目资助。

人工智能是引领目前科技、产业以及社会变革的战略性技术，对国内社会经济发展乃至国际政治经济格局都将产生重大的影响。随着大数据、人工智能等新技术的更新迭代，社会经济的数字化转型全面开启，既对会计信息化的理论与实务带来了新机遇，也对高校会计人才的培养提出了新挑战。

财政部印发的《会计信息化发展规划（2021—2025 年）》强调，要深入推进单位的业财融合，拓展会计相关职能，加快促进单位会计工作的数字化转型，培养会计人员处理信息化技术的能力，优化会计信息化人才的培养方式，打造懂会计、懂业务，同时也懂信息技术的复合型会计信息化人才队伍。然而，现如今的会计人才培养却严重滞后于财务智能化的发展速度，不少院校因师资力量和基础设施配置不完善等原因，仍旧沿用原有的培养方案，导致许多会计专业的学生毕业后难以适应社会需求，呈现出会计人才供需错配的局面，在一定程度上阻碍了社会经济的智能化转型。

在智能化背景下，作为会计人才培养的重要阵地，地方高校在会计人才培养模式上能否顺应智能化时代提出的新要求，培养和打造出一支符合时代背景要求、满足经济社会发展需求的高素质会计人才队伍，对于提升会计行业服务质量、更好助力第二个百年奋斗目标的实现具有重要意义。

一、人工智能时代对会计的影响

（一）人工智能对会计行业的影响

1. 优化了会计信息处理的效率和速度

在传统的会计行业中，会计人员由于有限的时间和精力，通常很难做到当日事当日毕，这就可能出现会计信息的处理缺乏时效性的问题，导致企业对于会计信息的使用程度降低。事实上，会计信息作为基础，更应该成为企业决策的科学依据。人工智能在会计行业中的应用，能够在一定程度上弥补传统会计管理体系的缺陷，从而达到提高会计信息的处理效率的目的。在数智化的过程中，会计人员只需要登录企业的相关系统，将工作重心从基础的录入、整理、分析等转变至对会计信息进行关键筛选和审核等环节上，基本能够实现会计信息的当日处理。

2. 提升了会计数据处理的整体精确度

在传统的会计工作中，比如在会计的信息筛选和录入这类需要人工操作的流程中，难免会出现失误，后续只能由会计人员反复核查，大大增加了工作量。人工智能的出现和广泛应用就可以较好地规避这一点，即使前期某些流程出现失误，智能财会系统也会及时提示，从而在极大程度上减轻了会计人员的工作负担。

（二）人工智能对会计人员的影响

1. 大量会计人员将面临失业危机

随着人工智能的快速发展，其替代了大部分传统财会人员的基础财会工作，使不少会计人员面临因此带来的失业风险，各国企业开始陆续引入数智技术而减少财会人员配比的事实也客观证明了这一点。例如，2017 年苏宁财务共享服务公司推出的财税机器人仅花半小时就可以完成一个 6 人团队一个月的工作量，其主要负责一些标准化且重复性极强的工作。也正是因为如此，人工智能的广泛应用在取代部分会计工作的同时也给大量会计人员带来失业风险。

2. 跳出繁杂的基础工作实现转型

新事物的出现必将引起旧事物的消亡，人工智能的应用使得不少容易被替代的会计人员出现职业危机，但与此同时不少新型的财会岗位应运而生，其中包括大数据分析师、系统架构师、财务专家等。大数据分析师和系统架构师这类岗位所匹配的人才均为既懂技术又懂会计的新型复合型人才，其中大数据分析师还需要掌握大数据分析、人工智能、可视化等新兴技术，并且能够利用这些新兴技术进行大数据分析，为企业提供更高质量的决策信息。而系统架构师需要掌握的则偏向于系统开发、流程挖掘、数字化等技术，并能够通过这些技术帮助企业构建起智能化的财务管理系统平台。与前两者偏技术型不同的是，财务专家担任的角色更偏向咨询类，需要具备战略、管理、财务等多方面的知识和经验，能够对企业的财务战略方针进行评价和改进，以此来为企业创造价值。

二、人工智能时代背景下本科会计人才培养面临的问题

1. 课程设置不足

我国传统高校培养本科会计专业的过程中，课程设置的体系仍然趋于传统，顺应时代的相关课程，例如人工智能、大数据等的设置有着明显的短板。大部分高校的会计专业课程仍然是以传统会计类课程为主干，比如“会计学原理”“税务会计”“成本会计”“财务管理”“经济法”等，而对于涉及人工智能的相关课程以及将财务会计与大数据相结合的复合型课程的开设聊胜于无。目前，相当一部分高校的本科会计课程体系中，财务核算类的课程依然处于主导地位，学生学习的内容还是主要集中在编制记账凭证、登记账簿、编制报表等传统财务内容上，而这些基础工作流程已经

在很大程度上被财务共享中心的机器人功能替代，未来完全被取代只是时间问题。这就使得在校学生用四年掌握的会计专业知识，在毕业之后并不能满足实际工作对工作能力提出的要求。

2. 培养目标单一，实践教学不足

在课程设置不充分的背后体现了传统本科会计专业培养目标的单一化，对于本科会计人才的培养需要学校给出一个较为全面的培养方案，而不仅仅是针对某个单一目标进行教学，仅从单一目标培养出的学生同大专院校培养出的学生并无较大差异，并没有体现出本科教学的优势。在教学的实践方面，许多高校对其重视程度还有待提高。目前，高校开设的与会计相关的实践课程主要是以“ERP 沙盘模拟实训”“财务报表编制实训”等传统的实践课程为主，而对于大数据与会计相融合的实训课程则很少开设。高校在会计专业实践教学中多数采用校内模拟实验、校外集中实践等形式。但是由于教学条件的限制，校内的模拟实验依然沿用传统的方式和内容，对大数据的分析依旧不足。而且，企业重要的财务信息和数据对外是保密的，学生基本上无法接触到核心的财务数据，大多数实践只是聚焦于财务软件的应用，对大数据会计和智能财务的应用还是一片空白。

3. 缺乏复合型人才的师资力量

在大数据的背景下，高校在本科会计人才培养上面临的一座大山就是缺少同时具有财务会计和人工智能知识的复合型师资力量。高校会计教师大多接受的仍为传统的会计教育，虽然其会计专业知识丰富，但基本不具备人工智能相关的教育背景，更难将二者相结合进行授课。这就存在一个尴尬现象，即有的高校已经顺应时代发展，带头将大数据相关课程加入常规课程设置中，但由于缺少能将二者融合且顺利进行授课的教师，使得教学质量差强人意。虽然现在很多高校已经完全意识到引入复合型教师的迫切性，但由于人工智能在我国发展的历史较短，目前学术市场上的高素质人才大部分只有单纯的大数据背景，复合型人才始终是凤毛麟角，从而导致高校在培养新兴的复合型人才的过程中步履维艰。而且，从现实情况来看，青年教师在评职称的压力下将很大一部分精力放在了发表论文、申报课题上，形成了“重科研、轻教学”的不利局面，中老年教师虽然没有职位晋升的压力，但由于年龄和精力的限制，对人工智能和大数据等新兴知识的接受程度也远不如青年教师。

三、优化本科会计人才培养方式

1. 课程体系的优化

在新的会计本科人才培养规划中，不仅要求学生能够扎实地掌握与会计相关的专业知识，而且对学生有关数据的收集、分析和处理等能力也要有一定的指导。针对高校本科会计课程设置未能较好适应人工智能时代下对于会计人才的专业需求问题，高校应当站在时代背景的基础上优化本科会计人才培养的方案，适当增加与人工智能和大数据等相关课程，考虑到智能化课程占比太小无法引起学生足够的重视，依然从心底里倾向于传统会计课程，对于新课程仅采取通过期末考试的应试心理问题，建议应适当提高智能化课程在所有课程中的占比，例如“会计电算化”“Python”“大数据审计”“自然语言处理”等。在实践方面，高校应该适当加入“大数据财会实训”“人工智能分析与财务决策”这类可以立足于财会知识将人工智能与其相结合的实践课程。随着社会的发展，对大数据技术的需求在逐渐增加，学校不仅需要培养学生的基础知识与技能，还要将时代发展中的新兴知识和技术一并传授给学生，才能帮助其更好地应对今后的工作生活。

2. 师资力量的提升

虽然现在的高校逐渐意识到改进本科会计人才培养方案的重要性和迫切性，但是同时具有财务会计及大数据教育和实践背景的复合型教师的极度缺乏，导致了高校在培养方案的改进中步步受限。对此，本文认为，立足于现有的师资力量，高校应当重视对会计本科的教师群体中学习能力较强且本身就具备一定大数据基础的教师的深入培训。事实上，现在已经有走在前列的高校在这方面进行了很多探索和实践并取得了不错的效果。除此之外，校外很多企业也在人工智能的应用方面取得了不错的成绩，高校不应只局限于校内的培训，还可以通过校企合作将教师输送至企业进行进修学习，用走出去的方式培养复合型教师，拉高整个教师队伍的素质水平。由于人工智能在我国正处于蓬勃发展阶段，现如今已经有部分具有复合型教育背景的研究生和博士生输入社会，高校一定要把握机会，积极吸引符合要求的高素质人才加入教师队伍，为高校本科会计人才的培养添砖加瓦。

3. 教学方式的改革

在传统的课堂中，教师基本上是利用 PPT 进行线下教学，并且有相当大的一部分教师较为排斥网络授课，一刀切地认为网络授课会拉低教学质量。事实上，在人工智能的时代背景下，随着大数据、云计算的出现，"互联网+"技术改变了传统的教学手段，高校教师在一定程度上摆脱了传统的满堂灌式教学，充分利用网络整合现有的资源，使学生成为课堂的主角。在课堂上，教师可以通过丰富的媒体资源更直观地同学生进行分析与讨论，提升学生的主观能动性，更重要的一点是，网络教学使得那些不太喜欢和老师面对面交流的学生也能毫无心理负担地参与其中。与此同时，教师还可以结合授课日的财会热点新闻，以小组讨论的形式让学生利用网络搜集相关新闻与论点，采用小组代表发言的形式达到教学的目的，让本应枯燥的理论学习不再拘泥于书本知识，使教学更具趣味性。

4. 教学设施的完善

在财务会计日趋智能化的当下，高校针对本科会计人才的培养更应该完善相应的教学设施，其中包括财务共享中心、ERP 智慧课堂等。基于培养本科会计人才实践操作能力的需要，高校理应更新人工智能条件下的会计教学场景、大数据技能培训以及人机交互的实训室，加大在人工智能相关教学设施上的投入力度，保证相关教学设施能够达到教学的需求。在此基础上，高校还可以在能力范围内尽可能地与在智能财会方面有所建树的企业和科研院所进行校企合作，依托于企业和科研院所的实际工作场所，以求更好地对学生的实际操作能力和对大数据的感知能力进行多方面培养。

四、结语

在高等教育领域，人工智能的快速发展对高校会计本科人才的培养有着深刻的影响。同时，它提出了指导大学本科会计人才培养的新要求，鼓励他们的转型和升级，并更新了高校教育的重要意义。因此，各学校应积极响应时代的挑战，抓住时代的机遇，适当提高人工智能相关课程内容的比例，加大对教师的培训力度、加快会计信息化平台的建设，积极推进教育和产业的融合。简而言之，在人工智能时代下对本科会计人才的培育，需要全体师生共同参与和努力。

参考文献

[1] 马军红，郭慧敏. 信息化时代对企业会计人员的影响 [J]. 经济师，2022 (9)：86-87.

[2] 龙月娥. 人工智能时代财务人员的数智化转型 [J]. 财务管理研究，2022 (8)：5-6.

[3] 时军，曹晓雪. 高等院校会计专业人才培养研究：基于“互联网+智慧教学”背景 [J]. 财会通讯，2022 (15)：160-165.

[4] 王勇. “大智移云”时代会计专业硕士智能财务应用能力培养研究 [J]. 商业会计，2022 (14)：119-122.

[5] 张春平. 基于工作室的现代学徒制高职会计人才培养模式研究与实践：以安阳职业技术学院为例 [J]. 林区教学，2022 (8)：67-70.

[6] 张十根. 智能化时代下地方高校会计人才培养模式优化研究 [J]. 经济研究导刊，2022 (17)：87-89.

[7] 陈舒，姚丽. 人工智能背景下会计学专业人才培养研究 [J]. 合作经济与科技，2022 (9)：112-113.

[8] 王建业，林丹琪. 产教融合视角下“大数据与人工智能+会计”类课程落地问题研究 [J]. 商业会计，2022 (8)：127-129.

[9] 胡俊南，杜思远，王振涛，等. 大数据时代多学科交叉复合型会计人才培养研究 [J]. 财会通讯，2022 (7)：155-161.

[10]《会计改革与发展“十四五”规划纲要》解读：会计人才培养 [J]. 中国总会计师，2022 (2)：13-14.

“大智移云”时代会计学专业人才培养目标与定位

——以四川省某高校会计学专业为例

杨娇

（西华大学管理学院　四川成都　610039）

摘要：近年来，以大数据、人工智能、移动互联网等为代表的“大智移云”数字技术的发展和完善，与各行各业产生了不同程度的融合。在“大智移云”时代背景下，企业对会计学专业人才素质和能力的需求正逐步发生变化。本文以四川省某高校会计学专业作为研究对象，探索其适应企业新时代需要的人才培养目标和定位。

关键词：大智移云；会计学一流专业；培养目标与定位

【基金项目】本文是四川省高等教育人才培养质量和教学改革项目JG2021-381和G2021-913的阶段性成果，得到西华大学会计学国家级一流本科专业建设项目资助。

引言

在数字经济时代，数字技术已经实现了对社会经济生活的全方位渗透，但未经改造的中国传统会计体制，却仍严重限制着我国企业的发展。2021年，财政部发布的《会计改革与发展“十四五”规划纲要》提出要切实加快会计数字化转型步伐。所以高校要根据“大智移云”时代的特点，优化、重构会计学人才培养目标和定位，培养具有前瞻性战略思维，集会计财务、数据分析等专业能力于一身的高层次复合型人才。

2018年8月8日，教育部、财政部、国家发展改革委印发了《关于高等学校加快“双一流”建设的指导意见》，提出要建设一批本科一流专业。2019年4月，教育部办公厅发布《关于实施一流本科专业建设“双万计划”的通知》，主要任务是：2019—2021年，建设10 000个左右国家级一流本科专业点和10 000个左右省级一流本科专业点。可见一流本科教育是未来高等教育发展的一个基本方向，也是高校本科教育改革的一个基本趋势。

一、“大智移云”时代会计学专业人才培养能力需求

在“大智移云”技术已经成熟发展的大背景下，传统会计学专业转型升级对于高校来说势在必行，既是机遇又是挑战，而培育符合新时代要求的会计学人才必须以社会需求为导向，因此，本文基于“大智移云”时代会计学专业人才培养能力的需求，对高素质会计专业人才培养的目标和定位进行剖析。

（一）会计专业能力

会计专业能力是会计学人才最基本的能力要求，而会计人员所具备的职业素质是知识积淀和升华的结果，过硬的会计专业业务素质才是会计人才达到培养目标和定位、做好会计工作的根本保证。会计人员既需要扎实的会计理论知识和熟练的会计实务技能，也需要对会计相关政策的学习能力，要及时了解和学习国家新政策，正确把握其精神实质，促进企业健康长远发展。当然作为高素质的财务人员，既需要具有高水平的专业素养，也需要具有较强的法制观念，还需要具有良好的职业道德素质，树立爱岗敬业、诚实守信、客观公正等原则，从而保证会计信息的真实与客观。

（二）数据挖掘、处理、分析能力

在数字经济时代的浪潮下，大数据正在对传统会计核算模式进行重构，而数据也在企业中逐渐成为重要的资产之一。大数据的来源的多样性特征使得大数据结构表现较为复杂，而会计作为一个经济信息系统对会计信息质量具有较高要求。这就要求财会人员要注意收集碎片化的财会资料。会计人员通过“大智移云”各技术手段取得多样化信息后，需要借助现代化信息处理工具，高效、准确、全面地为管理者提供对决策有用的信息。

大数据技术的成熟为数据分析水平的提升提供了有力的技术支撑，使得基于经营成果进行财务分析的传统会计模式转向基于经营过程分析的现

代会计模式，从而优化企业的经营决策，促进企业利润的增长和长远发展。

（三）综合管理能力

新时代的会计工作者需要从传统会计向管理会计转型，这就需要会计人才具备相应的管理筹划能力、创新能力、领导力。企业会计人员需要在深入了解企业的业务发展模式背景下，做好企业内部控制相关事项，提升企业管理水平，例如会计人员需要做好适合企业自身的全局、长远战略规划；做好单位预算的编制、执行、评价工作；加强企业成本管理；组织制定单位营运管理目标、利用本量利分析等营运管理相关工具方法为经营决策层提出预测方案；能够组织制定单位绩效管理目标、流程、切实措施；精通管理会计报告理论，能够根据单位实际需求建立本单位管理会计报告体系等各方面工作。

会计人员同时需要有创新的能力，能够站在全局发展高度，创新观念和管理方法，培养互联网大信息思维，拓展工作思路，不断提升整体财务团队业务和管理水平。此外，会计人员也需要具有领导力，具有与之相适应的沟通协调能力、团队打造能力。实践证明，只有加强团队的核心凝聚力建设才能增强企业软实力，可以有效地提升工作的效率和质量。

二、某高校会计学国家级一流专业人才培养目标与定位

（一）会计学专业建设现状

某高校的会计学专业是国家级一流本科专业建设点、四川省特色专业、四川省会计学综合改革试点专业、四川省普通高校应用型示范专业，该校设有会计学硕士、专业会计硕士（MPAcc）培训点。“会计学基础”课程是四川省一流混合式课程。本专业培养应用型、复合型和创新型专门人才，要求学生能迅速有效地从海量数据中挖掘、发现和创造价值，为会计主体的战略和经营提供敏捷精准的决策咨询。本专业开设了会计智能核算、数据挖掘与分析、Python 语言、区域财务共享、虚拟仿真跨专业综合实验等理论和实验类课程，提升学生的综合素质及应用能力，以适应市场对大数据会计人才跨学科的需求。

（二）会计学专业人才培养目标与定位

会计学专业能力建设的根本目的在于更好地履行高等学校的职能，不仅需要做好供给侧专业知识的输送和综合能力的提升，还应清晰了解需求

侧对专业能力的要求。该校会计学专业从 1994 年起招生，经历将近 30 年的建设发展，在人才培养目标定位方面进行了积极探索（见表 1）。

表 1　某高校会计学人才培养目标与定位

具体目标	具体目标			
	职业道德要求	能力和素质要求	创新能力要求	就业面向
用习近平新时代中国特色社会主义思想铸魂育人，全面落实立德树人根本任务，把会计专业的学术性和职业性紧密结合起来。培养具有从事会计相关职业所需的高尚职业品质和牢固的专业知识技能，具有开拓创新能力和国际交流能力，适应我国社会主义市场经济发展和经济全球化需要的应用型高级专门人才	具有较高的思想道德和科学文化素养，拥护中国共产党领导，热爱社会主义祖国；具有良好的职业操守、创新意识和奋发向上的精神风貌。恪守学术道德，遵循学术伦理	具有坚实的会计及其相关领域的理论知识与实务技能，具有较强的专业判断力及对实际问题的分析和解决能力	具有从事会计专业执业与管理工作所需要的相关法律、金融知识储备，了解现代会计理论与实务领域的前沿与发展趋势，有创新和开拓新业务的能力	足以胜任工商企业、金融企业、中介机构、政府部门、事业单位等相关部门会计及相关工作的应用型、复合型、外向型、创新型专门人才

（三）会计学专业人才培养目标与定位的路径

1.“大智移云”等信息技术相关元素与会计学专业融入到位

近年来教育部陆续出台了《深化新时代教育评价改革总体方案》《关于狠抓新时代全国高等学校本科教育工作会议精神落实的通知》等多个关于高等教育教学改革的文件，可见未来的教育是基于网络与智能技术的智慧教育体系，而“大智移云”技术逐渐成熟，开启各个行业智能化新篇章，推动高校紧密对接信息技术发展和社会需求、积极融入“大智移云”等信息技术元素、推动会计学专业培养模式转型升级。

在此背景之下，该校会计学专业基于“大智移云”技术进行了初步探索，持续优化人才培养方案。借助智慧教学工具，持续推动基于智慧教学工具的会计学专业课程实践的探索，推动国家级线上线下混合式一流课程建设。同时在会计学专业人才培养方案中设立了管理会计与大数据分析的研究方向，并且开设了 Python 在财务大数据分析中的应用、大数据税务风险管理、财税一体化综合实训等与信息技术相关的课程。基于此，该校还积极对接经济社会发展要求和企业对现代财会人才素质与能力需求，推动毕业生所具备的能力素质与社会需求相契合，集中优势资源着力提高学生的创新创业能力与终身学习能力，进而切实提升本科教育水平与培养人才质量。

2. 积极对标《普通高等学校本科专业类教学质量国家标准》

党的十九大提出，建设教育强国，是实现中华民族伟大复兴的基础性工程。而教育标准的建设则对提升教育质量具有基础性作用，所以我们要实现高等教育的良性、长远的发展。高校需要以《普通高等学校本科专业类教学质量国家标准》为指导，结合当前新时代背景进行人才培养。

该校秉承“课程思政”的根本任务是立德树人，为提高财会专业学生的思想觉悟水平，提高学生的职业道德修养，把会计课程融入政治教育中去，同时在课程教学方面，在符合《普通高等学校本科专业类教学质量国家标准》要求的同时积极推动会计学专业特色办学；在能力和素质方面，通过大数据与会计相融合的课程和相关实训课程，强调应用大数据的能力、实际操作能力以及沟通技巧等方面的情况；在就业面向方面，毕业生既可以到各类企事业单位就职，也可以继续提高学术造诣，攻读硕士研究生和博士研究生。

3. 大力加强跨学科人才培养力度。

习近平总书记在中央人才工作会议上强调，到2030年，基本形成与高质量发展相适应的人才制度体系，自主培养创新人才能力明显增强。当前，科技飞速发展、现代信息网络技术更新频繁，这对培养复合型人才的要求更高。新时代背景下的会计人才不仅需要具备扎实的会计学知识，还需要学习法律、企业管理、风险控制等知识，例如以基金会为例的社会组织中，基金会的财务人员不仅需要掌握《民间非营利组织会计制度》的相关规定，还需要能准确把握《中华人民共和国慈善法》等相关法律的深刻内涵，熟悉各类公益项目和社会治理项目的立项、实施、结项等系列过程管理。财务人员只有深刻把握财务与法律、业务知识，才能在实践中保障基金会的合规合法运行，否则易增加基金会的运营风险，阻碍其健康持续运行。因此，目前在新时代背景下，社会需要的是具有各类综合知识的复合型人才。

三、“大智移云”时代，会计学专业人才培养目标和定位的展望

“大智移云”技术的发展对会计人员素质提出了与传统会计不同的要求，与之对应的会计人员的培养目标和定位也应做相应调整，部分高校已经借助部分“大智移云”技术与会计专业教学相结合，取得了部分改革成果，但是“大智移云”技术发展浪潮更新快、涉面广等特点要求高校对会

计人才的培养必须与时俱进，紧密结合当前大数据技术处理工具等现代信息技术，重构会计在“大智移云”背景下新的功能意义。

（一）更新会计理论、促进学科优化建设

“大智移云”技术赋予财务会计行业新的内涵和发展动力，推动会计智能定位的变化，这就需要及时更新会计理论，完善会计理论基础。“大智移云”技术对会计学专业人才培养目标与定位提出了新的要求，而基础的会计理论知识不能仅仅停留在传统会计模式之上，只有根据新时代背景进行更新完善才能推动传统会计转型，促进会计创新，推动学科优化建设，更好地服务企业。比如在会计计量方面，以前企业会计信息大多数是能用货币来计量的，会计人员在会计核算中以货币为主要计量单位记录企业的经营过程和经营成果，但是在新时代背景下，还出现了如企业流量等其他衡量标准，单纯的传统会计计量方式已经不能满足新时代发展的要求。此外，在会计信息质量方面，传统会计理论对会计信息的可靠性和及时性等要求，在“大智移云”技术日新月异的时代，如何迅速从繁复多样的大数据中借助信息技术工具高效准确地挖掘出我们所需的信息也是会计理论创新的一个方向。综上，会计理论亟须根据时代背景进行创新，基于此才能准确把握会计学专业人才培养目标与定位，从而打造高素质、符合新时代发展要求的人才队伍。

（二）加强会计职业素养理念引导和提升

传统会计模式下，大多数会计人员只是停留在会计核算和财务报表的生成与分析上，在“大智移云”时代背景下，财会人需要转变思维，提升能力，主动去了解自己所处的行业的特点和所处行业的发展阶段以及所处的行业的发展前景和方向。在日益复杂多变的市场环境面前，会计从业人员不能仅仅停留在会计核算、纳税申报、报表生成等日常工作上，还应该深入业务活动中，构建财务分析模型，为公司发展提供财务支持，为各项资源在经营中的使用效益出谋划策，为企业战略规划和管理提供指导，成为与社会需求相符合的复合型新时代会计人才。

（三）突破管理思维、引领业财融合发展

所谓“业财合一”，即业务、财务一体化，2016 年财政部印发的《管理会计基本指引》提出，单位应用管理会计应当遵循一体化原则，财务界简称为“业财融合”。“大智移云”时代背景下会计人员需要突破传统会计向新时代会计转型，增强复合型会计工作能力，促进业财一体化，创新企

业价值。当前，企业财务数字化转型已经进入业财融合的新阶段，从1G的专业化阶段发展到了5G的智能化阶段，财务人员的关注面需要向外部拓宽，从重视内部数据向重视内外数据并举转变，从重视“小数据”向重视“大数据”转变，在重视客户、供应商和竞争对手的同时，重视公司内部组织结构、成本结构的转变。以此优化财务流程，推动企业数据化、科学化、合规化的发展，从而实现经济效益最大化的目标。因此，会计人才的培养必须明确业财融合是会计发展新趋势，是社会发展的必然产物，高素质会计人才借助“大智移云”技术可以使业财融合发挥更大作用，极大提升财务管理质量，提升企业的价值和效益。

参考文献

[1] 翟立强，姚岚. 地方应用型高校一流本科专业建设的实践探索：以黑河学院国际经济与贸易专业为例 [J]. 对外经贸，2022（5）：152-155.

[2] 徐明华.“大智移云”时代高职大数据与会计专业人才培养模式研究 [J]. 中国乡镇企业会计，2022（6）：173-175.

[3] 王莹，王艳利，贾鹏芳. 新版专业目录下大数据与会计专业人才培养改革与实践 [J]. 华东纸业，2022（2）：196-198.

[4] 余为凤. 大数据背景下会计专业人才培养的探索 [J]. 中国管理信息化，2021（24）：219-220.

[5] 唐献凤，佟伯承. 大智移云视角下高校管理会计教学体系优化与实践 [J]. 财会学习，2020（3）：205-206.

[6] 朱纪红，滕顺平.“大智移云区”时代会计学专业人才培养目标定位：以湖南高校“双一流”专业为例 [J]. 教育教学论坛，2021（32）：43-46.

[7] 王若溪. 剖析“大智移云”时代下会计职能新定位 [J]. 现代商业，2019（15）：137-138.

[8] 朱艳. 浅谈大数据新时代会计的角色定位与素质提升 [J]. 今日财富（中国知识产权），2021（10）：130-132.

大数据时代高校会计学专业人才培养模式研究

文越

（西华大学管理学院　四川成都　610039）

摘要：随着大数据、人工智能等技术的迅猛发展，互联网科学技术使得各行各业都有了天翻地覆的变化，科技在产生机遇的同时，也给这个时代带来了前所未有的挑战。在这样的背景下，为了更好地促进经济发展，对于会计行业来说，为社会培养高素质的会计人才是关键。因而高校会计学人才培养工作就显得尤为重要，应该结合大数据时代特征进行有效融合、对传统的会计学培养模式进行调整优化并创新，实现高校会计学专业的优质化教学。为此，本文先对大数据时代下高校会计学专业人才培养的现状进行分析，提出了高校会计学专业人才培养模式存在的问题，并针对这些问题结合时代特征提出具体应对措施，助推高校会计学专业人才培养的创新和发展，从而培养出符合大数据时代下市场所需的综合型会计专业人才。

关键词：大数据时代；会计学；人才培养模式

【基金项目】本文是四川省高等教育人才培养质量和教学改革项目JG2021-381和G2021-913的阶段性成果，得到西华大学会计学国家级一流本科专业建设项目资助。

一、研究背景

随着全球数字信息技术的不断发展，大数据、云计算等技术已经逐渐渗透至市场的各个领域，为各行业的发展提供了有力的技术支持。而在这样的环境下，会计行业也受到了一定的影响，许多工作已经脱离不了大数据与云计算的帮助，所以针对会计这一行业，未来必定需要大量的高质量会计人才，对会计人员能力提出更高要求的同时也给会计专业人才的培养升级提出了更高的要求。如果将大数据技术应用于会计专业领域中，可以有效地减少会计工作中一些单调烦琐的核算操作以及一些已经趋于固定化的标准性操作。而这些内容都是高校的教师和学生需要花大量精力去学习和掌握的，当这种能力轻而易举地被科技取代的时候，会计人才该何去何从呢？因此，为应对大数据时代给会计人员专业能力方面所提出的新要求，确保智能科技与会计领域的和谐发展，各高校应着力于对会计专业人才培养模式的创新与调整，以求更好地满足新时代下市场经济发展对于会计行业的需求。

二、我国高校会计学专业人才培养模式现状

大数据时代的到来，在给各领域带来更多机遇的同时，也使我们面临着更多的挑战。为了更好地满足社会发展的需要，加强人才培养教育工作十分重要。将互联网技术运用于培养会计专业人才上，能够提高我国会计专业人才教育教学的整体水平。但由于我国实行新课改的时间较短，各高校在开展会计专业人才培养工作中，仍然存在诸多问题。

（一）人才培养目标不够明确

目前，由于各高校对大数据环境下会计学专业人才的培养缺乏全面的认识，加上高校教师普遍对互联网思维有着延迟性的认知，导致高校会计学专业人才培养目标不够明确，在人才培养计划方面落后于时代的需求，难以满足新时代对于会计这一行业人才要求的高标准。比如说，目前大多高校的人才培养计划中，会计专业课程中普遍强调学生在会计、经济、管理等方面的基础知识和学习能力，同时较为重视学生对会计实务操作、会计软件操作、纳税申报等基本技能的掌握。但是，随着大数据时代的到来，电子商务、互联网通信等促进了全球范围内的会计事务相互联系，传统的以核算和统计技巧为参考的会计标准，已经不能满足智能化时代社会对于会计人才的需求，企业对会计专业人才的要求也随之有了变化。比如现在很多企业对会计岗位应聘的要求主要为：具有深厚的财务专业知识，熟练应用国际主流财务软件，具有财务数据分析相关工作的经验，以及对AI与数据驱动等新技术在财务工作中的应用有浓厚的研究兴趣。由此可见，当前社会对智能化会计类岗位的需求日益增长，高校应结合新时代发

展要求，及时调整会计学专业人才的目标，以更好地应对新时代发展的要求。高校应重视培养兼具会计学知识与人工智能知识的复合型会计人才。

（二）理论课程设置缺乏创新

目前，大多数高校所设置的会计学专业理论课程仍有待完善。高校会计学专业课程培养规划主要包括公共基础、专业基础、专业核心、专业选修等几个类别。其中，在专业基础类别中，主要包括“基础会计”“审计基础”“管理学”“经济法”等课程；在专业核心类别中，主要包括“中高级财务会计”“成本与管理会计”“财务管理”等课程。整体上来看，课程设置得合理且有层次，但却不符合智能化时代的发展要求。可以看出，高校目前的会计学专业课程设置中，互联网类、大数据分析类的课程并未得到充分重视。在会计专业人员的培养中，高校应该重视教育与智能科技的融合，即学生不仅应对会计专业理论知识的基础部分进行掌握，而且需要结合人工智能将专业知识进行着重培养和提升。在大数据背景下，企业会计人才如果能够有效地借助于大数据信息分析技术来完成专业上的各种业务处理，则定能帮助企业更加有效地完成信息整理工作，当然大数据时代所需要的也正是这样的复合型人才。

（三）实践教学培养工作有待提升

目前，高校的会计学专业实践教学培养工作基本采用的是“3+1”培养模式，即前三年是校内的“综合教育+实验教学”，主要包括“企业会计综合实验”“财务决策综合实验”“会计信息化”等实践课程；最后一年则是让学生在校外的企业综合实践。但这样的专业实践教学培养模式想要适应新时代对会计专业人才的需求，仍然有待提升。当前的实践培养工作主要的问题在于：校内实践部分所设置的课程较为传统和单一，与当前企业会计软件差异化应用及更新速度不相适应，而且所设置的课程，同样不重视人工智能会计实践能力的培养。另外，即使有一年的校外实习经验，许多学生在实习过程中，也并没有实际从事会计相关的工作，导致所学的会计理论知识与实践无法结合。即便有的学生从事与会计相关的工作，但更多是进行记账、报税等基础性工作，加之受到企业规模的限制，并不能实际接触到智能会计领域。整体来看，目前高校所设置的会计专业实践教学培养工作，并不能很好地为学生提供学习人工智能软件的机会，使得学生难以熟练掌握和应用人工智能会计软件，不仅不符合新时代对于会计人才的需求，也会影响学生未来的就业。

（四）高校师资力量不足

人才培养与高校该专业的师资水平息息相关，所以新时代背景下，除了对高校会计学专业人才培养提出了新的要求外，同时也给高校教师自身的专业水平提出了更高的要求。现阶段，会计学专业人才培养工作中存在最普遍的问题便是师资队伍力量不足，不能很好地满足新时代对会计学教学的要求。对多所高校进行调研后发现，不少会计学院的教师都是在毕业之后直接走上教师岗位的，尤其是近年来学校招聘的青年教师，他们大多缺乏对会计实务工作的实践经验。虽然这样的教师在理论素养方面水平较高，但在一定程度上缺乏实践操作经验，所以其所传授的知识大多停留在理论层面，缺乏针对性的教学方法和教学能力，导致课程开展也较为困难。另外在新时代背景下，除了会计学、管理学、经济学等领域，高校的教师队伍还应当具备较高水平的计算机操作能力，例如涉及人工智能应用、信息检索与数据处理、大数据存储与管理、区块链应用、财务大数据分析等领域的实践操作。这不仅是会计实务工作得以高效运转的关键，而且也是会计学专业人才培养的必要途径。如果教师只重视自身在教学成绩上的成果，而忽视了实践能力的提升和创新，最终只会导致学生对会计学专业失去学习兴趣。

三、大数据时代高校会计学专业人才培养模式改革建议

（一）明确人才培养方向

为适应现代化教育理念，结合当前大数据时代背景，建议我国高校应定期开展调研，了解各行业对会计人才的需求情况，明确会计学专业人才培养方向，进而调整本专业课程设置，不断对会计学人才培养内容进行优化。例如在课程内容设计方面，建议先明确人才培养方向，再根据培养目标确定会计人才毕业要求，最后逆向考虑应设置的具体课程，明确课程在人才培养过程中的地位和作用，学生应掌握哪些知识，各学科之间的联系等。同时学校应鼓励在校学生考取相关职业资格证书，实现多元共育、双证融通的新型人才培养方式，以达到提高会计学生实践能力、鼓励学生进行创新、培养复合型应用人才的目的。

（二）不断完善课程设置体系

建立完善科学的课程设置体系是进行人才培养的重中之重，好的课程体系往往会使得人才培养事半功倍。在专业课程设置内容方面，应注重会

计专业理论课程与实习实践课程体系的配比，在保证学生能够熟练地掌握专业课程知识的同时，参考企业实际需求，结合前沿热点，增加、调整与信息技术相关的课程。

例如，在大数据时代背景下，数据的类型繁多且体量庞大，基本是以碎片化的方式加以呈现，并且数据的处理和消化速度快，价值含量不高。面对大数据的这些特征，高校会计学专业应该对学生的数据整理及收集能力加以培养，以传统会计学课程设置为基础，适当增设“大数据财务分析”“会计数据与信息挖掘”“Python”“区块链与财务会计”等课程，促使数据的处理与学生所学内容密切相连，引领学生发散思维，提高学生解决实际问题的能力，使学生不仅接受会计专业基础理论知识教育，还可以掌握分析、处理数据方法，成为具有较强职业能力的复合型专业人才。除此之外，为了培养会计复合型人才，高校还应结合行业特点，利用一切可以利用的资源，与企业深度对接，有效利用校企、校校等资源优势，同时利用互联网平台，结合名校网络课堂资源拓宽学习渠道，实现线上线下同步教学，提高人才培养质量。

此外，高校的课程设置应突出岗位实用性，合理设置专业课和实践课的比例，如单独开设“会计综合模拟实训”“财务管理模拟实训”“会计经营实训”等课程，强化实践性；教学内容应结合行业、企业需要不断调整，并融合企业实训，让学生了解会计工作一般流程和处理问题的方法，使学生对职业做到深入了解及“教、学、做”紧密结合。

（三）鼓励校企合作

校企合作能为学生提供良好的实践平台，鼓励高校选择适合学校自身教育理念的合作项目。针对会计学专业的校企合作，必须要对企业人才需求加以综合考虑，在此基础上分层次、有计划地开展，即企业可为高校提供相关数据或设备，如既可以聘请企业名师参与校内教学过程，帮助高校构建开放科学的实验基地等，也可以在校内建立模拟企业综合实训平台，结合企业用人制度管理学生并约束其行为，开展仿真模拟训练，还可以鼓励学生到企业参观或实习，让学生了解企业文化、会计行业的最新动态，对企业的工作特点及内容有切身体会，提高独立胜任会计岗位、参与管理的能力，实现走出校门与进入社会的无缝对接，借助多方共有优势资源，实行多方联合办学。在学生实训期间，安排学生开展数据应用和管理、数据整理和收集的实际任务，并对学生任务的完成过程进行指导及评价，在此过程中提升学生处理数据、分析数据的综合能力。从教学能力、实践能力等方面促进院校学科与专业建设发展，促进人才培养目标和企业用人目标的对接，满足岗位群的需要。

（四）加强高校师资力量

高校内的教育工作者是引导学生的领路人，高校教育水平的重要衡量标准就是师资力量，许多高校的专业教师由于自身水平不足，缺乏经验积累，导致教学工作开展时仍具有一定的局限性。而会计学专业要想在大数据时代获得长远发展，就必须加强高校师资力量，注重专业教师素质水平的提升。具体包括：

（1）学校应注重对于“双师型”教师的引进和培养工作。多元化引进满足会计人才培养方案需求的专业教师，如具有计算机、数学、经济等交叉学科背景的教师。但我国目前双师型的教师较少，这就要求学校注重对教师进行计算机相关知识的培训。例如鼓励会计学专业教师与其他学科专业教师进行交叉培训，以提高其大数据应用能力；同时也应对教师的专业在线培训加以强化，以教学需要为依据购买教学资源，以供教师学习，让教师具备更加过硬的教学能力、先进且丰富的教学思想。

（2）结合时代发展、学生需求，鼓励教师走进合作企业参与企业经营，熟悉实际业务，提高教师实践经历，培养教师的教育教学能力；同时学校可以通过与企业合作，聘请企业中优秀会计人员或者财务经理到学校举办讲座，与学生面对面交流，让学生更好地感受会计工作的特点，为学生将理论知识与实际结合提供帮助。

（3）在会计学专业课堂教学过程中，教师可以将新的教学方式加入其中，如任务教学法、情景模拟教学法、案例教学法等，引导学生根据相关数据来有效分析或提取数据，解决会计学问题。另外，高校应该积极建设与会计学内容相关的数据库，加强校园网络建设，让学生在会计学知识的学习中体验大数据下学习内容的变化，切实提高应对大数据背景的应用能力。

四、结论与建议

在大数据时代的背景下，信息技术被广泛应用于各个领域，尤其是在教育领域，随着教育教学的改革，高校加强了对学生信息化能力的重视，特别是针对会计学专业的学生。将会计专业与互联网技术融合在一起开展教育教学培养工作，不仅可提高高校会计学专业学生自身能力，还能够满足当前社会对会计专业人才的需求，因此，高校应该充分考虑时代背景以及企业需求，积极创新和改革会计学专业人才培养模式，明确会计专业人才培养方向，不断完善课程设置体系，鼓励校企合作，为学生提供实践平台，加强高校教育工作者专业水平，从而培养出时代所需的复合型应用人才，为学生的职业发展提供有效的保障。

参考文献

[1] 钱方明，刘子莹. 大数据经济背景下应用型本科院校会计学专业培养模式研究 [J]. 长春师范大学学报，2022，41 (3)：137-139.

[2] 李冠瑛. 大数据财务智能化环境下高职院校会计专业人才培养模式探讨 [J]. 中国总会计师，2022 (2)：140-142.

[3] 柯耀明. 人工智能背景下高职会计学专业人才培养模式的创新探索 [J]. 会计师，2020 (3)：67-68.

[4] 何俊翔. "互联网+" 背景下会计专业人才培养模式研究 [J]. 商讯，2020 (3)：61.

[5] 涂思思. 大数据时代下会计学专业人才培养模式的创新性探究 [J]. 商讯，2019 (35)：193.

[6] 侯磊. "互联网+" 背景下会计学专业本科人才培养模式研究 [J]. 当代会计，2018 (9)：79-80.

[7] 张鸣函. 大数据时代会计学专业与创新创业教育改革探索 [J]. 科技经济市场，2022 (5)：124-126.

[8] 王染，邓琪琪. 大数据背景下会计学专业教学模式改革研究 [J]. 商业会计，2022 (4)：121-123.

会计学本科人才培养创新协同模式探究

乔璐

（西华大学管理学院　四川成都　610039）

摘要：高等教育改革必须适应新时代人才培养的需要，人才培养质量的关键是人才培养模式的创新与协同。目前，会计本科人才培养模式存在诸多问题，主要表现为人才培养目标不同、人才培养模式僵化、课程设置不够完善、教学方式陈旧及实践教学环节古板等，亟待改革和完善。信息化时代已经到来，传统的会计学本科人才培养模式已不能满足当前会计工作的需求，本文通过从人才培养目标和相关措施两方面分析研究会计学本科人才培养中存在的问题，最终提出会计学本科人才培养基于创新协同模式构建的思路，提出会计学本科人才培养新理念，进而为提高会计学本科人才培养质量做出借鉴和参考。

关键词：人才培养模式；创新协同；教学理念

【基金项目】本文是四川省高等教育人才培养质量和教学改革项目JG2021-381和G2021-913的阶段性成果，得到西华大学会计学国家级一流本科专业建设项目资助。

随着经济的发展，会计也在不断地发展。据统计，目前我国从事会计工作的人员已经超过1 660万人，但其中只有12万人具有高级专业技术资格。并且，在高校中进行会计学习的本科生走出校园后所从事的工作有超过三分之一并不和会计相关。由此可见，在本科期间加快培养高素质的会计人才具有十分重要的意义。同时，信息时代的到来也会在一定程度上推动高校会计本科人才培养模式的创新与改革。所以，解决目前本科高校会计学人才培养存在的人才培养模式僵化、与信息时代化管理脱节、学生缺乏实践能力和解决问题能力、教师缺乏专业知识和网络会计理念导致教学模式之间缺乏互动等问题，需要通过协同创新培养模式进行改善，加以探讨和解决，以形成双向深入合作、同步提高培养质量、专业特色日益突出、竞争实力日益增强、变化迅速的发展趋势。

一、我国会计学本科人才培养模式现状

（一）人才培养目标不同

我国的大学形式较多，不同的大学有不同的培养目标，针对会计这一方向也有着不同的要求。财经类院校的人才培养目标是培养适应社会经济发展和现代化的高素质人才，即掌握经济管理的基本知识，具有较强的操作能力和较高的操作素质，具有科学组织会计工作的管理能力，具有熟练的会计和审计实操能力的人才。对于综合型院校而言，着重培养高素质、专业强的综合型人才是其目标。而普通高校人才培养的目标是具备基本的专业素质，掌握会计程序，灵活运用会计软件，以满足不同层次专业人才的需求。可以看出，不同类型的院校对会计专业学生的培养目标是不尽相同的。

（二）课程设置不合理

首先，目前我国会计学专业课程设置主要包括会计专业基础课、会计专业必修课、会计专业选修课、其他必修课和规定的限选课程等。很多高校从大一就开始了“会计学原理”等基础课程，从大二开始到大四上学期开设专业课的限选课程和选修课程，侧重于会计专业知识的介绍，人才培养过于程式化，缺乏开展从事会计工作所必备的知识和综合技能。近年来，部分高校虽然通过拓宽专业面、实施学分制、开设选修课、主辅修制等措施加以改进，但效果并不明显，会计人才知识面窄的问题没有根本性改变。其次，专业课程设置太多，没有突出主干课程。许多高校为了培养学生的全面发展能力，开设超过20门的专业课程。有的院校为了增强学生的实际应用能力，大量的实验课程占据着课时与学分，导致主干课程无法被深入细致地讲解，学生无法学习透彻，而且主干课程的设置不够完善。在国家标准中规定，管理会计与会计职业道德是会计类专业必不可少的主干课程。而有的院校并未按照国家标准设置主干课程，有的甚至不在其培养计划中，忽略了会计职业道德教育的重要性。

（三）教学方式陈旧

近年来教学改革在各个高校有条不紊地进行着，但是对照国家标准仍

然达不到要求。首先，在教学的过程中以教师为主导地位，教学方式被条条框框约束，过分规则化，从而忽略了调动学生的学习积极性与主动性。其次，教学中采用的方法过于单一，授课模式传统，没有进行创新改革，主要采用传统讲述法，虽然案例教学法也得到了一定的运用，但仍没有达到预期的效果。最后，课程考核模式需要深化。许多院校只注重教学，弱化了课程考核。在强化课程考核的过程中，由于缺乏科学合理的评判标准，成绩评定的主观性强，考核题目种类固化，不利于全面评价学生的学习效果。同时，我国会计人才培养所用教材大多数是教育部规划教材和名校所编著的系列教材或者是由任课教师所编著的教材，但由于会计专业本身学科性质，教材要随经济形势的变化及时进行修改和更新。

（四）课堂内容缺乏创新

从整体上来看，目前我国高校还无法形成开放、共享、综合的会计实践体系，大部分高校的实践还停留在仅仅只要求掌握财务知识的表层，各学科之间的融合项目还未涉及，而与此紧密相关的税收、管理、金融、财务更缺乏深入渗透。在这种教学模式下，十分不利于学生会计综合能力的培养，在以下两个方面对教学效果的影响尤为显著。首先，在大学的相关院系教学课程管理中，若缺乏有效的交流与沟通，无论是课程的内容还是课程的先后顺序都会导致衔接与利用不得当。其次，我国的高校内部资源都是采取分割管理，难以有效综合协调。会计学专业在实际的教学过程中很难完全脱离其他学科而独立存在。单个学科进行教学是难以适应复杂的经济环境和社会要求的。会计学课程有一个一直困扰着学生和老师的问题就是入门难。因为学生对会计学的认识不全面，以至于学习上存在许多困惑，无法调动学习的积极性，导致其对会计学的课程意见较多。然而许多高校由于课时、师资以及自身培养方案的限制，无法合理安排会计学的课程。前后课程次序颠倒，前面课程对后续课程无法起到铺垫作用，教学效果受到了严重的影响。

二、构建创新协同型会计学本科人才培养模式

进入网络信息时代后，会计职能发生了根本性的变化，从传统的会计监督和简单的会计要素录入，到现代会计理论和实际应用相结合。会计人员更多地从财务会计向管理会计转型，会做账已经不再是会计人员的职业追求，能够对公司进行合理的整体的分析规划显得更加重要。同时，网络

信息时代的到来使得各种智能技术和技术终端在会计实务中得到了广泛的应用，利用智能技术的优势，能够有效地解决传统会计实践中的复杂问题，提高了会计实践的效率。因此，在对会计本科高校人才的培养中，在重视培养学生掌握最新会计理论和准则的前提下，注重协同创新型教育模式，提高学生的实践操作能力，对于会计学本科高校学生的课堂教学，应不再拘泥于简单的知识的传授，而应通过协同的方式创造出“1+1>2”的效果。此外，利用现有的教学资源，培养会计专业学生的创新意识和创新能力，突出课堂教学的智能化特点，使学生能够适应当前会计职业的发展和变化。

（一）创新教学方法

创新教学方法是改变当前现状的第一步。一方面，应当做到教学资源的创新。根据新课程标准的要求，教学内容应尽量与生活情境相结合，既能提高学生的理解力，又具有一定的实践性，使学生能够用所学的知识解决生活问题。同时，多媒体技术的发展使课堂内容更加具体，教师可以利用图片、视频、动画等教学资源来提高学生的兴趣和理解力。另一方面，还应当做到教学思维的创新，探索会计学专业课程群的建设，必须建立以老师为主导地位，以培养学生成才为根本的教学宗旨，打破固有的方式，不断创新教学方法，锻炼学生的独立思考能力，启发学生的思维。首先，在课堂上要把握核心问题，做到精讲教学，了解学生的知识掌握情况，抓住关键环节分析，总结知识的架构分布与教学的深度，不断提升课堂的效率，使学生能够更好理解教学的内容，真正把知识学进去，为学生的自学能力奠定基础。其次，采用各种各样的教学方式充分调动学生学习的积极性，如案例法、问题法、情境代入法、提问法等。最后，应该把会计理论与实战教学更好地相结合，加强学生学以致用的能力，加强教师之间的相互沟通，避免教学内容的重复与遗漏，明确分工，加强联系，在各自的教学岗位做好课程的基本工作。

（二）构建创新实践教学平台

首先，建立校园网实践平台，对教学资源进行收集和整合。高校应建立基于现代仿真技术的会计信息仿真平台，在教学时间向学生开放课程，让学生利用业余时间进行操作训练。为了鼓励学生实现理论学习与实践应用的有效结合与整合，教师应分配相关任务，加强对学生基础知识的理解和掌握，客观把握知识掌握状况，进行有针对性的实践训练。其次，模拟企业竞争模型，组织学生进行沙盘模拟。教师可以通过组织学生模拟当前的市场竞争环境，间接丰富学生参与创业活动的实践经验。例如，他们可以组织团队制订业务运营计划和资本决策计划，以指导他们识别问题、分析问题和解决问题，将专业知识内化为实际技能，并最终提高他们的协作、沟通和专业技能。再次，从人才培养目标出发，加大实验室建设投资，聘请专业导师，鼓励学生参与先进研究项目，锻炼实践能力。最后，会计创新实践教学体系的构建必然涉及硬件设施。硬件设置相对于教学资源而言更加简单，但必须在满足客观需要的基础上突出其特点，做好配套设施的更新与完善。

（三）促进师生协同作用

以多方合约的形式，构建以学为主、政产研用多主体参与的会计人才培养协同创新联盟，用契约化的制度手段打破制约内外教学资源互联互通、共建共享的体制性壁垒。学生和教师在日常学习交往过程中会受到一些客观条件的制约，特别是体现在课堂交往机械化、低效化，课余交往不规范化，师生交往深入化等方面。促进师生间的互动，让教师多了解学生是开展个性化教学的逻辑前提和基础，有利于实施创新的个人人才培养计划。学术交流和非学术交流都应促进对学生个性的培养，首先是要建立促进师生互动的机制，其次是要调整教学管理和教师评价机制。将课堂交流与课外交流、学术交流与非学术交流相结合，促进师生全面互动，使教师充分理解学生，为实施个性化文化奠定认知基础。对于会计学专业才人培养而言，本来就需要较多的实践技能，通过教师与学生之间的协同作用不仅能够使教师更了解学生，而且能够使得学生将理论知识更好地运用于实践，提升自身的综合实力。

（四）提高学生实践能力

为了提高会计专业本科生的实践能力，有必要在合理安排会计专业理论课的基础上，突出会计专业的实践性特点，进一步提高会计专业实践教学课时比例，重组会计专业实践教学体系。会计本科实践教学体系一般由认知实践、课堂实验、课程实验、综合实验、社会实践和毕业实习组成。根据能力培养的不同要求，实践教学模式由校内模拟实习与校外创业实习两个部分组成。在学生实习板块分别设置校内专业导师和校外专业导师，分别对学生实习问题进行专业的引导和指导，也可以聘请企业中富有经验的财会人员到学校进行宣讲，更快捷地增强会计本科学生的实践能力。同时，在“课程实训”中，将实训教学融入课堂教学中，形成层层递进的教学模式，如在基础会计课程中纳入会计凭证、会计账簿、会计报表的会计程序和会计方法的实训；在中级财务会计课程中纳入出纳岗位实训、存货实训等；在成本会计课程中纳入成本核算实训；在财务管理课程中纳入全面预算课程实训；在管理课程中纳入平衡积分卡、战略地图等课程实训。

参考文献

[1] 刘书兰，甘璐. 会计人才需求及职业能力评价社会调查［J］. 财会通讯，2008（7）：16-17.

[2] 乔颖，李运方. 创新创业实践教学体系的改革与创新［J］. 中外企业家，2020，0（2）：175-175.

[3] 周书灵，陈苏，李仲轶. 会计学专业创新人才培养方案和课程体系的构建：基于新建地方应用型本科院校［J］. 宿州学院学报，2011，26（11）：112-114.

[4] 王小红，徐焕章，陈钰洁. 大数据时代对传统会计本科人才培养模式影响的研究［J］. 教育教学论坛，2019（7）：183-186.

[5] 白露珍，邱玉莲. 应用型人才培养模式下管理会计教学改革探讨［J］. 商业会计，2019（2）：120-122.

[6] 方丽. 协同创新视域下的高校人才培养模式的重构与选择［J］. 江苏高教，2014（2）：107-109.

[7] 姬申晓. 新时期高校创新创业教育课程资源开发研究［J］. 河北农业大学学报：农林教育版，2018（6）：60-63.

基于供给结构对高校会计人才培养目标分层的探讨

邵寒

（西华大学管理学院　四川成都　610039）

摘要： 随着社会经济的发展，社会对会计人才能力和素质的需求也在不断变化。近年来，虽然各高校不断调整优化会计人才培养方案，但仍存在强调核算技术、缺乏对通用能力及综合素质培养等问题，未能有效解决传统会计教育弊端，总体上存在会计人才供给与需求的结构性失衡、中低端会计人才过剩而高级创新型人才的有效供给显著不足的现象。本文基于会计职业需求与人才培养目标的“供需错配”现实，提出我国会计人才培养目标应依据学历结构分层次递进构建，以期为有效解决我国高校会计人才供需错配的矛盾，不断为会计职业界输送优秀人才做出贡献。

关键词： 高校会计人才；培养目标分层；供给结构

【基金项目】 本文是四川省高等教育人才培养质量和教学改革项目JG2021-381和G2021-913的阶段性成果，得到西华大学会计学国家级一流本科专业建设项目资助。

随着社会经济的不断进步，社会对会计人才的需求也不断变化。会计执业重心由传统的以核算为主的财务会计向以战略管理与流程优化为主的管理会计转移，这使得高校对会计人才的培养目标须重新做出定位。近年来，各高校不断调整优化会计人才培养方案，但仍存在强调核算技术、缺乏对通用能力及综合素质培养等问题，未能有效解决传统会计教育弊端，总体上存在会计人才供给与需求的结构性失衡，表现为中低端会计人才过剩，而高级创新型人才的有效供给显著不足。因此，高校会计人才培养应以社会需求为导向，以提升综合能力与基本素养为基础，以培育智力型高级创新型人才为重点，加强对独立思考能力与批判性思维的培养，并结合我国会计教育的学历层次形成递进的会计人才培养目标体系，以此培养出适应社会需要的新时代会计人才。

一、新形势下需求侧对会计人才的要求

互联网时代，人与信息之间的深度融合引发了生产生活方式的一系列变迁。会计作为特定社会环境下的产物，必然会受到信息时代的影响并发生相应改变。一方面，随着大数据、人工智能的进一步发展，财务信息的结构组织与表现形式更具多元化，会计职能逐渐由历史核算报告信息向实时处理、管理决策转化，这要求会计人员必须具备一定的信息技术能力以进行数据的收集、整理、分析与预测，以准确识别企业发展趋势并提炼行之有效的管理意见。另一方面，商业模式的更迭使得企业业务更加复杂，财务管理活动从静态事后分析拓展到动态的事前预测、事中控制、事后分析的全过程，这对财务人员的知识储备与职业判断能力提出了更高要求。同时，需求侧还要求会计人员具备强大的个人软实力，如团队合作能力、沟通表达能力、组织协调能力等，就分析结论与外界形成有效交流。具体来说，需求侧对会计人才的能力要求主要集中在以下几方面。

（一）熟悉政策法规、精通会计核算的专业人才

会计专业知识是高素质会计人才的培养根基。专业知识不仅包括对政策法规与会计核算方法的熟练掌握，而且强调准确的职业判断能力。经济事项的不确定性导致政策法规的非完全覆盖特征，这要求会计人员需要依靠自身职业判断去灵活处理实际业务。

（二）兼备业财融合能力与数据分析能力的管理人才

财务共享及业财融合使得会计职能从简单的核算监督向管理分析转化，这需要会计人员能够熟练掌握数据分析技能，并结合内部管理（如财务预算、成本控制等）实现对业务和财务的战略把控，实现工作职能的过渡。

（三）兼备个人软实力与开阔视野的创新人才

信息时代对会计人员利用跨学科知识为企业提供决策判断提出了更高要求，视野开阔的创新型人才能够利用互联互通的网状思维将财务与跨学科知识进行创新整合，从而做出更加准确的职业预判。同时，优秀的个人软实力不仅为企业内部财务工作的协调开展奠定了基础，更为企业与银行

税务、工商等外部部门的联系提供了保障。

（四）洞察市场需求，紧跟行业动态的战略人才

紧跟市场与行业发展方向的战略人才是基于技能学习、经验积累逻辑思维的综合作用结果，对行业发展动态具有敏锐的判断力，能以批判性思维去探索对事物的自我认知，并从战略层面为企业长远发展提供决策支持，是企业高层次管理人员的重要组成部分。

二、供给侧会计人才培养目标的现状

目前我国高校对会计人才的培养目标大多定位于应用型、复合型人才，即面向大企业、上市公司同时兼顾会计教学与科研的高级人才。然而看似全面的培养目标背后却隐藏着会计教育目标不明确、各层次之间界限不清楚、会计课程的设置偏离市场需求等问题，具体体现在以下几个方面。

（一）缺乏对综合业务能力的培养

众多高校把对会计专业能力的培养作为主要目标，可是这一目标却有着极其明显的局限。其一，会计作为一个职业所能从事的工作，行业范围极广，导致学生毕业后所要面对的工作环境必然是多元化、开放性的；其二，对“边缘人才”的渴求及其细化也随着社会经济活动的融合和交叉日趋成形；其三，仅具备会计专业知识和基本操作技能早已无法满足社会对会计人才的渴求。在经济发展的不断推进下，社会各界对会计从业人员的业务能力和其自身素质已有了更高更新的要求。《中国教育改革和发展纲要》指出，高等学校本科教育教学应将素质教育渗透到专业教育之中，普遍提高大学生的人文素质、科学素质、思想道德素质、创新精神。衡量个体社会贡献的大小，往往取决于个体的综合素质。而个体的素质高低最主要的是取决于学校综合素质的教育与培养。从整体上看，我国的会计教育仍执着于学生专业技能素质的教育，却恰恰漠视了对其职业道德和人格素养的培养，尤其是其人才的综合素质培养和对各种实践能力的培养。此外，现代市场经济需要的会计人才，就是用人单位需要的人才，就是能就业、就业质量高的人才。但高校培养目标缺少实践要求，因此教育上也轻视或忽视实践操作，导致人才培养与社会需求不匹配。

我国会计教育始终偏重于会计专业技能的传授，且重点以经济业务的数字核算为主，缺乏对相关商业背景与企业经营知识的教育，使得会计毕

业生缺乏深入分析经营信息并形成书面报告的能力，难以为企业提供有用的经营决策信息。并且，过分强调技术规则的会计专业课程不仅会造成学生综合分析能力的局限性，还会导致对职业判断和决策后果的忽视，难以培养学生的批判性思维与独立思考能力。

（二）缺乏对会计教育目标的明确定位

现如今，我国对会计人才的培养方向主要分为应用型与研究型两大类，会计教育的学历层次分为高职高专、本科、硕士及博士研究生，需要针对不同的学历层次确定不同的人才培养类型目标。而高职高专层次与本科层次却混淆了应用型人才教育的概念，均过分强调会计技术的机械化应用，忽视了本科层次的应用型会计人才还需具备专业知识的综合运用能力与后果决策能力等，毕业后的工作定位与职业发展与高职高专毕业生不存在明显区别，存在人才浪费的社会现象。例如，基础财会人才岗位与高级财会人才岗位都需要基本的会计技术应用，但专业知识要求存在一定的差异。基础财会人才岗位要求的专业知识是基础的，与实际任职工作有紧密的联系，而高级财会人员则要求具有更全面更深度的知识，其要求不再仅仅局限于财会的基础知识，还需要掌握金融、法律和计算机等相关的知识，具有风险管理和税务筹划能力。

（三）缺乏对应用型创新人才的培养

应用型人才培养目标强调理论与实践的结合，但这并不代表对学生动手能力的过分强调。实际上，动手仅是动脑的外在表现形式。随着大数据、人工智能和区块链等数字技术的迅速发展，数字化转型成为趋势。在数字化转型的大背景下，企业的商业模式发生了巨大的变化。这些数字技术的迅速发展，使会计的相关领域产生了深刻的变化。数字技术提升了会计数据的价值，帮助企业快速有效地搜集到非财务信息，实时获取活跃的市场数据，使会计人员实现“云会计”的工作方式，但与此同时，挑战与威胁也接踵而至。这就不仅要求会计人员在掌握专业知识的同时，也需要具备数据分析和管理决策等方面的技能。而大多高校将应用能力简单理解为机械性的操作模拟，智能技术的更新迭代更要求新时代会计人才带着思考操作，适应技术需求，更新操作能力。学生在重复性动手操作的过程中难以树立创新思维，无法满足现代会计工作对智力型与创造型的人才要求。

（四）缺乏对通识教育理念的落实

人文与科学等通识课程是培养一个人以批判性思维认识世界的前提，

而目前我国会计教育的核心课程基本都是技术性较强的会计专业课，对通识课程的重视不足。并且，高校对通识课程的教学在很大程度上是应试教育的延伸，授课方式与考核方式以“填鸭式”、满足标准参考答案为主，未能准确把握通识教育在培养会计人才基本能力方面的作用。

三、会计人才培养目标的分层设计思路

通过上述分析发现，社会对会计人才的需求与高校培养目标出现供需错配矛盾，高等会计教育应做出相应调整以适应需求侧变化。对会计教育人才培养目标的认识是确定会计教育其他环节的起点。只有确定了会计人才的培养目标才能对会计教育改革的其他问题进行相应的改革。人才培养目标的确定对于会计教育改革起着基础性的导向作用。会计人才培养体系的变革需从培养目标着手，从供给侧主动变革。当前，我国高等会计教育学历层级主要分为高职高专、本科教育、硕士研究生与博士研究生，同级高校又分为研究型与教学型两种类别。因此，不同层级、不同类别的高校会计人才培养目标应有所区分，即结合会计教育的学历层次形成递进的会计人才培养目标体系。具体如下：

（一）高职高专会计——核算型应用人才

高职高专处于我国会计教育学历体系的第一个层级，应根据其教育对象的素质特征将培养目标定位于具备扎实专业知识与较强实操能力的实用性会计人才，培养方案的设定应突出对政策法规的熟练掌握与灵活应用，强调会计专业知识的学习、实际操作能力的训练，并培养会计职业道德与进取精神等从业品质。

（二）本科会计——创新型应用人才

本科教育是我国会计教育学历体系中会计人才供给量最大的层级，应将培养目标定位于集专业知识、智力技能、认知能力三位一体的创新型应用人才。其中，专业知识不仅需要强调会计专业知识体系的完整性，还要强调跨学科知识的综合性，更需要注重通识教育在培养会计人才基本能力方面的作用。本科层次专业知识的培养目标在于在熟练掌握会计核心技能的基础上，具备知识的广博性与扩展性，利用学科交叉的网状思维为企业做出更加准确的决策判断，并着重培养对社会、环境的独立思考能力。智力技能主要指批判性分析能力、归纳综合能力、评价能力与运用能力，锻炼学生的团队合作能力与信息管理能力。认知能力是探索未知事物时具备

的批判性思维习惯，主要通过鼓励学生挑战标准答案的教学方式养成。通过三位一体的人才培养目标，本科层次的毕业生应具备一定的创新能力，较强的决策能力以及组织、协调企业的管理能力。另外，考虑到本科院校在招生规模、师资力量、生源质量以及研究教学类别等方面的差异，人才培养目标的具体定位应进行进一步的细分。比如，教育部直属重点大学及重点财经类院校应充分利用其雄厚的师资力量、高质量生源等优势重点培养具有开阔视野的创新型人才，研究类院校可以利用其学术氛围优势向硕士研究生层次输送人才。

（三）硕士研究生——研究型理论人才、战略型应用人才

硕士研究生层次包括研究型与应用型两种类别，应根据学生的发展规划、个人潜质与导师队伍等因素分类培养。对于研究型会计人才，应以具备系统完备的综合知识以及较强的创新能力，着重培养其科研能力的理论性人才作为目标，鼓励其从事教育、科研工作，进一步推动我国会计领域的理论发展。对于应用型会计人才，应以战略型高级应用人才作为培养目标，智力与认知能力应当更加系统与完善，在具备系统完备的综合知识以及较强创新能力的基础上，着重培养其对行业发展动态和趋势的敏锐判断，强化其团队合作、沟通交流信息整合等能力的全方位提升。

（四）博士研究生——创新型科研人才

博士研究生未来主要的职业方向是科学研究与会计教育工作，要重点培养其创新能力与学术研究能力，以培养兼备较强学术研究能力与创新能力的理论创新人才为目标，为会计理论领域的发展与会计高等教育模式的创新奠定基础。

四、结论

在社会经济和科技发展的新形势下，需求侧对会计人才提出了更高的要求，除了要熟悉政策法规，精通会计核算，还需要兼备业财融合能力与数据分析能力、兼备个人软实力与开阔视野以及洞察市场需求、紧跟行业动态的战略。但是作为我国会计专业人才供给侧的高校，对于会计人才的培养目标还存在缺乏对综合业务能力、会计教育目标的明确定位、应用型创新、通识教育理念的落实的问题。鉴于会计人才的“供需不匹配”的现状，本文认为我国会计人才培养目标应当根据我国会计教育的学历层次形成递进的会计人才培养目标体系，按照“核算型应用人才—创新型应用人

才—研究型理论人才、战略型应用人才—创新型科研人才”的路径分层确定培养目标。专科教育以培养灵活应用会计政策的核算型会计人才为目标；本科教育要重点培养学生跨学科的网状思维，以培养视野开阔的创新型会计人才为目标；硕士研究生教育要在系统完善的会计综合能力框架下，以重点培养对行业发展趋势具有敏锐洞察力的研究型理论人才、战略型人才为主要目标；博士研究生教育以培养创新型科研人才为目的。会计人才培养目标体系的构建是一个随着经济社会发展而不断调整的动态过程，只有以市场需求为导向，才能有效解决供需错配矛盾，不断为会计职业界输送优秀人才。

参考文献

[1] 董汝萍. 会计专业人才培养目标的定位 [J]. 知识经济，2019 (28)：119-121.

[2] 王苹香，张芳丽. 工程类院校会计专业人才培养目标的思考 [J]. 山东农业工程学院学报，2018，35 (1)：25-28.

[3] 崔澜，李冬辉. 应用型本科院校会计专业人才培养目标存在的问题及完善对策 [J]. 中国乡镇企业会计，2015 (3)：225-227.

[4] 张首楠. 社会需求视角下的高职会计专业人才培养目标研究 [J]. 财会通讯，2012 (3)：44-46.

[5] 刘永泽，翟胜宝. 新形势下会计专业人才培养目标及对策研究 [J]. 会计之友 (中旬刊)，2009 (7)：80-83.

[6] 张卫平，沈艾林. 高职会计专业人才培养目标的定位 [J]. 会计之友 (上旬刊)，2009 (12)：78-79.

[7] 盛明泉，王烨. 会计学专业人才培养目标及培养机制：问题与对策：中国会计学会会计教育专业委员会 2010 年年会暨第三届会计学院院长 (系主任) 论坛会议综述 [J]. 会计研究，2010 (12)：93-95.

基于会计人才培养目标的会计实践教学探讨

陈祎

（西华大学管理学院　四川成都　610039）

摘要： 会计学多年来一直是高等院校的热门专业。但如何在数以百万计的会计专业学生中脱颖而出，是每一个教育工作者和学生都需要思考的问题。本文将从财政部颁布的会计人才培养目标等国家政策入手，探讨高校会计实践教育教学中存在的实践教学相关教材十分缺乏、实践教学内容过于简单、缺乏校外实践基础、手工与电算化会计实验的分离以及师资力量不足等问题。希望通过分析研究，解决实践教育教学中存在的这些问题，以实现自强不息、教书育人的愿景，为国家和社会培养出新时代所需的创新型、复合型会计人才。

关键词： 会计人才培养；会计教育；实践教学

【基金项目】 本文是四川省高等教育人才培养质量和教学改革项目JG2021-381和G2021-913的阶段性成果，得到西华大学会计学国家级一流本科专业建设项目资助。

随着经济的快速发展，会计在维护市场经济、促进经济发展中起着至关重要的作用，这个行业也一直在不断地发展和进步。截至2020年年底，开设本科及以上学历教育的高校及科研单位中从事会计教学科研工作的人员超过1.3万人；全国会计硕士专业学位研究生培养单位从24家发展到269家，已累计招生超过12万人，授予学位超过8万人。可见，会计专业的规模在不断扩大，而如何把会计专业做强，既是每个学院和教师要关注的问题，也是学校和教师的立足点。

"十四五"时期，会计人才工作面临着新的机遇和挑战。从机遇来看，我国已进入高质量发展阶段，推进国家治理建设，将提升会计行业发展能级和竞争力，推动其在社会持续健康发展中发挥更大作用。从挑战来看，新一轮技术革命催生了许多新产业、新业态，将对会计等方面产生重大而深远的影响。如何培养适应新时代所需的创新型、复合型会计人才成为急需解决的问题。

一、会计人才培养目标

根据财政部发布的《会计行业人才发展规划（2021—2025 年）》，随着会计人才发展机制改革取得突破性进展，深入分析当前和未来会计人才发展面临的新形势、新任务、新挑战。在本次发展规划中，财政部确定了到 2025 年我国会计人才发展的战略目标：会计人才结构不断优化，人才布局与经济社会发展更加协调；会计教育培养体系不断健全，人才培养效能显著提升；会计人才评价体系不断完善，人才评价作用有效发挥；会计人才使用机制不断创新，人才使用效能明显提升。

"十四五"时期会计人才工作主要涉及九项主要任务：加强会计诚信建设、构建会计人才能力框架、健全会计人才评价体系、完善继续教育管理体制机制、加强高端会计人才培训培养、推进会计学科专业体系建设、提升会计专业学位研究生教育质量、搭建会计人员管理服务平台、加大会计人才培养基地建设，明确提出要培养各领域高端会计人才。符合新时代高质量要求的实务能力强的会计人才的培养目标再次引起了广大高校的关注，各高校也逐渐改变了办学思路和办学理念，不少高校正在从研究型高校向实践型高校转型，而会计人才的培养目标也比理论知识的培养更注重实践环节。

二、会计实践教学的现状

（一）实践教学相关教材缺乏

从我国各大高校会计实践教材建设的情况看，目前，将理论与实际联系起来的，内容翔实、规范实用的会计实践教学系列教材十分缺乏，虽然近几年各高校实践教学比例逐年加大，但在教材建设上缺少投入。我校会计专业经过几年的实践教学探索，虽然取得了一些成绩，但在教材建设上也没有系列化，正式出版的实践教材很少。其原因主要是实践教学工作的有关配套政策还不完善，缺乏有效的激励机制，教师的关注点与精力大多都投入与评职称相关的科研项目上，致使实践教材建设由于缺少投入停滞不前。

此外，由于会计规范与准则的不断变化，相关实践教学的教材更新速度较为缓慢，导致原有的一些实践教材由于过于陈旧丧失了其实用性。同时，由于实验方案的一致性，实验已成为纯粹的机械模仿，数据采集、实验过程和解决方案基本相同，没有创新。这种实验方法过于落后，没有建立起规范而有力的实验操作标准，无法培养学生的独立分析能力、专业判断能力和创新能力。学生在实际会计工作中，不同会计角色所需要的基本素养无法在模拟实践中得到培养。

（二）实践教学内容过于简单

目前，高校会计专业的模拟实践教学主要设置为会计核算课程，主要涉及的课程包括财务会计和成本会计，以锻炼学生的记账、费用账户提交和计算能力。实践课程的内容多以制造企业在一定会计期间内的经济交易为基础。学生应完成从审核、填写原始资料，到填制会计凭证、记账和记账、编制财务报表的全套会计流程，但很少涉及财务管理、财务分析等课程的实践培训。

传统的培训内容比较简单，培训教材陈旧死板，只是针对会计程序的练习，无法反映学生分析和掌握会计信息的实际情况，不能锻炼学生运用所学财务知识对企业未来经济活动进行预测、计划和控制的能力，现有经济交易的处理不能灵活体现会计在企业管理中的作用。传统的模拟教学方式在教学方面无法体现“个性化教学”。所有的学生，不管他们的水平如何，都用同样的方法训练。学生自主探索和创新能力不能最大限度地发挥出来，无法达到理想的实践效果。

（三）缺乏校外实践基础

基础会计是一门操作性强、实践性强的学科，组织学生到企业进修是大多数高校采用的传统而有效的会计实务教学方法。“十四五”规划提到产教融合、校企合作，推进应用型人才培养。但是，校外实习组织存在较强的阻力，主要表现在以下三种情况。

由于企业财务信息的保密性，以及各企业经营岗位的局限性和不稳定性，高校与企业、会计师事务所之间没有固定的、长期的合作关系和联系机制，造成企业的损失。

实习是在学生临近毕业的时候安排的，使得会计理论教学与会计实践教学脱节，使学生无法及时解决不理解的问题，更让会计理论知识无法有效与实践结合。

由于各本科院校受培训经费的限制，往往会安排有限的实习时间。而企业培训大多仅限于派人到大学讲学和派学生参观企业。在实践环节，学生很难接触到企业的实体经济会计交易，更谈不上参与企业的会计工作，了解会计和财务管理的全过程。

因此，校外会计实习只是流于形式，达不到预期目的，阻碍了实践教学环节的有效实施，不能起到提高学生综合能力和综合素质的作用。

（四）手工与电算化会计实验的分离

在计算机技术普及的今天，如果只重视手工实验而忽视电算化实验教学，很难培养出具有综合素质的大学生。目前，大多数企业已经全部或部分实现了会计电算化，掌握会计相关知识、计算机知识和操作技能是会计人员的基本要求。由于种种原因，会计电算化实验教学是会计教学中的薄弱环节。电算化教学软件简单，投入不足，电算化教学转变为计算机编程教学，简单的学科设置和输入输出教学，电算化教学体系不完善，使学生无法深入了解实际的会计电算化。事实上，除了计算机化教学外，有些学校的计算机模拟实验只是简单的输入操作。因此，采用这种教学方式的高校完全无法提供社会需要的掌握计算机技术的人才。

（五）教师专业实践人才不足

会计是一门注重实践和应用的专业学科。教师的教学水平直接关系到学生对实践知识的掌握和理解。因此，加强相关教师实践能力的培养就显得尤为重要。

但目前，双师型师资不足。所谓“双师资”是指：一是“双职称”，即除取得教师系列职称外，还应取得另一职称；二是“双质”，即教师不仅要有理论教学质量，还要有实践教学质量。从事会计教学的教师不仅需具备国家一级会计职业资格证书和职称证书，丰富知识储备，完善自身理论体系，而且要具备实践能力和经验。但现在，大多数高校教师是经过多年理论学习、拥有高学历的人才，从另一所学校进入，使得他们本质上没有实践能力或者只是实践操作能力不足，导致实践教学被简化。

（六）实践教学考核模式单一

实践教学考核模式是保证培养学生实践能力、综合能力和创新能力的实践教学效果的重要方法之一，但其改革进程远远滞后于理论教学改革的进程。目前普遍存在的问题有：一是考核方法单一，缺乏考核的层次性和多样性，所有学生按部就班地做一样的实验，完成实验就算完成考核任务，不利于教学质量的提高；二是考核内容缺少综合性、研究性的实验考核内容，不利于学生综合能力和创新意识的培养；三是忽视学生个体对实验教学考核的需求，实践教学考核往往采取统一内容、统一要求的办法对学生进行考核，不利于学生个性的发展。

二、改进实践教学的措施

（一）创新的实践教学方法

会计人才培养目标的实质是培养出具有创新能力的高级专门人才，必须紧紧围绕创新人才的特点，加强学生的创新思维和创新能力。创新思维的产生除了个人的综合素质以外，主要来源于实践活动。首先便是提出问题，然后寻找并提出解决问题的思路和方案并加以实施。教学内容是列入教学计划的各门课程的主要内容，会计专业所设置的教学内容相互间的分工和配合，构成了整个会计专业的教学体系。因此教学体系是否合理，直接关系到所培养人才的质量。实践教学是实施创新教育、提高学生创新能力的重点，是培养学生实践能力和创新能力的关键环节。开设自主性实验是培养学生创新能力一个行之有效的途径。自主性实验是学生在掌握了一定的实验技能之后，让学生独立完成的实验，该实验只给出实验题目，其余由学生分成小组自主设计实验方案，最后在教师的指导下完成。它将学习的主动权交给了学生，让学生成为实验的主体。没有了详细的实验讲义，学生要利用所学知识并查阅资料，设计出几个方案，最终确定出最佳的实验方案，直到得出实验结果和结论，并写出实验报告。这种教学方法不仅可以培养学生的自学能力，而且小组合作还可以提高学生的表达和沟通能力，调动学生的积极性和主动性。另外，通过与每个学生的沟通与交流，教师可以发现每个学生不同的学习特点，从而开发每个学生的个性和创造力，因材施教。

（二）完善实践教学内容

设计以课程为载体，充分体现培养目标。会计实务教学内容要分步制定。安排实践操作练习，讲解基础理论课程，将理论内容与实践联系起来进行操作练习，打好实践基础，提高学生的基本技能。综合实践学习可以在基础实践的基础上进行，并采用企业会计多个时期内多个行业的业务内容培养学生的专业技能。学校还应引入微观综合会计实训等最新实践教学模式，丰富学生学习不同会计岗位知识的内容，加强学生在工商、税务、银行、信用等方面的知识。这种实践方法打破了传统模拟手工账户和计算机化以会计实践为主的局限，教学形式多样化，教学内容丰富，能全面提高学生的素质和能力。

（三）建立校内外会计实践教学基地

与不同类型、不同规模的企业合作，建立多个校外实践基地，完善各类实践教学环节。校外实践基地的建立，为学生提前接触社会、了解社会、融入社会奠定了科学基础，为学生提供了参与沉浸式实际工作的机会，有效提高了学生的专业素质和专业技能。学校要攻坚克难，创新教学模式与企业合作，如联合参与会计领域课题研究，为企业会计人员后续教育提供培训，帮助企业提高会计人员素质等，并逐步与企业建立互信互助的良性关系，让企业感受到校外实习基地的建立是校企双赢的结果。

在积极开展校外实践教学基地建设的同时，加强校内实践基地建设。建立校内会计实习基地比建设校外实习基地更具可行性，因为学校对学生的管理具有更大的自主权和便利性。因此，高校应将校内会计实践作为帮助检验学生知识、提高学生自觉操作能力和会计专业判断能力的有效途径。

（四）手工与计算机化实验的有机结合

手工会计实验是学生运用专业知识、认识和巩固理论知识的重要手段，是学生理论联系实际、开展实践操作的第一门基础实践课程。会计电算化实验是学生会计电算化水平的决定性因素。只有掌握了手工会计业务流程，学生才能熟练地使用账户编制和报表生成所产生的实验数据以及我们在电算化会计实验中的专业技能支持。同时，电算化会计实验是手工会计实验的智能化。两者相得益彰，在学生早期的实践中发挥着不可替代的作用。

手动和计算机化实验可以连续或并行进行。平行实验是指同时进行手工会计和电算化会计实验。在这种情况下，手工会计实验与会计电算化实验紧密结合，使学生在掌握会计手工实验的业务流程的同时，也熟悉了会计电算化的操作步骤和原理，同时，节省时间，提高效率，使学生适应会计人才市场的要求。当然，在实验的时候不能只用一种软件来教学。但计算机化软件种类繁多，将常用的软件分几次展示给学生看。

（五）提高师资队伍素质

会计专业是一个需求量大但失业率高的专业。用人单位在选拔时，总是希望人才至少具备两三年的工作经验和丰富的实践能力。为满足用人单位的要求，满足国家会计人才发展目标的要求，高校应立足长远发展眼光，高度重视会计专业学生的实践教学，完成教育教学使命。当然，除了学校和老师，最重要的是学生的主动性和积极性。俗话说“三聚天下”。学生是这种实践教学改革的实验者。

（六）设立层次化、模块化、菜单化的实践教学体系

根据会计专业实践教学目标，我们把实践教学内容分为三种不同的模块，明确各模块的培养目标并组织教学。

1. 基础训练模块

基础训练模块主要是操作性实验，此类实验着重培养学生对应用软件及专业基本知识的理解和掌握，培养学生严肃认真的态度并为后续课程的学习提供基础知识。

2. 专业训练模块

该模块所涉及的实践内容主要是分析设计性实验，此类实验着重训练学生运用所学知识和获得基本的实验技能，在教师指导下对专业知识的全面理解和掌握，培养学生综合运用知识的能力。

3. 综合训练模块

该模块所涉及的实践内容主要是综合性实验，此类实验着重使学生把理论知识和实际运用结合起来，接近实际工作，并深化学生在前两个模块中掌握的实验方法和操作技能，培养学生的综合分析能力和创新能力，让学生体会自身知识、能力如何在实际工作中得到应用和发挥，进行学以致用的过渡。通过三个模块的分层教学，形成会计实践训练体系。当然为了使这一实践教学体系达到好的教学效果，还应做一些辅助工作。比如积极开展第三课堂活动，学生在活动中真正感受到了第三课堂的魅力，每个人在活动中把自己的全部知识积极调动起来，大家互相协作，积极讨论。当他们克服了原以为无法克服的困难的时候，就会有前所未有的成就感；同时也对自己的能力有了重新的认知和定位，从而适时调整自己，适应社会。再如高校可以设立专项基金，实施大学生研究训练计划，鼓励学生及早参加研究课题，这对于因材施教地培养学生的创新能力和科研能力，能

起到很好的效果。这些活动既开阔了学生视野，调动了学生学习的积极性、主动性和创造性，同时也能产生知识传递过程中的“1+ N”效果。

参考文献

[1] 刘青. 提高会计实践教学效果的改革研究 [J]. 会计之友，2007 (8)：70-71.

[2] 唐大鹏，王伯伦，刘翌晨. “数智”时代会计教育重构：供需矛盾与要素创新 [J]. 会计研究，2020 (12)：180-182.

[3] 李闻一. 会计电算化专业实践教学体系的研究 [J]. 会计之友，2008 (4)：74-75.

[4] 郑震，罗述权. 会计电算化教学改革之思考 [J]. 事业财会，2006 (6)：24-26.

[5] 周守亮，唐大鹏. 智能化时代会计教育的转型与发展 [J]. 会计研究，2019 (12)：3.

应用型本科高校会计学专业课程体系改革探索

——基于利益相关者视角的分析

位亚兰

（西华大学管理学院　四川成都　610039）

摘要：“大智移云物区”等信息技术在知识经济时代发展迅猛，社会对应用型人才的需求不断增加。为了更好地满足教育工作的需求，跟上技术的变迁，应用型本科院校会计学专业教学应立足社会需求和市场发展，以培养应用型人才为宗旨。本文借助利益相关者理论，探讨当前环境下的会计专业课程体系，提出应用能力是学生的核心能力，应不断充实完善和创新课程体系模式，强化学生应用实践能力，并提出课程体系改革策略。

关键词：教学改革；会计课程；利益相关者

【基金项目】本文是四川省高等教育人才培养质量和教学改革项目JG2021-381和G2021-913的阶段性成果，得到西华大学会计学国家级一流本科专业建设项目资助。

随着高校教育改革的持续进行，应用型本科院校应与理论研究型高校有所不同，其会计专业应重点培养会计职业应用技能，使其能够独立承担专业管理工作。在以往的教学中，我国应用型高校在培养财会人才时，通常都是单方面无区别供给，按照会计专业的分类进行总体上的、笼统的课程教学，这种教学模式并没有突出应用型的特点，从而出现了会计专业学生理论水平不高、实践能力差、应用缺乏市场竞争力的尴尬局面。

利益相关者理论的发展为我国应用型会计教育研究带来了新的思路，具体而言：在会计专业教学中，培养的学生有诸多的利益相关者，其主要的利益相关者是用人单位，用人单位与培养会计专业人才的学校的生存和发展有密切的关系，用人单位是学校会计专业学生生存和发展的载体，学校会计专业的教学行为受用人单位的监督和约束；应用型本科会计专业教育需要考虑利益相关者的利益，会计专业的生存和发展依赖于其对各利益相关者要求的回应质量，即学生满足其需求的程度。一直以来，我国高等院校会计专业的教学工作普遍依照会计学科讲授相关理论知识，缺乏对会计专业利益相关者价值诉求的回应，以至于在教学模式的形成过程中，缺乏与会计行业的交流，会计专业毕业生脱离专业、行业实践的现象较为严重，迫切需要开展教学模式改革从而不断优化教学质量，适应利益相关者需求。

一、应用型本科会计学课程中存在的问题

财务会计课程体系中包括理论教学与实践教学两个部分，但在这两部分的课程中却存在一些问题。

（一）理论课程的设置不够全面

1. 财务课程的设计难以满足现代化经济社会发展的需要

很多高校把重点放在教授其他科目上，殊不知在高校课程体系中缺少大量的各种会计相关的课程。如人力资源会计、网络会计、养老金会计等专业型新型行业和技术领域的相关课程，导致和社会经济发展脱节，无法给社会提供高端新型技术性人才。如果涉及国际贸易发展，一定要熟悉相关的国际会计准则、及时掌握国外监管和信息披露的制度、熟练使用英文，才能在国际贸易发展中游刃有余。

2. 专业课与基础课比重失调

在美国等发达国家，高等院校基础课通常涉及社会、人文、自然、科技等领域，注重提高会计人员的综合素质。而我国目前所有高等院校的会计专业教育中，过分强调政治理论课和专业基础课，没有把重点放在提高知识结构的通用性上；专业基础课的内容也受到限制，缺乏必要的重视，如企业会计准则、会计前沿问题、税法、统计学或计量经济学等相关专业课程以及专业外语等。学生很难从经济学、管理学等角度审视和理解会计，从而难以将会计与相关知识结合起来应对新生事物。

3. 专业课内容重复较多

在各门专业课程建设中着重强调单科内容完整性，而忽视整体专业教

育课程内容的系统性，如基础会计与中级财务会计在会计理论体系、会计要素、会计目标等方面，管理会计与财务管理在决策方法、存货管理等方面，管理会计与成本会计在成本控制、成本管理等方面，财务管理与成本会计在产品成本计算与管理等方面，都有不同程度的重复，这样既增加了各科教师的负担，造成资源的浪费，又减少了学生有效学习和实践的时间。

4. 教材的内容与质量有待改进

近年来，大多高校能够关注社会经济环境的变化、新生事物的影响以及法规准则的变更等，及时修订会计教材，但是在教材的理论深度与广度及教材本身的逻辑体系等方面仍然存在不少问题，例如：很少有教材能够及时地反映国内外的最新研究成果；重制度解释，轻理论分析，过分依赖会计准则和制度，缺乏必要的理论深度，影响学生深入思考和综合运用能力的提高；缺乏配套的教案与教学课件资源，一些教材配套习题多是对教材中已有知识进行提问或教材中例题的简单重复，缺乏深度与广度，难以培养学生批判性思考、解决各种实际问题的能力。此外，对国外教材利用方面也存在一些问题，如部分翻译教材语句晦涩难懂，难以理解；照抄照搬，不能与我国会计实践活动进行很好的结合，缺乏现实可操作性；双语教学实践缺乏等。

（二）在实践课程设置方面的缺失

1. 忽视培训学生的实操能力

现实中专项或者业财融合的实训教材也很少，仿真内容的实训教材居多，真实企业内容的实训教材偏少。因为大多高校现行实训课程的安排是每个学期的期末考试前一周，但是一周时间太短了，根本不够用。学生不得不一边复习考试，一边准备参加实训学习，这在无形之中又缩短了学生实际的实训时间，因此，实践课程在设置上存在很大的问题。

2. 实训教学环节存在形式单一的问题

实训内容只是简单的重复建账、记账等。但是在社会经济的快速发展之下，仍旧无法匹配出相适应的会计教学实训教材。在会计实际操作过程中，大多数学校虽然把会计核算作为实训教学的重点，但也只是教一般程序中的内容。教学中忽略了企业决策管理、税收筹划、审计、会计等相关学科，无法培养学生解决实际问题的能力，也无法提高综合素质。

3. 校外实习工作困难，流于表面

因为会计学专业的就业岗位普遍有着自身的专业性与特殊性，在短时间的实习中无法使学生的业务很快上手。而且很多院校在为毕业生联系实习工作时与学生自身找工作的时间相冲突，所以学生只能为了应付学校的考核随便找个实习单位盖好公章就了事，让毕业实习工作形同虚设。

（三）教学模式方面不够合理

1. 专业应用型教学目标定位偏离

与应用型会计人才培养相背离的应用型教学目标定位，必须确定应用型教学制度，明确具体的教学要求和目标；但我国应用型本科会计专业仍然与研究型会计专业的教学目标定位相似甚至混淆，个别应用型高等院校在教学方案的制订上，并没有突出应用型的基本特点，也等于是培养理论研究工作者；因此，在应用型会计专业学生实际开展教学时，通常比较注重专业知识、理论分析能力等方面的培养，导致这些人员的实际工作能力受到限制。在这种教学模式当中，很多应用型本科会计专业学生毕业以后才发现，其掌握的知识内容与工作实践之间存在较大的出入，进而导致很多问题的出现。

2. 教学课程设置未体现应用型本科特色

对于应用型会计专业的学生来说，他们在学校所接受的教育主要是课程培养方案的相关内容，通过这些课程学习应用型会计相关的学科知识；为了保证应用型会计专业学生的教学质量，应当构建起一套相对合理的课程体系。通过分析我国应用型本科会计专业的教学课程体系可以看出，其课程主要包括以下几种：公共通识课、专业基础课、专业核心课等，同时，在不同类型的学校中，其实际授课内容和方式存在非常大的差异，而在非财经类院校中更注重基础课程的教学，财经类院校更注重其专业课程的教学。但应用型会计的教学方案设置与理论研究型会计并无显著差异，部分应用型本科高校在设计课程时尽可能借鉴其他高校的课程设置，其借鉴的较为成熟的培养方案通常为会计专业理论研究型培养方案，因此应用型会计本科培养方案与研究型几乎一致。同时从学生的反馈情况来看，分为两种情况：一是认为学校过分关注基础课或者专业课程的教学，但是却没有给学生太多的时间用于投入社会实践；二是虽然安排社会实践，但却没有专业实践老师认真指导，这些过于偏重理论教学的方式，往往会导致学生进入社会后一片茫然，也给用人单位带来了困扰。在目前的情况下，企业对会计的重视程度也在不断加深，企业所需要的人才通常需要同时具备扎实的应用型会计专业理论基础和实际应用知识的灵活性。学生只有掌握了扎实的专业基础和应用技能，才能更好地适应市场。

3. 教学中应用能力培养与用人单位等利益相关者要求脱节

从现在的情况看，学校所培养的会计人员与社会应用脱节已经成为非常严重的社会问题。但是企业、学校在对待专业技能这一问题的时候，存在一定的分歧。从企业实习这一方面来看，部分学校的企业实习内容大致为带领学生到企业进行参观和邀请财务相关负责人举办讲座，这些都无法切实培养学生对理论知识的应用能力。由于财务相关的实习存在小企业账目简单、大企业内容涉密且岗位稀少的特点，使得学校无法找到合适的企业进行有效实习，学校开设的相关实习课程也形同虚设，导致了部分高校毕业生在求职过程中缺乏对于复杂会计账务问题的实际处理能力，需要更长时间进行学习和适应相关岗位所需的知识，使学生在求职过程中处于劣势。通过对雇主和学校在会计业务、技术、计算机、沟通和人际交往五大技能领域的重要性预期的对比分析，我们知道学校和企业的关注点不同，重视程度也不同。虽然通用技术技能也成为培养应用型财会专业学生的重要内容，但企业和学校对通用技术的认识还没有形成统一的预期和认知。此外，传统考试制度的一大弊端是过分强调书面交流，因为通常教学成果都是以书面形式表达的，但它对会计行业而言似乎忽略了口头交流的重要性。企业的工作和高校的教育间没有相互渗透、相互重合，主要是学校和企业在会计领域存在认知偏差。企业对一些技能如书面交流、道德观念、团体合作、口头沟通以及团队合作等方面的要求较高，并期望会计专业的学生能够从整体上把握业务，认清未来会计工作的发展趋势，了解各种会计操作的方式，进而顺利地进行会计工作甚至创造性地进行会议工作，为企业创造收益。企业需要通过教学使学生具有极强的协调能力，拥有挑战自我的能力和认识，并保持持续学习的状态，适应社会和工作环境的变化。目前应用型本科会计专业教学模式期望达到上述效果还需要做出努力。

二、会计学专业课程体系改革的基本构想

优化会计学专业课程体系的设置，切实可行地从多角度、多方面落实课程体系改革，是应用型本科高校会计学一流专业建设的重要环节。

1. 全方位地培养财务会计人才

在人才培养方面，会计学专业人才应具备的知识不能仅仅局限于财

会、审计等方面的知识，作为未来的高级管理人才，还应具备综合知识以及人文、自然等方面的基础知识，如管理、经济、法律、财务等多个学科门类；同时，从培养的人才类型的就业目标来看，我们的培养应该是有定位的，在这个细分市场的时代，不同专业方向的学生适合不同类型的企业，所以细分就业目标有利于更好地设计不同专业方向学生的课程结构和时间安排，使我们的课程体系更加合理有效。

2. 利用新型教学模式对学生“因材施教”

应当在市场需求取向的定位下，将“强能力、高素质”作为核心培养目标，并增设或加大能力类训练课程和实践性强的课程的比重，同时改革相应的教学模式，充分利用多媒体技术和各种教学软件，努力提升和推广案例教学、讨论式教学、双语教学以及实验室教学等新型教学模式。根据当前及未来会计人才的市场需求，适当扩大专业基础课、选修课的开设范围，给学生更多灵活的选择空间，使学生在选修相关课程时，能根据自己的喜好、特长和未来的发展定位进行选择，更好地体现“因材施教”的教育原则。

3. 避免课程设置“重复建设”

调整课程设置和教学内容上的“重复建设”问题，这一问题在同一教育层次和不同教育层次上都存在，如“财务管理”“管理会计”“成本会计”课程在教学实践中存在重复教材内容或交叉遗漏的现象；研究生与本科生的某些课程设置和教学内容也存在一定程度上的“重复建设”现象。因此，无论是在教材编写，还是在教学大纲安排以及教育层次的整体规划中，都应尽量避免上述现象。

4. 根据行业发展需求开设新的课程

根据社会发展需求，应大胆开设新课程，添加新内容，由于当前社会经济的快速发展，在很多新兴行业领域范围内出现了很多新的会计方面的问题。一些原本以工业企业会计教学内容为主的课程已经无法再适应当前的经济发展。所以需要增加养老金会计、无形资产会计、国际会计、电子商务会计等专业课程，让学生拥有更多的机会去了解各个领域的理论和方法，改革大学课程结构中政治理论课和思想品德课所占学时偏大而收效甚微的现状。在适当收缩或合并该类课程规模的同时，改进其授课模式和考核方式，例如：应注重学生对基本理论的理解和应用，重点考察学生的实际收获与体会等，而不应拘泥于死记硬背式的形式上的考察。

参考文献

［1］金迪，张昱．应用型人才培养模式下中级财务会计课程教学改革实践研究［J］．商业会计，2020（16）：107-109.

［2］王蕾．应用型本科高校会计学专业实践教学改革探析［J］．今日财富，2020（11）：123-124.

［3］刘慧娟，吴德永．应用型本科高校会计学专业课程体系的构建［J］．阜阳职业技术学院报，2021，32（2）：96-98.

［4］吴文瑞，刘晓光．“双一流”视角下黑龙江省会计学专业本科课程体系改革探讨［J］．绿色财会，2020（2）：37-41.

基于会计学专业学生视角的多学科交叉融合分析

潘庆

（西华大学管理学院　四川成都　610039）

摘要：学科融合既是时下教育领域关注的热点，也是高校教育的大势所趋。各大高校在会计人才的培养过程中要意识到专业知识固然重要，但不同学科之间的知识交叉融合更为重要。本文基于学生的视角，分析了会计学专业知识与其他学科知识交叉融合的必要性和目前未能充分融合的原因，并在此基础上提出了进一步促进会计学专业知识与关联学科知识交叉融合的途径。

关键词：会计学专业；多学科；学科交叉融合

【基金项目】本文是四川省高等教育人才培养质量和教学改革项目JG2021-381和G2021-913的阶段性成果，得到西华大学会计学国家级一流本科专业建设项目资助。

统计显示，全国有90%左右的高校都开设了会计专业，学生不论是填报高考志愿还是研究生志愿时，会计专业都是热门专业之一。同时，2020—2021年，会计相关专业毕业生就业率位居所有专业末位。2021年年初，清华大学宣布停止招收会计学本科。基于此，社会上有许多人认为“会计专业供大于求，会计人员面临被社会淘汰”，但实际上，供大于求和面临被社会淘汰的都是从事单一核算职能的会计从业者，多种知识交叉融合的会计人才在社会中依然非常稀缺。

一、多学科交叉融合的必要性

会计是以货币为主要计量单位，以凭证为主要依据，借助于专门的技术方法，对一定单位的资金运动进行全面、综合、连续、系统的核算与监督，向有关方面提供会计信息、参与经营管理、旨在提高经济效益的一种经济管理活动。基于会计管理活动在对象、方法、过程等方面的特点，在专业理论知识及实务工作中可以从很多方面进行交叉融合。

（一）会计与金融的融合

从个人生活角度看，金融已经成为一种依赖。我们日常生活中每时每刻都在接受金融服务，例如开设银行存款账户、购买理财、基金等金融产品，尤其在做出金融投资决策时，由于会计学专业的学生对部分金融领域的知识不了解，导致无法做出一个完整的投资决策，或者是课本上学习过的些许金融知识在运用到实际的生活中时，仍显得模糊。所以加强金融学知识的学习能够帮助我们更好地将会计知识融入社会的基本需求中。

从企业经营角度看，企业与金融密不可分。企业银行账户的开立、资金的结算、各种金融工具的选择等，都需要金融机构的直接参与。同时，国家金融政策的调整，也会直接影响到企业的种种决策。金融领域的发展和创新离不开会计理论与技术的支持，同时金融也将促进会计手段和会计理论的更新。

（二）会计与审计的融合

会计方法体系由会计核算、会计分析、会计检查三个部分组成，目的是给管理者或者财务资料使用者在进行决策时提供必需的资料和信息。而审计方法体系由规划方法、实施方法、管理方法等组成，目的是对被审计对象进行全面正确的评价。简单地说，会计就是具体的实务操作，审计是检查会计实务操作正确与否的。审计的基础来源于会计，但是最终进行运用的时候和会计的思维又有一定的区别，所以学生们学习审计一方面能够巩固会计知识，换一种思维进行思考，另一方面还能站在管理的角度看待财务问题，全面提升财务管理素质。

（三）会计与计算机的融合

会计专业需求的发展需要有一定的计算机手段进行支持与辅助，大数据时代的到来也提升了会计的服务能力。传统模式下的会计一般仅需要掌握好基础的计算机知识，大数据时代的会计管理活动需要会计人员具备更多的计算机功能运用能力，例如最近几年大火的计算机 Python 程序在信息化时代被各行各业广泛运用，其中 Python 程序中所具有的爬取数据、分析数据以及可视化数据等功能也能为传统财务人员获取大数据并且有效分析数据提供很大帮助，是传统财务会计转型为复合型职能会计的有力工具之一。

（四）会计与法务的融合

“会计”是以货币为主要计量单位，运用一系列专门方法，核算和监督一个单位经济活动的一种经济管理工作，旨在提供会计信息和提高经济效益。“法务”是指在企业、事业单位、政府部门等法人和非法人组织内部专门负责处理法律事务的工作人员。

随着经济以及计算机及网络技术的飞速发展，会计工作和法务工作两者之间开始出现了越来越多的交叉、渗透和融合，相应地，会计工作者和法务工作者都逐渐产生了熟悉甚至掌握对方领域的理论、制度、方法和程序的需求。

二、多学科交叉融合不充分的原因

（一）课程设置未能体现学科之间的关联性

高校可以将课程三段式分为必修课、选修课、实践课三部分，层层递进，因材施教，同时课程在设置上要消除学科壁垒，强化会计专业与其他专业的交叉和渗透，发挥学科联动的综合优势，帮助学生全面发展。必修课程如财务会计、审计、税法等，这些是会计专业人才必须具备的基础知识，需要牢固掌握。选修课程也主要集中在专业知识的拓展或深入方面，实践课程也仅是专业课程的实践运用。所有课程安排对会计专业实务中可能遇到的场景知识缺乏交叉融合，导致会计专业的毕业生空有一身会计本领而难以找到合适的用武之地。

此外，经济社会和科技手段的变化导致会计自身也从以前单一的功能逐渐转变为复合功能，但很多高校的课程设置方案未能与时俱进，导致学生对会计专业相关知识比较熟悉，但是对会计专业知识之外的理论或知识“堵点”突出，以至于毕业开始上班后，由于知识的匮乏导致与工作岗位的磨合期延长。

（二）教学案例未能体现多学科的综合性

会计课程教学过程中都会进行一些实际的案例引入，目的是提高学生在实际案例中对基础理论的理解，但是实践中的教学案例“经典”有余而与时俱进不足，以至于长期以来学生在校学习的内容差别不大，这大大降低了学生对国家、企业和科技发展的最新变化的敏感度。此外，单个学科教学案例中的内容很少有学科知识交叉的情况出现，例如“税法”课程的案例主要涉及审计税收方面，很少会涉及法律、大数据税务等其他知识，这就使得学生在学习的时候很难对各科的相关知识进行融会贯通。

（三）师资队伍存在固有的专业局限性

会计专业课程涉及的内容是非常丰富的，其中包括经济法、税法、金融等多个学科的知识。但是在实际的教学过程中，不同课程的老师对自己所教课程的知识比较熟悉，对别的学科内容相对生疏。老师知识面狭窄导致思维单一，加上各学科老师之间互相交流较少，课程教学无法形成合力，不利于学生系统地学习会计专业相关知识，进而影响到会计教学质量。

同时，实践课程老师配备不足。实践课程本身就是一门交叉融合度较高的课程，但往往一个实践课程老师负责多个学生，既要进行实践教学又要进行过程监督，整个教学过程更多时候靠学生的自觉来完成，实践课程效果大打折扣。

（四）实践教学过程存在形式化倾向

任何专业培养出的学生在社会上的素质高低主要体现在工作能力上，综合实践教学过程及结果是工作能力的直接表现。虽然每个学校都会设置综合实践课程，但有的学校是统一安排学生前往规定的公司或者会计师事务所进行实习，有的学校是学生们自主选择实习公司以及实习方式，但是不论是哪种情况的实习，实习中都会出现“盲点”，导致无法实现相关知识的融合应用。

学校统一安排的实习相对“古板”，很多学生提不起兴趣，且由于学生是职场新手，所以实习内容一般也以基础工作为主，这些基础的、重复的劳动往往会让大部分学生厌倦工作而产生所学专业得不到重视的想法，融合效应适得其反。学生自主实习的可控性就更差了，部分学生基于个人兴趣爱好，选择了与自身专业毫无关系的岗位进行实习，有的甚至不参与实习，专业知识的综合应用成为一句空话。

三、多学科进一步交叉融合的途径

（一）构建更合理的课程设置体系

高校应当每年对课程体系设置进行优化，首先要做的就是提高课程的质量，关注哪些课程对于培养复合型会计人员有益处，并对这些课程规划详细的教学进度。对于必修课程的设置，多注意课程交叉融合之间的影响，再进行课程设置，其中还需要遵从循序渐进的理念，区分出课程的难易以及进阶程度，合理将课程配置给学生。对于选修课程的设置，应以扩展知识面和综合素质的培养为主。

此外，学校除常规设置与专业有关的课程以外，还应设置心理课程。心理课程的设置不仅仅是为了给学生减压，还有个更重要的目的是让学生真实地认识自己，了解自己的需求，明确自己的规划，当他们走上社会后，不会在做一些决定和选择的时候都充满了迷茫。

（二）建设更高质量的教学案例库

案例教学符合学生学习的认知规律，有助于学生对知识的理解和实际操作能力的提高，有利于激发学生的学习兴趣，对提高教师的教学水平也有很大的积极作用。会计学教学案例的建设要遵循真实性、典型性、综合性和拓展性原则。在财务会计、成本管理会计和财务管理课程案例建设过程中，要充分体现多学科知识的融合。案例中出现的一些学生了解不多或非本专业的相关知识点，或许就会成为学生学习欲望的起点。

（三）多维度提升师资队伍素质

对于学校存量专业课教师们来说，应当多汲取新的知识，及时把握不断变革的风口，形成新的教学理念和教学方法。同时，老师除了在自己擅长的领域外，还要主动去学习跨专业相关的知识，不断更新自己的知识领域，这样专业课学科教师能在讲授自己专业知识的同时，激发学生对其他相关专业的学习兴趣和动力。

高校还应适当招纳学科背景丰富的新教师，为师资力量注入新的血液。新教师则应快速融入专业教学工作中，虚心向别的学科老师请教教学经验，合理运用自己的多学科知识开展教学工作。

学校可以考虑选聘一些高学历且已在企业、会计师事务所工作多年的实务人才，或聘任校外兼职教师参与一部分教学工作；也可以联系相关企业，组织教师团队在工作单位进行考察学习，深入会计实务阵地，脚踏实地地去了解新兴的会计实务体系，体悟实际与自身所教学的理论的差别，以此使教师们能够更好地在多学科交叉融合背景下进行教学工作。

（四）严格实践课程过程控制

各大高校则应该针对实践教学中可能出现的盲点进行针对性改进。在学生进行自主实习的时候，学校不能仅要求一份实习证明，最好是学生相关导师进行实地考察了解学生是否在进行真实的实习，并且对学生实习情况进行了解之后，给出相应的建议，助力学生实现理论与实际的早日融合。

学校统一安排的实习课程，无论是基础或者稍有难度的工作，实习导师都应进行教学，并且解释其中的原理，不要用“你们应该都懂吧”这样类似的语句进行教学搪塞，不然这会让本来有求知欲的学生丧失积极性，并且更加怀疑自己的能力。实习中还要做好学生的心理辅导工作，实习工作进行的时候不只是教学实际操作与基础原理的结合，还应注意学生是否由于工作的难易程度开始产生厌倦和逆反心理，而学校也应当禁止以学分或者毕业等理由对学生进行打压和压榨，双方都在一个同等互助的情况下，学生才能更好适应初入职场所带来的浮躁和焦虑。更重要的是要注重端正学生对待实习和工作的态度，帮助学生找到自身未能发现的缺点和知识盲区。

四、结语

高校需要了解会计专业各学科之间的交叉融合关系，并在此基础上对课程安排、师资力量进行更新，与此同时也要更加注重心理教育和实践教育。会计专业人才培养过程中多学科交叉融合的教学改革要与时俱进，紧密结合当下及未来的国家形式及社会需求，持续完善多学科交叉融合的教学制度体系，真正做到“融合”而非生硬地“组合”。正值国家大数据、人工智能等技术推动数字化升级的节点，如何将科技与会计教育深度结合，以数字科技精准寻找会计学科未来的融合方向，也十分值得关注和思考。

参考文献

[1] 李东昱，汤伊铃，张瑞琛，等．多学科融合视域下会计专业人才培养模式的研究［J］．中国林业经济，2022（43）：144-148.

[2] 汪小龙．基于 AGIL 模型的“学科融合+一专多能”外贸会计人才培养体系［J］．财会学习，2018（31）：211-212.

[3] 段琼．学科融合背景下高校会计专业教师能力提升探究［J］．陕西教育（高教），2021（4）：72-73.

［4］李国正，王晓润．学科融合　拓展会计事业［J］．财务与会计，2009（24）：62.

［5］胡俊南，杜思远，王振涛，等．大数据时代多学科交叉复合型会计人才培养研究［J］．财会通讯，2022（7）：155-161.

［6］姚晶晶，姜靓，朱可涵，等．多学科交叉融合下会计专业人才培养的挑战［J］．金融理论与教学，2018（4）：97-99.

［7］陈芯宜，傅威，黄振胜．会计专业多学科交叉融合人才培养模式机制创新研究［J］．教育财会研究，2022，33（1）：91-95.

浅论高校会计学本科专业课堂教学之“化虚为实”

王宁馨

（西华大学管理学院　四川成都　610039）

摘要： 近年来，我国高校会计学本科教育致力于对传统教学方式的突破，发展互动式课堂，提高学生的综合素质，以顺应时代的发展，培养符合社会需求的会计人才。然而，在教学改革进行的过程中，当前的会计学本科专业课堂仍存在诸多问题。本文梳理了高校会计学本科专业课堂教学在课程梯度设置、教学课时分配、教学进度安排、教学用书选择、教学模式采取及课程类型划分等方面存在的“虚”问题，并在分析产生问题的原因基础上，提出了“化虚为实”的部分对策，以期能为会计学本科专业课堂教学质量和教学效率的提升提供思路和参考。

关键词： 高校；会计学专业；本科教学；课堂教学

【基金项目】 本文是四川省高等教育人才培养质量和教学改革项目JG2021-381和G2021-913的阶段性成果，得到西华大学会计学国家级一流本科专业建设项目资助。

引言

在社会不断发展的过程中，各行各业对经济型人才的需求力度大幅度提升，对会计专业的本科毕业生来说亦是如此。为顺应这一社会发展趋势，各高校须及时对教学模式进行改革创新，加强本科会计课程的教学力度，力求为社会培养出高素质财务会计人才。

在过去，我国的本科会计课堂教学模式呆板落后，以教师为主体的“填鸭式”教学为主，缺少针对学生自身道德素质和自我学习能力培养的相关教育。因此，有关本科会计课程教学的相关研究大多围绕“教师讲解过多，学生学习被动”“自主学习空间缺乏，学习动力下降”“综合素养提升受限”等问题展开，提倡“加强实践教学，运用情景教学，开发互动式课堂，跳出教师单方面灌输”的模式，进行学习方式引导，强调“授人以鱼不如授人以渔”，提升学生各方面能力，最终落实素质教育。在此类教改倡议之下，我国本科会计专业教育也拓展教学目标维度，均衡了学生综合素养，体会了种种优势，收获了累累硕果。

然而凡事过犹不及，培养学生自主学习的能力固然重要，但在针对过去教学方式的局限所进行的本科会计课堂教学改革中，部分高校、部分教师往往认为传统教育方式“过时”而过度追求“时髦”，其结果必然适得其反，既不利于教育教学的健康发展，也不利于高素质会计人才的培养。

一、高校会计学本科专业课堂教学“虚”之现状

（一）教学内容梯度划分体现循序渐进不够

目前，我国本科会计专业教学课程的梯度设计存在一定缺陷。大多数高校在对会计专业进行本科课程设计时，仅对财务会计这一基础课程进行了梯度的划分，一般根据会计职称的考试要求，分为初级财务会计、中级财务会计和高级财务会计，或另有针对注册会计师（CPA）及国际注册会计师（ACCA）开设相关课程。但对于对会计专业来说同样重要的经济法、经济学、财务管理、税法等课程，则没有足够细致和科学的划分。教学课程的难度和深度无法循序渐进，教学内容过于随意，将会直接影响高校会计专业教学质量。

（二）教学实际课时安排匹配教学计划内容不够

目前，会计学本科课程课时安排一般不超过48课时。但对于一般学生来说，会计相关课程与已有知识之间的跨度较大，属于初次接触，需要一定时间对概念和逻辑进行熟悉和梳理。并且，按照以往的教学经验来看，为帮助学生后续的深入学习，教师往往需要对基本概念进行较长时间的导入和解析，使得在实际教学中序章或导学所花费的课时就已经占去总课时的相当比例。再对部分重难点进行讲解，其间为便于学生更好地理解掌握，进行案例的分析说明与拓展介绍，原本就不甚富余的课时便更所剩无几了。经常会出现学生对于所授课程才粗通皮毛，尚未渐入佳境，该课程囿于课时的限制便需要进入收尾阶段的情况。

（三）教学进度安排契合教学规律不够

在实际的教学进度安排中，很多高校会将专业课的上课时间设置为四节小课连堂，每周上一次大课的模式。然而，专业课的课程学习本身就存在一定难度，一次性进行四个课时的学习，即意味着学生要一次性接受四个课时的内容，并尽快对这四个课时所学的知识进行温习与巩固，这对学生当日其他课程的安排情况是有一定要求的。而如果不能做到及时复习整理，学习的效率将会有所下降，到下周再上课时上周所教授的内容可能已经被遗忘了大半，反而耽误教学进度。

（四）教学参考用书选择匹配专业要求不够

目前，市面上会计类参考书目种类繁多，很多面向高校人才培养的教材内容繁杂且更新较慢，高校教师基于时效性考虑多会选择当年度的会计职称考试或 CPA 考试用书作为参考用书。但这些相关专业书籍在编写时的第一目标使用者并非本科学生，所构想的使用场景也并非本科课堂，无论在篇幅、难度和具体内容设计上都是与本科会计课堂上所需求的存在差距，无法体现本科会计课堂教学深入浅出、循循善诱的特点。

（五）教学过程理论实践融合互动本末倒置

在课程设置中，一般来说，除少部分课程被定为实践课、实验课以外，大多数本科的课程被定性为理论课，本身应当是以教师为主导，学生跟随教师的节奏进行知识的学习和巩固的。然而，在实际教学中，受教师教学习惯和过去教改风气的影响，原本应该由教师讲授的“理论课”在很多时候变成了由学生进行主讲演示的“实验课”。在学生自身知识都非常有限，也没有进行教学方式学习的情况下，强行要求他们对部分课程内容进行讲解，教学的收效甚微是可以预料的。即便有一些学生悉心准备，但如此一来，每个学生负责讲解的内容不同，各人对不同知识点的学习也会有所侧重和偏差。同时，在这样的教学方式下，教师也很少针对其他学生对这一部分内容的掌握情况进行及时的检验考核，不利于教学进度的把握。

诚然，教师脱离“填鸭式”教学思维，采用互动式教学，以调动学生的课堂积极性，增加学生的课堂参与度，锻炼学生的综合能力本身无可非议。但倘若本末倒置，则反而会使课堂整体效率降低。假如大部分教师都采用此类教学方式，学生每学期同时修习多门课程，则很难不疲于应付接踵而来的“备课”压力，反而忽略了作为“学生”的本职，因此得不偿失。

（六）实践教学流于形式匹配实务需求不足

会计教育的最终目标是培养具有实践能力且能满足社会需求的会计人才，社会对学生的实践能力存在一定要求，但部分实践性较强的知识课程的教学本科教育中却仍以理论课的形式存在着；或安排了实践课，具体实践内容却过于形式化。未安排实践课的，以审计学为例，其中要求掌握的许多知识并不适用于现在普遍理论课的教学方法，不结合实务实践很难加深理解；安排了实践课或实践内容但内容形式化的，则有公司治理、金融学相关课程等，所谓的实践内容一般也只是采用案例分析的教学形式，对学生在课程本身理解程度加深方面的帮助十分有限。学生缺乏实践的机会，也缺少将理论与实操相结合的平台，知识的掌握程度必然会受到限制，即便采用其他各项谓之丰富的教学形式，也终究流于表面。

二、高校会计学本科专业课堂教学“虚”之原因

（一）会计教育目标定位不明确

教育目标涉及培养人才的基本能力和质量标准。高等会计教育目标的设定直接关系着所培养的会计人员的质量水平。

目前，很多高校制定的会计教育目标过于标准化和模式化，没有针对培养不同层次水平的学生而制定个性化的培养标准，忽视了对学生主动学习能力、继续学习能力、判断能力以及分析能力的培养。

此外，很多高校过分注重高层次理论的讲解而忽视提高学生的实际动手操作能力。学生缺乏实际经验，在未来的就业市场不具备竞争能力，无法达到企业提出的要求。这样的高等会计教育目标明显不符合市场经济对于会计人才的质量标准。

（二）教师队伍自身素质与教学能力亟待提高

目前的会计课堂教学实践中，很多教师一味地向学生灌输理论，使得课堂教学变成了准则和制度的讲解，仅仅讲述经济业务的具体做账结果，而忽略对经济业务的详细分析，忽视了培养学生对理论进行分析归纳的能力，学生在纯理论的环境下很难有效地分析和思考问题。尽管有一部分高校通过案例教学，来培养学生解决实际问题的能力，但是收集的资料没有针对性，在这种情况下，案例教学难以达到预期的效果。

此外，很大一部分教师在取得教师资格后直接开始在学校任教，没有在企业或者相关机构从事过财务工作，只有丰富的理论知识，无法将会计

理论和实操经验结合起来向学生传授知识，所讲授的会计理论知识可能已经脱离了企业的现实情况。近年来，很多教师由于学校评职称的压力，只能放弃实践，用空闲时间进行科研。这就导致了许多教师不能透彻地讲解实际教学案例。

三、高校会计学本科专业课堂教学“化虚为实”之对策

（一）明确高等会计教育目标定位

我国高等会计教育的首要教育目标就是培养学生自主学习和持续学习的能力。在当今的大数据时代，各种信息呈井喷式涌现，学生所要学习的知识也愈加繁多。如今的会计人才需要随时面对当今新技术的新变化，紧跟每一次会计变革的内容，熟悉新的政策规范，仅仅依靠学校学习的知识是远远不够的。因此，我国的高等会计教育不能停留在固有的教学目标上，不能局限在准则制度的讲解上，而应该跳出传统思维的桎梏，培养学生自主学习和终身学习的能力。

除此之外，设定高等会计教育目标时，还应该考虑新技术时代对会计人才的新需求，培养兼具会计理论知识和融合新技术实践能力的高素质综合性人才，增强学生未来走向职场的竞争能力。

（二）建设高素质会计教师队伍

在夯实会计教师队伍的专业基础知识的同时，持续提升教师交流和组织协调能力。高校应当定期组织教师去相关的实践基地进行实习、锻炼，让他们真正接触到实际工作，并且与具有丰富工作经验的人员展开交流，学习他们的先进经验，以此不断地完善自我，增强自身的综合素质，真正意识到会计专业教学过程的重要性以及现实意义。

同时，高校应当强化与企业之间的合作，通过这种方式为实践经验相对薄弱的教师提供锻炼自我的平台，使这部分教师对当代社会、企业和市场形成更加全面的认识，吸收到先进的理念，并将其运用到具体教学中。此外，教师还可以去相关基地进行实地调研，以此切实地感受到理论与实践的有机整合，并将调研成果呈现到科研项目中，这样教师科研、创新的能力则能够得到有效的提升，进而促进课堂教学效果的提升。

（三）扎实做好课堂教学的各个环节

1. 规划具体的教学内容

本科会计教育在设置教学内容时，应具体地对内容较多的课程进行梯

度划分，综合考虑课程的主次程度，设定课程的难易等级，由浅入深地制定和参考适应的标准。在安排教学时，针对不同方向的学生，优化选修课和必修课设置状态，结合社会经济发展形势，设置具有针对性的选修课程，并规划比较具体的教学目标。

2. 配置合理的教学课时

高校要根据教学目标，分配对应的课时时长。对难度较大的课程，应当适当增加课时时长，或结合增设课程梯度的举措，进行课时时长的调整。在此基础之上，教师再根据课时设置的具体情况，进行课程内容的适当增删。其中，在教授初阶课程时，学生无须对该课程的内容有太过深入具体的了解，教师只消对基本概念做解释说明，可待在进阶课程上再做详细的教学。这样一来，也可避免因课时设置不足而出现的实际教学虎头蛇尾、头重脚轻的问题。

3. 排布科学的教学日程

对于已定总教学课时的课程，其课时的分配安排应该遵循记忆规律，循序渐进。一次性的授课内容切忌贪多贪全，在高校课室安排与教师教学习惯能够适应的前提下，考虑学生的接受能力和综合课业压力，科学调整课程的节次和频率。

4. 编写专用的会计教材

高校应编写或采用匹配课时及课程进度规划且学生易于获取的会计教材，保证教学目标的稳步达成，帮助学生提高学习及复习的效率。编写教材时，不仅要考虑使用学生的知识水平，而且要预估课程最终所要达成的教学目标，并以其作为教材内容的叙述是否详略得当的标准之一。遴选内容时，忌无章堆砌，篇幅过长，以免增加教师在筛选教学内容时的负担。对于已编写出版的教材资料，要及时更新，积极纠错，适应当前的相关规章和社会整体经济环境水平。

5. 采用高效的教学方式

对于理论性较强、理解难度较高的课程，教师应当在引导学生完成理论夯实的前提下，再结合学生本身的知识掌握情况开展其他相关内容的增补。切忌好高骛远，意图搭建空中楼阁，还未打下牢固的基础就要求学生进入下一阶段的学习。

对于有必要采用互动式教学的课程，则设置相应的实践课或实验课，将其与理论课进行划分；或明确指定相应的教学计划，具体划分理论部分与实践、实验部分的比例，保证学生已经在掌握一定理论知识之后再进行相应的深入和拓展。

此外，要从根源上丰富教师的教学手段，提升教师的教学效率。目前，高校教师岗前培训和教师资格证考试范围过于程式化，在青年教师教学信念形成和教学能力提高方面的作用十分有限。应增强培训和考试的严肃性，同时增加授课能力提升方面的培训，并在高校教师资格证考试环节予以考核。从高校层面来说，对刚入职的青年教师进行主讲教师资格培训十分必要，主讲教师资格培训要致力于拔高青年教师的教学水平，对培训环节进行严格设计，在保证教学工作质量的前提下再展开科研项目。

无论采取何种教学方式，教师都应当注重学生对当前内容掌握、理解及运用程度的检验。在进行案例分析交流时，也要采取相对高效的模式，如忌采取以案例交流之名让不同学生对同一案例进行反复多次讲解此类会使课堂积极性和课堂效率下降的形式等。

6. 调整合适的课程类型

高校要针对课程的不同侧重和最终人才培养的不同需求，设置合适的课程教学类型。对有需要以实践课方式开展的课程，应当在课程中加入能使学生切实有所收获的实践内容，并结合实践工作开展的需要，加强校企合作，引进能为学生实践提供切实帮助的相关人才，从而实现培养学生实践能力的目的。

四、结语

教育的基本目标是促进社会进步、经济发展，教育必须从社会对人才的需求出发培养人才；教育的基本属性是人的教育，以育人为根本目的，教育的功能就在于促进人的发展。高校教学改革需要遵循教育以人为本的原则，切实了解学生实际的需求，不可“为改革而改革”，造成南辕北辙的后果。

教学改革本身是一个需要教育工作者去不断探寻、验证、再纠偏的过程，经历改革方向的反复或出现针对当前教学模式的异议是教学改革在实践中必须面对的问题，本科会计教育也不例外。一方面，日新月异的时代环境确实需要会计从业人员具备更强的学习能力和更均衡的综合素质；另一方面，会计及其相关工作仍然具有较强的专业性，需要理论知识的支撑和实践经验的积累。高校对学生进行培养时，应当对两者加以平等的关注，偏倚任何一项都不符合新时代对会计从业人员的要求。

参考文献

[1] 陈晨. 基于实践能力培养的财务会计教学教改分析 [J]. 时代教育, 2018 (13): 165-166.

[2] 张涛. 关于我国本科会计教育的思考 [J]. 当代经济, 2015 (19): 110-111.

[3] 李沐楠. 会计本科教育课程改革问题探讨 [J]. 智富时代, 2016 (12): 273.

[4] 陈帅男. 案例教学法在高校会计专业教学中的应用分析 [J]. 中国多媒体与网络教学学报 (上旬刊), 2022 (7): 207-210.

[5] 苗凤英. 应用型本科院校管理会计课程教学改革研究 [J]. 中国管理信息化, 2022, 25 (10): 225-227.

[6] 钟爱军, 邹丹, 张湾. 高校会计实践教学问题探究 [J]. 财会通讯, 2022 (7): 116-170.

[7] 涂思思. 会计专业实践教学师资队伍建设的现状及对策分析 [J]. 成长, 2020 (9): 24.

浅谈“互联网+”环境下的高校会计教育改革

杨汐

（西华大学管理学院　四川成都　610039）

摘要：随着信息科学进步与数据技术革新，互联网、大数据、人工智能与实体经济深度融合，会计教育逐步落后于智能化经济的快速发展，传统教学模式已经无法满足当下的实际教学需求。本文在分析“互联网+”对会计行业的影响及对会计教学改革的意义基础上，提出了全面融入“互联网+”思维、综合利用现代化的教学手段与方法、运用“互联网+”思维建立“实践育人”机制和增设数据挖掘类课程等促进高校会计教育改革的思路。

关键词：互联网+；高校；会计教育；教育改革

【基金项目】本文是四川省高等教育人才培养质量和教学改革项目JG2021-381和G2021-913的阶段性成果，得到西华大学会计学国家级一流本科专业建设项目资助。

党的十九大报告指出，中国经济已经从高速增长阶段转向高质量发展阶段，要推进信息技术、大数据、互联网、人工智能和实体经济深度融合。新技术推动我国各行各业发生了翻天覆地的变化，传统的工作模式和管理模式也得到了有效创新。会计工作也应该充分顺应时代发展，将专业化的工作与“互联网+”理念进行深度结合，为新技术时代的会计工作注入新的活力。作为培养会计人才的高校，也需要顺应时代的变化，将“互联网+”融合会计课堂，为新时代提供新型会计人才。

一、“互联网+”对会计行业的影响

“互联网+”时代，传统会计教育过程暴露出众多弊端，以互联网、信息管理为特征，融合云计算、大数据、物联网等智能技术的新兴会计教育模式亟待会计教育者构建，唯有此，会计教育才能顺应时代潮流，高校会计教育的受众才能真正有所成长，真正成为具有创新精神与国际视野的应用型人才。

（一）大数据技术对会计行业的影响

在互联网环境下，大数据是提升工作效率的重要方式，大数据创新也直接带动了会计工作变革。在互联网、现代通信技术的运用下，数据处理数量、速度、传输等方面发生了极大的变化，提高了信息的客观性与精准性，满足了使用需求。随着大数据技术的广泛使用，对于会计从业者来说，数据报告的重要性也在逐渐下降，利用大数据技术，企业能够获取更有价值的信息，可以为企业管理层提供最佳的决策依据。正是由于大数据的作用，许多企业纷纷引进大数据技术，通过大数据技术替代传统人工数据分析模式，以帮助企业获得高质量的数据分析，提升信息处理速度与精准性，同时也保障了会计信息的精准性。对一些中小企业而言，企业会计工作也面临着大数据的冲击，企业会计人员需要完善职业生涯规划，调整自身工作内容，树立大数据思维，构建起基于大数据技术的会计工作模式，以提升自身业务能力。

（二）云计算技术对会计行业的影响

随着互联网信息技术的快速发展，云计算也成为数字时代的新兴产物，基于云计算技术支持，用户的网络服务将更加便捷，企业只需要投入少量资源即可获得自身发展所需要的内容。正因如此，在积极推动会计信息化的过程中必须对云计算应用给予高度重视。目前，我国会计行业在云计算应用方面水平并不高，从业人员专业素养参差不齐，一些会计人员并没有充分认识到云计算技术的潜力，对于云计算技术的认知较浅，没有真正挖掘云计算内涵，并没有将该项技术融入工作之中。

（三）人工智能技术对会计行业的影响

随着人工智能技术的广泛使用，会计职能悄然发生转变。借助于人工智能技术的支持，会计工作效率得到极大提升，会计从业人员的工作强度下降，传统模式下繁杂的计算工作也不再困扰会计人员，因此会计从业人员职能从核算监督变成了预测决策。除此之外，随着人工智能技术的快速应用，会计从业人员也从一些简单烦琐的工作中抽离出来，可以将更多精力集中在财务管理实践中，加强对各项信息的挖掘，实现企业决策水平的有效提升，同时也可以为企业长远发展提供有效支撑。依靠互联网平台、现代信息技术等，能够满足远程报账、审计、查账等工作开展的要求，同时也可以为会计信息资源共享提供支持，进一步提升会计信息的有效利用效率。随着互联网代理记账等业务的不断成熟，会计工作标准化、自动化明显提升，能够满足个性化财务服务的需求。

二、“互联网+”环境下会计专业教学改革的意义

（一）提升会计人才职业能力

随着“互联网+”的不断发展，企业对会计人才职业能力的要求发生了明显的变化。受到“互联网+”时代的影响，知识更新速度明显提升，而会计人才也要不断提升自身的适应能力，借助互联网技术学习与会计相关的知识，不断提升自身专业能力。通过挖掘有价值的信息，在做好深入分析与运用的同时进行有效处理，并落实到实际工作中。所以想要实现长远发展目标，就需要高职院校主动将传统会计实训教学与“互联网+”进行融合，做好实训创新工作，将学生带入实训活动中，运用财务软件不断提升自身专业能力，理解互联网运用技术等，以此来及时获取、分析企业中的财务数据与信息，强化自身专业能力，满足社会发展对会计专业人才的要求。

（二）丰富了创新人才培养方式

做好“互联网+”背景下创新人才培养方式工作能够满足提升实训教育质量的客观要求，由于互联网具备较强的特殊性，能够转变过去教学中的师生关系，加强师生之间的互动，进一步延伸实训教学空间，因此在开展高职会计专业实训教学时就需要从合理运用互联网技术入手，加大创新力度，不断完善实践教学体系，主动将先进教育理念、手段、方法等运用到会计实践教学中，依靠互联网技术来提升实训教学质量。

（三）适应互联网经济发展的新要求

受到“互联网+”的影响，商业模式发生了明显变化，如移动应用、物联网等依靠现代技术所产生的新方法、新应用使得原有的生活、工作、学习方式发生了明显变化。为了顺应时代发展，就需要及时做好会计实践教学体系创新工作，以培养创新型会计人才为目标，加大教育创新力度。在信息时代背景下高职会计实训教学需要主动与互联网技术融合，转变传统教育观念，积极适应时代发展，加大实训教育创新力度，培养出专业的

会计人才。

三、“互联网+”环境下高校会计教育改革思路

（一）全面融入“互联网+”思维

随着客户的前端核算业务逐渐向后端转移、ERP 财务软件的应用、财务共享服务中心的资源聚集，传统的会计核算人才需求量下降，具有财经专业能力和信息技术能力的复合型人才需求量剧增。高校应将“互联网+”思维融合于日常教学中，让学生了解到“互联网+”时代的先进信息科学技术，并在课上运用先进的智能财务科技为学生进行讲解，让学生感受先进技术的魅力，提高学生对先进技术的兴趣，充分调动学生的学习积极性，让学生自主探索和学习知识，构建起属于自己的知识框架，从而全面提升学生发现问题、研究问题、解决问题的能力。

（二）综合利用现代化的教学手段与方法

高校要大力发展“互联网 +”的教育新模式，应加强大学慕课、翻转课堂等一系列线上教学手段的使用，将多种教学方法相结合。线上慕课等教学手段的便捷性、先进性和共享性等优势可以为学生及时吸收知识、巩固知识提供有力的保障。

（1）慕课资源。互联网的引入意味着课程教学模式不再单一，从会计教学的角度出发，将慕课资源引入会计教学中，发挥互联网环境内慕课资源的价值。慕课资源具有公开性、共享性强的特征，将会计教学内容整合在课程视频中，为会计教学带来更多的交互元素。慕课在互联网教学体系中的应用较为广泛，真正实现教学资源的全网络互通，无论你身在何处，都可以花最少的钱享受一流大学的公开课程。通过慕课资源扩充会计教学空间，授课内容的展示效果也会更胜一筹。会计教学体系中涉及的财务、成本等知识点，均融合在慕课资源之中，发挥慕课资源的推动作用。

（2）微课资源。关于会计教学中的微课资源，是将会计教学某一阶段或者某一章节中的知识内容进行提炼，并将提炼后的结果以流媒体的方式呈现，通常表现为视频方式。教师可以在微课种创设具有真实化、生活化的会计情景，以此使学生感受会计专业与生活的联系，加强专业课在生活中的应用，从而优化学习体验。微课资源中包含的内容可以非常丰富，例如会计教学课程的核心、材料内容、测试题目等。总之，有关会计教学的全部资源都可以融合在微课资源中，优化会计教学内容的展示效果。由此

可见，微课资源具有综合性特征，将完整的会计教学体系经过的各个环节有效融合为一个整体，体现出资源平台的部分属性。因此微课资源也是现代技术在课堂教学环境内的典型应用之一，也是对现有资源应用的升华，发挥视频等流媒体模式的优势。

（3）翻转课堂。将会计教学与翻转课堂融合，也是推动会计教学革新的有效途径。教师将会计教学内容通过影像、幻灯片等多种方式呈现，而且提供的翻转课堂资源能够被下载，并在计算机、移动设备环境中播放观看。翻转课堂创设了更多的交流环境，师生之间根据会计教学内容进行交流切磋，对于会计教学知识的理解自然更上一层楼，也更容易靠近会计教学的理想目标。翻转课堂模式实现会计教学模式的升级，注重发掘会计教学课堂中的互动因素潜力。

（三）运用“互联网+”思维建立“实践育人”机制

要培养学生的主观能动性，显著提升学生的自主学习能力、互动探索能力、创新发展能力，高校要运用微信、QQ、“微课”“慕课”等开展互动教学。要切实加强对学生创业、创新能力的培养，充分运用“互联网+”建立学生交流与互动的空间，共同解决实际问题、共同推动创新发展。

（四）增设数据挖掘类课程

首先，大数据下的会计课程设置首先应保留财会类核心课程，如基础会计、财务报表阅读与分析、管理会计等课程，在人才培养中重视专业基础知识的传授，培养学生的会计专业基本技能。其次，增加如 Python 人工智能类与大数据会计相关的课程，培养学生基础的计算机技术、数据爬取、数据清洗、数据分析与挖掘能力。最后，将技术类课程与会计专业课程相结合，设立专业与技术整合课，提高学生收集数据、整理数据、分析数据和利用数据的能力，并将这些有效数据进行整合和资源配置，结合财务专业理论进行实际商业问题的分析，掌握大数据分析来支持企业经营预测和管理决策，提升管理效能，尽快适应财务往分析、管理方向转型。

参考文献

［1］周毅，李卓卓．新文科建设的理路与设计［J］．中国大学教学，2019（6）：52-59.

［2］王爱国．智能会计：会计转型发展的方向［J］．会计之友，2020

(9)：2-5.

［3］周守亮，唐大鹏. 智能化时代会计教育的转型与发展［J］. 会计研究，2019（12）：92-94.

［4］续慧泓，杨周南，周卫华，等. 基于管理活动论的智能会计系统研究：从会计信息化到会计智能化［J］会计研究，2021（3）：11-27.

［5］王爱国，牛艳芳. 智能会计人才培养课程体系建设与 探索［J］. 中国大学教学，2021（6）：34-39.

［6］姚乐野. 以学科交叉融合赋能本科创新人才培养［J］. 四川大学学报（哲学社会科学版），2021（6）：14-19.

［7］王晓辉. "互联网+"时代高职会计教育改革与实践［J］. 财讯，2018（36）：46- 47.

［8］张敏. 智能财务十大热点问题论［J］. 财会月刊，2021（2）：25-30.

［9］孙洁. "互联网 +"时代高校的会计人才培养模式［J］. 财会学习，2021（16）：172-173.

［10］李巧云. "互联网 + 大数据"模式下高校会计教育创新研究［J］. 哈尔滨职业技术学院学报，2021（5）：46-48.

数智化时代应用型本科会计学专业人才培养模式研究

丁思怡　牟绍波

（西华大学管理学院　四川成都　610039）

摘要：在数智化时代的背景下，本文从市场对会计学专业人才的需求、应用型本科的会计学专业的课程体系以及师资力量的现状和面临的挑战这三个方面出发，发现具备会计和大数据专业知识的多学科交叉复合型人才是市场对会计专业人才的需求导向，传统的课程设置已与市场需求脱节，现有的师资队伍缺乏既懂大数据技术又精通财务的人才，本文针对这三个问题提出了改革措施，以期为应用型本科会计学专业的人才培养方案提供有价值的参考。

关键词：应用型院校；人才培养模式；会计学；数智时代

【基金项目】 本文是四川省高等教育人才培养质量和教学改革项目JG2021-381和G2021-913的阶段性成果，得到西华大学会计学国家级一流本科专业建设项目资助。

引言

《会计改革与发展"十三五"规划纲要》谈到，会计学专业人才应当积极整合新手段、新技术，推动人工智能等新技术在会计信息化领域的应用探索。《会计改革与发展"十四五"规划纲要》指出为了给会计事业发展提供新引擎、构筑新优势，我们需要推动会计、审计、财管工作数字化转型，同时推进会计人才培养从学术主导转向应用主导。

2018年，"数智化"这一概念被首次提出（刘玺元 等，2018）。数智化时代的本质是以数字信息技术驱动的一轮经济社会变革，数智化时代下的人工智能技术飞速发展，促使传统企业转变，也让网络化资源配置不断深度融合；在人工智能技术的驱动下，我们的产品和服务被自动生产和自动化销售的技术和组织支撑（阳镇 等，2020）。我国国民经济高质量发展的新引擎由数字经济构成，在数字化创新的过程中，大部分企业都面临着平衡利益相关者、利润分配、数据资产的保护和共享的关系等一系列问题（谢卫红 等，2020）。

数智化时代应用型本科院校的会计学专业旨在培养应用型人才，应用型人才是指能将专业知识和技能应用于所从事的专业社会实践的一种专门的人才类型。“应用型人才更注重对客观规律的应用、技术应用及实践能力，并通过应用及能力的发挥为社会谋取社会效益”（张晓瑞，2019）。

在数智化背景下，理清这一时代背景下数字经济发展产生的新模式、新兴信息技术和新业态的发展对会计专业的本科生与高校会计教育的影响，进一步完善应用型本科会计学专业人才的培养模式，力求培养出适应时代发展需要的、满足财会领域转型升级要求的专业复合型人才。

一、数智化时代会计学专业人才培养现状以及面临的挑战

（一）会计学专业人才需求的现状及挑战

根据2021年财政部发布的数据，具备初级会计资格的人员约有670万人，持中级会计资格证书的人员不足250万人，高级资格持证人数更是少之又少，只有20多万人。这说明当前我国应用型本科会计学专业人才的有效供给明显缺失，存在严重的结构性矛盾。就数量而言，会计学专业人才的供给远大于市场需求；就供给结构而言，从事一些会计基础工作如票据核算、报表编制和成本核算等的基层财务人员占大多数，而对于从事高端财管工作的管理型会计人才的需求依旧存在较大的缺口（王超 等，2019）；就供给类型而言，财务会计供给过剩，而职业素养、信息化处理能力以及管理会计的供给不足。这就导致我们培养出的大批会计学人才对会计政策的变更、多变的实务没有快速的处理和适应能力，从而滋生出企业人才需求与高校人才供给脱节等问题。传统教育对专业的深入和学科细致的分类，不同学科之间的关联性缺失，专业知识的学习碎片化，最终导致会计学专业人才缺乏构建专业知识体系的整体性思维。近年来，针对财务机器人是否会替代大部分会计岗位导致会计专业的本科生“毕业即失业”以及会计人才需求是否已经达到饱和状态等问题，大家都有自己的看法。有的

学者认为，人工智能淘汰低端会计已成为必然。当下，我们的企业正是迫切地想要挖掘那些真正懂管理、能运用大数据等技术进行分析的会计专业人才，寻求更加智能化、能提升管理效率的应用平台。

值得一提的是，我国存在部分跨国经营的企业，针对我国企业境外上市、融资、投资、跨国经营、跨国并购等问题，需要相关的国际化会计人才。我国现阶段还比较缺乏通晓国际经济规则，具备会计、审计、税法等知识的高素质国际化会计人才，为中国企业“走出去”提供必要的会计咨询服务。特别是我国想要在国际会计、审计准则的制定上拥有一定的话语权，就需要培养一批符合国际交流合作需要的、能在多双边会计国际场合踊跃发声的国际化高端会计人才（秦荣生，2022）。

（二）现有的课程体系及挑战

首先，现阶段我国大多高校的专业课程的设置还较为单一，传统的会计学专业按照多年前订制的人才培养方案进行教学，课程设置大多数以财务会计为主，从会计学基础到高级财务会计，课程内容也围绕着会计的确认、计量、记录以及报告等展开。考核方式主要是财务报表编制、会计科目的记忆以及会计分录的编写（周守亮 等，2019）。当前很多院校的会计学人才培养方案及大纲多年不变，对会计智能在战略决策、企业风险管理及信息化发展等方面的课程设置还远远不够，缺乏知识完整性的课程体系培养出来的学生思维固化，缺乏实践能力和创新性的课程体系培养出来的学生实际决策能力不足，不能满足数智化时代用人单位对会计人才的需求。

其次，国内众多高校尚未开设“移动互联网”相关的专业，高校也没有将相关的课程纳入会计人才培养计划中，很多会计学本科生没有一定的互联网知识及计算机技术基础。虽然有部分高校正在尝试设置大数据方向的课程，但知识都停留在表层。数智化时代所需的是能够运用信息技术和财会知识，采用科学的方法，将会计业务与其他业务整合后在计算机上呈现，从而改善企业的运营，并帮助公司实现经营目标，使会计信息资源创造经济效益、实现企业价值的会计人才。数智化背景下的会计人才培养，不仅要求扎实的专业基础，还对互联网知识和计算机技术有一定的要求。

最后，财务造假、会计舞弊的案例近几年层出不穷，随着我国企业越来越多地“走出去”，成为知名的跨国公司，我们的会计专业人才有必要关注不同的舞弊迹象，深入研究国际会计准则。但鲜有高校开设会计专业高等教育相关的法律课程，高校对开设“商业伦理”和“职业道德”等课程的积极性还不够，导致会计学专业人才对职业道德的重视程度不足。因此，如何塑造会计学专业人员的价值观体系、培养人文素养、加强大学生职业道德底线教育是高校课程体系构建面临的一大挑战。

（三）师资现状及挑战

在这些制度背景下，应用型本科高校对教师的教学能力提出了更高的要求，既至少要达到硕士学历，又强调具有职业技能水平。然而，很多高校教师队伍以青年为主，多数教师还是“从学校中来，到学校中去”式的理论型教师，专任教师也无法通过短期挂职锻炼获得企业实战经验。如何打造一支既精通理论知识又具备实践经验的“双师型”教师队伍，给高校带来了巨大挑战。有高校意识到了大数据技术对会计行业发展的必要性，致力于设计与大数据相关的专业课程，但学校的硬件设施很难立即更新换代，而既懂大数据技术又精通财务的专业人员的不足让课程体系的完善还停留在纸上谈兵的阶段。

此外，会计是一个实践性很强的专业，目前我国高校普遍采用让本科生在暑期或者大四的时间去校外企业实习的方式作为社会实践，旨在让学生将学到的会计理论运用到实践当中去，但实习时间通常很短暂，且很难接触到核心的岗位，企业中少有愿意耐心教实习生的老师，学生也缺乏大数据技术的学习和实践，因此实习就趋于形式化，效果并不理想。所以聘请校外导师在实践中针对大数据技术进行教学显得尤为必要，但这样的人才还很稀缺。

二、应用型本科院校会计学专业人才培养模式改革措施

（一）满足会计学专业人才需求

随着数智技术驱动下会计信息化工作的迅速发展，我们应该警觉传统的会计核算岗位将被人工智能替代的风险。首先，大数据和人工智能通过数字信息系统处理业务，会计核算如统计销售数据、识别发票真伪等较为烦琐的工作变得简单快捷，提升了处理会计信息的效率。其次，大数据和人工智能还能加强会计核算工作的合规性，减少一些战略决策上的失误以及徇私舞弊的错误等，从源头上提升管理会计的能力和财务会计的质量。此外，在数智时代的背景下，会计信息在管理应用中的使用频率及效率，还有企业内外部利益相关者的反馈与决策速度都呈现出不同程度的提升。

企业会计流程将被智能财务系统全面覆盖，替代重复性、规范化和标准化的基础核算工作。与此同时，会计学专业人才价值不应只体现在记录与核算会计信息上，更多的是通过有效的财务分析和战略决策参与到企业的管理中去，让会计信息增值，给企业带来更大的价值，这才是企业对会计学人才的需求（徐玉德 等，2021）。

会计学专业的人才首先应当具备基础的财务专业基础能力，专业知识的储备是账务处理的基础，但随着人工智能的发展，高端的会计学专业人才应储备不同种类学科的理论知识，尤其是计算机、法学、管理学、经济学等，多学科的交叉背景知识有助于会计学专业人才提升自身的价值，参与企业的决策以及变革（蒋瑜峰 等，2022）。

我们需要认识到，尽管不同国家在会计国际趋同方面做出的选择各异，但会计国际化是无法避免的，会计国际化的必然趋势对会计人才的职业胜任能力提出了新的要求。会计国际化包括不同国家针对各种不同的会计问题的解决方式，在会计实践中是否有更优处理方法上的探讨，以及如何培养会计人才的交流。会计国际交流是一个复杂的过程，熟练的语言交流能力是基础，具备跨文化交流能力是综合素质的体现，还要掌握一定的社会经济、政治制度和科学等方面的知识，并在此基础上理解不同文化的思想和处理问题的方式，同时要深入了解、尊重不同国家的文化和国情，才能在实现本国利益的同时与世界各地的人民进行平等交流、友好的合作。

（二）完善课程体系

我们会计学人才的培养方向应当向数字化和复合型转型。公众利益实体普遍认为，想要培养数智时代的会计学专业人才，除需要掌握基础的会计知识外，还应开设对实际工作最有帮助的课程，如会计信息系统、数据库原理与应用、大数据与会计智能、Python 和数据结构与算法。用人单位强调，为了培养符合数智时代市场需求的复合型人才，高校应当不断完善并丰富教学方法和培养方针，如采用案例分析加课堂讨论的多样化教学方式、积极与统计和计算机等其他专业交流合作以及鼓励学生利用课余时间多参加社会实践活动等（胡俊南 等，2022）。

课程体系的设置还可以基于竞赛的会计人才培养目标进行分析。首先，我们可以通过对会计专业学生多学科交叉融合能力、知识关联与综合运营能力的培养，来丰富人才培养体系。其次，课程体系还应当突出会计发展方向，新技术在财务领域的应用逐渐成为会计专业竞赛的新热点，竞赛的重心转移凸显出会计是一门前瞻性、应变性较强的学科。我们的课程体系应当引导学生关注科技发展的新动向，培养科学素养、创新能力和前瞻性思维。除此之外，还应重视软件平台的操作熟练程度，我们的竞赛应当尽量与平台操作相结合，我们应当优化应用能力培养课程体系，注重综合操作能力培养，提高操作能力整体占比。

面对财务造假案例频发的现状，我们的应用型本科会计专业应当将“商业道德、企业伦理”等课程设置为必修课，加强会计相关法律课程的建设，旨在提升学生的思辨能力，为学生夯实诚实、遵守职业道德的文化底蕴。此外还应加强审计、内部控制等具体的会计实操程序的学习，锻炼学生的实务操作能力，培养学生严格按照规范处理业务的良好习惯。

科技互联网影响着教育生态环境，高校应当打破常规，做“高校、社会、企业、行业”等的结合体，试着与具备研发创新能力、拥有雄厚技术资本的其他高校、企业等有实力的对象强强联手，深度合作，聚焦数智化时代最看重的会计实操技能（唐大鹏 等，2020）。根据以往经验来看，应用型人才培养通过校企合作方式能实现协同效应。但现有校企合作还停留在表面，难以调动企业从其发展战略层面考虑与该校的协同育人。因此，建议将校企协同育人项目深入学校的部门去统一运作，用学校专业集群的协同育人环境来吸引企业参与。高校还应积极争取与专业能力强的头部高校合作，资源共享，抓住时机、充分利用社会发展中有利环境和条件，共享社会和技术发展红利。

（三）加强师资建设

加强师资队伍建设的核心就是优化教育人力资本要素。重视优化人力资本增量，合理运用人才引进等政策，优化师资结构。应当制订科学合理的招聘计划，从外部引进具备扎实的会计专业基础并掌握数智化时代大数据技术的高水平老师。同时，高校也可以考虑从企业中引进一些熟悉财务各项流程、财务经验丰富、业务水平高超的财务专家担任学校的校外导师，充实会计专业实践方面的师资力量。

校企合作是学校和企业间建立的一种可以实现互利双赢的模式，既能让学生能在真实的职场中体验企业文化、熟悉实践操作，又能让学校和企业的资源技术达到共享（黄盈盈 等，2016）。对于校企协同育人面临的复杂多变的社会环境因素，我们可以鼓励知名企业家走进高校，多开展讲座与学生沟通交流，或是聘请企业家导师进行授课，分享实践经验，这样才能帮助高校在构建人才培养体系时能与市场需求更加契合。

三、研究结论

综上所述，我国目前应用型本科会计专业人才的培养还有很长一段路需要走。想要培养出一批顺应时代发展、满足市场需求的会计专业人才，还需要不断地进行市场调研，精准掌握市场需求，持续完善数智化时代应用型本科会计学专业人才的培养体系，提升会计专业学生在数据分析、大数据技术方面的应用、战略决策能力以及精通国际准则的技能。

参考文献

[1] 刘玺元，王玥. 浦发银行数智化制胜之道［J］. 金融电子化，2018（4）：92.

[2] 阳镇，陈劲，商慧辰. 何种经历推动数字化：高管学术经历与企业数字化转型［J］. 经济问题，2022（10）：1-11.

[3] 谢卫红，李忠顺，李秀敏，等. 数字化创新研究的知识结构与拓展方向［J］. 经济管理，2020，42（12）：184-202.

[4] 张晓瑞. 基于智慧教学的实践类课程教学模式的探索研究［J］. 信息记录材料，2019，20（12）：229-230.

[5] 王超，金荣. 基于企业需求视角的高职会计专业人才培养的思考［J］. 中国职业技术教育，2019（1）：55-60.

[6] 秦荣生. 数字经济时代的会计职业道德准则建设［J］. 财务与会计，2022（12）：5-8.

[7] 周守亮，唐大鹏. 智能化时代会计教育的转型与发展［J］. 会计研究，2019（12）：92-94.

[8] 徐玉德，刘迪，樊柯馨. 数字经济时代会计教育转型与职业发展规划［J］. 财政科学，2021（12）：27-36.

[9] 蒋瑜峰，李夏宇，蒋绍宇，等. 财务智能化趋势下会计人才培养改革研究［J］. 财会月刊，2022（13）：94-101.

[10] 胡俊南，杜思远，王振涛，等. 大数据时代多学科交叉复合型会计人才培养研究 [J]. 财会通讯，2022 (7)：155-161.

[11] 唐大鹏，王伯伦，刘翌晨. “数智”时代会计教育重构：供需矛盾与要素创新 [J]. 会计研究，2020 (12)：180-182.

[12] 黄盈盈，熊智. 校企深度融合背景下的应用型会计人才培养研究 [J]. 职教论坛，2016 (14)：67-70.

新技术背景下会计学一流本科专业建设研究

李光鑫　牟绍波

（西华大学管理学院　四川成都　610039）

摘要：一流本科建设是近几年高校改革的重点。新技术的出现也给会计学的发展带来了新的机遇。如何抓住一流本科建设的浪潮，使会计学学科在新技术的背景下优化改革是一项值得关注的课题。本文以一流本科建设为依托，以新技术为导向，提出了会计学一流本科专业建设构想。

关键词：新技术；会计学；一流本科建设

【基金项目】本文是四川省高等教育人才培养质量和教学改革项目JG2021-381和G2021-913的阶段性成果，得到西华大学会计学国家级一流本科专业建设项目资助。

引言

继“双一流”建设成为国家战略之后，一流本科的建设也成为国家重要的教育发展战略，《关于高等学校加快“双一流”建设的指导意见》指出，建设好“双一流”的基本任务是建设好一流本科。2019年教育部正式开启“双万计划”，做出了2021年以前完成大约一万个国家级一流本科专业点以及大约一万个省级一流本科专业点的规划。这表明现阶段中国高等教育的重心是建设一流本科，而判断是否建设好一流本科的关键在于是否培养出一流人才。人才的培养是高等教育的本质，如何培养出合格、优秀的人才是教育的永恒话题。

而随着中国经济的快速发展，会计的作用日益凸显，会计学作为培养优秀会计人才的重要学科，在中国大多高校中都有设立，在中国大学教育中占有一定的地位。会计学学科虽然设立广泛，但教学质量参差不齐，且大多教学质量未达到一流本科水平。在建设一流本科的政策背景下，会计学学科迎来了高质量发展的机遇。

然而发展高质量的会计学教育，建设会计学一流本科不能着眼于旧时代、旧技术，而要站在新时代、新技术的角度来进行规划。陈毓圭（1999）认为，信息技术的发展和进步将对会计工作产生重大影响，主要表现在会计处理技术发生重大变化、信息处理机制将发生重大变化、对会计假设等前提性概念带来一定冲击、会计要素将得到大大扩展、对会计信息及时性和充分性等会计信息质量将产生重大影响等方面。“大智移云物区”等新技术对如今的社会产生了重大的影响，如何将这些新技术与传统会计结合产生新的会计形式是目前会计领域较为前沿的课题。虽然目前新技术和传统会计的结合还不够完全，但会计电算化的时代已经来临，一些低端会计被逐步取代。而人才的培养是为了满足社会的需求，为了更好地满足新技术下会计从业人员的专业能力与职业素养，会计学一流本科的建设应该尽可能地贴近会计前沿，在课程设置、教师素养等都应随着新技术的改变而改变。

一、研究现状

在国家一流本科建设战略发布之后，众多优秀学者围绕一流本科做出了研究，在如何更好地培养人才上都提出了自己的观点。大部分学者着重于对有着普适性的一流本科进行研究。吕冰等（2022）指出，要建设一流本科需要有卓越的教师队伍、完善的课程体系、丰富的学习资源并将其优化组合，合力推进一流人才的培养。除了师资力量、课程设置等方面，复合型的全人发展对于一流本科的建设也很重要，史铭之（2021）认为，一流本科教育需要全人发展的育人理念，追求卓越的教学文化，跨学科的课程整合以及国际视野的文化共融。除此之外，经费的不足也是教育发展的制约因素，毛建青等（2021）指出，为了更好地推动一流本科教育和“双一流”建设，我国可以继续增加对本科教学的经费投入，并且根据不同的学科和地区进行差异化的拨款。

有的学者专注于会计学一流本科的人才培养研究。鲁芳（2017）认为，一流会计本科的建设可以从会计人才多视角的培养、课程知识体系的模块化设计以及教师素质的综合化三个方面进行。这恰好与具有普适性一流本科研究相契合。除此之外，董必荣和刘海燕（2019）认为，针对当前会计学课程的问题，应当从价值引领、高阶性、创新性、挑战度、建设目标以及卓越团队等方面进行改进。这也和一流本科的研究结论大同小异，侧面印证了一流本科研究结论的可靠性和参考价值。

而随着新技术的产生以及在会计上的应用，部分学者围绕着智能会计、智能财务等新技术与会计的融合探索进行研究。刘梅玲等（2020）指出，智能财务建设是财务领域的一场重大变革，其核心任务是规划建设创新型智能财务平台，以及在此基础上探索构建新型财务管理模式。但变革不意味着被取代，虽然存在着迭代风险，但会计不会消亡，人也不会完全被机器取代，谢志华（2021）和许金叶（2022）认为新技术不会使得会计消亡，机器无法取代人，应该借助新技术来更好地发展会计。对于如何借助新技术来发展会计，何瑛等（2020）聚焦新经济时代背景下的财务管理理论创新，并依托“立足当下、尊重实践、回溯本源、拓展边界”的思路，提出新经济时代财务管理理论创新的重要路径。

综上所述，众多学者围绕着一流本科建设、会计学的一流本科建设以及新技术下的会计发展等方面进行了研究，得出了较为完善的成果。但学者们在新技术、会计学、一流本科这三个要素的研究上最多结合了两个要素，要么着眼于一流会计学的建设，未结合新时代下的新技术，要么聚焦在新技术下的会计发展方向上，没有融合会计学的学科建设。新技术是目前社会的前沿领域，引领未来的发展；作为经济越发展便越重要的会计，在经济高速发展的今天其重要性不言而喻；人才是发展必不可缺的要素，而大学本科教育是人才的孵化器，建设好一流本科就是保障了人才的输出。所以，新技术下会计学一流本科的建设研究是目前具有重要意义且亟待研究的课题。

二、建设构想

由于已有丰富的智能会计，即新技术与会计结合的研究，又有会计学一流本科，即会计与本科建设结合的研究，且其都有会计这一相同的要素，所以，本文将在智能会计相关研究与会计学一流本科建设的基础上，通过会计这一相同元素，进行有机整合，分析得出新技术下会计学一流本科的建设建议，借鉴过往高质量的研究文献，使研究更具科学性。新技术下会计学一流本科建设的核心是做出会计学学科的建设，所以本文的研究思路是以会计学的一流本科建设为开端，以相关文献为支撑。而学科的建设应根据社会的需求而变更，在新技术下需要的是能够掌握新技术、将新技术运用于会计领域的人才，因而会计学一流本科的建设要以新技术为导向，随着新技术的不断发展而不断更新。本文将以一流本科建设相关问题（主要涉及师资建设、课程设置和实践环境三个方面）为基础，以新技术为导向进行分析（见图1）。

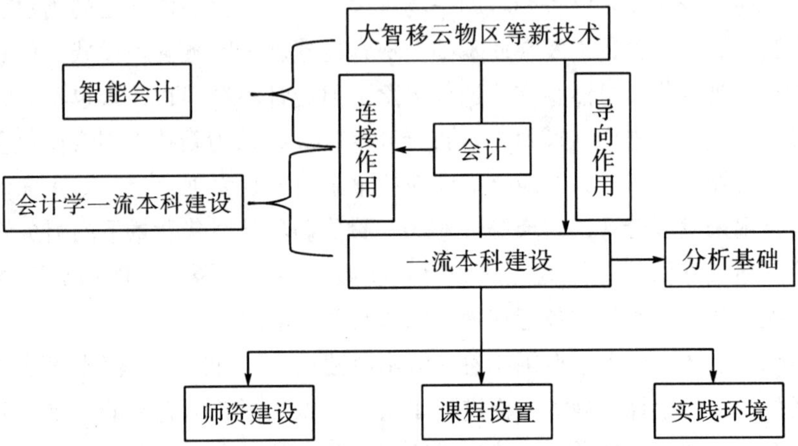

图1　新技术下会计学一流本科专业建设分析框架

（一）师资建设

眭依凡（2019）认为，一流师资队伍是一流大学建设的基础。要建设好一流本科的首要条件是要拥有一流的教师团队，教师是学生最直接的传授者，对于学生的能力提高起到了至关重要的作用。能力强大、知识丰富的教师会让学生的成才之路变得更加顺畅。从欧美国家看，数量庞大的优秀教师团队是其拥有众多世界一流院校的基础，而目前中国顶尖教师团队的数量已不能满足中国日益增加的高质量教育的需求。所以，对外应面向世界聘请优秀的教师团队，对内应加速培养高质量青年教师，建立合理的激励制度、制订教师人才培养计划来建立更多的一流师资团队。但这仅能解决会计学一流本科的建设，在新技术背景下，对于师资队伍的建设将提出更高的要求。原本越年长的教师通常学识更加丰富，相对于年轻教师而言也更有经验。但在新技术环境下，年长反而会成为一项劣势，因为往往年长的教师接受新技术更加困难，本来更加丰富牢固的知识成为难以转变的枷锁，这可能使得本就相对薄弱的教育质量雪上加霜。所以，目前新技术下会计学一流本科的建设要点之一是让教师了解、掌握新技术在会计中的应用从而传授给学生。对于较为年长的教师，应该尽可能接受、掌握新技术与会计的结合，继续扎根于核心的会计知识，为学生在会计方面的素质培养提供帮助。而青年教师应尽可能全面深入地掌握会计方面的新技术，将重心偏移到会计类新技术方面的授课上，帮助学生提升会计类新技术方面的素养。但对教师施加更多任务与义务的同时也应该给予其适度的报酬与激励，建立合理薪酬激励制度，才能更好地调动教师的积极性。

（二）课程设置

王乔等（2020）指出，课程既是人才培养的核心要素，也是高校落实立德树人任务的重要抓手。不同的课程将培养不同类型的人才，如何合理地设置课程是每所大学的重要课题，会计学一流本科尤其如此。大多学校的课程设置都是专业课程的知识学习加上通识课程的知识学习。但就会计学学科而言，董红杰和白静（2019）认为，会计专业本身的能力建设不只是需要培养会计专业人才的职业能力。这表明我们本科的课程设置不能只是为了进行专业知识的学习，还需要进行专业能力之外的诸如职业道德、社会实践能力等的培养。除此之外，线上线下结合的方式也是很有必要的，因为线上的课程内容和范围是非常广的，且很多线上课程都是由非常优秀的老师讲授，对于师资稍差和想拓展教学的学校都是非常好的选择。对于新技术下的会计学一流本科建设而言，课程的设置需要在原有的课程规模基础上增加部分新技术会计类的课程，相对地也应该减少部分课程以避免学生学业压力过大。可以设置新技术会计类的专业，区别于传统会计专业，先进行少量试点，根据实际效果决定是否扩大范围并相应地进行课程的调整。目前会计类本科专业呈现大多数同学知识掌握能力不足的问题，主要原因首先是期末考试难度较低，且会计行业是一个讲究证书与经验的行业，本科生除了 ACCA 证书以外，只能备考初级会计证书，所以很多同学将其作为本科的最高目标，由于初级会计证书的难度低，也一定程度导致学生的轻视。要避免此种情况的继续发生，应当在入学初期加强对新生普及会计行业的相关情况，开设相关课程，让学生规划职业目标，树立职业生涯意识。除了会计专业知识以外，会计职业素养也是非常重要的，应开设专门的课程培养学生的职业素养与道德观。实践出真知，还应设置专门的实践课程，将书本转化为实践。除此之外，以赛促学也是会计专业学生不可或缺的锻炼会计能力与素养的途径，应将会计专业相关比赛纳入学分制管理，给予课程成绩。

（三）实践环境

会计学是一门需要实践的课程，《全国会计硕士专业学位基本要求》指出，获得会计硕士专业学位应具备的基本能力有学习能力、沟通协调能力、系统分析能力、解决问题能力、职业判断能力。显然，这些能力的培养只凭在校课堂的学习是远远不够的，文件中也指出“以职业需求、产学结合为导向”的相关理念，明确表示应接受实践训练。这里虽然分析的是会计硕士的相关要求，但是本科和硕士毕业所面临的社会环境是类似的，硕士大部分人面临的是就业问题，本科生所面临的依然如此，两者继续深造的人数占比都较少，因而本科所需要培养的能力也是应该尽可能地接近硕士培养的要求。所以应该给予本科生实习实践和实践调研等方式的学习，即学校应该和会计相关行业单位进行合作，统一或者让学生自主地进行行业内的实习，而实习的行业、单位的质量等都会影响学生实习的效果，所以学校应尽可能地给学生提供更多的实习岗位和优秀的企业单位。在新技术背景下，传统的实习大多只能培养学生的基本能力，很难给学生提供前沿的智能会计相关的学习和锻炼。一方面是因为很多企业尚未融入智能会计相关运营手段，另一方面是智能会计方面的操作具有一定门槛，本科生很难在实习时进行上手操作。针对这两个方面，首先，学校可以尽可能与拥有前沿智能会计的企业进行合作，获得实践调研和参观实习的机会；其次，应该尽可能开展相关教学，进行智能会计相关课程的学习和实操，让同学们在进行实践时达到上手操作的门槛。

二、研究结论

新技术背景下会计学一流本科建设应该以一流本科建设为基础，以新技术为导向，在建设好一流本科的基础上融入新技术的因素，以新技术为导向带动会计学一流本科的建设。本文从师资建设、课程设置以及实践环境三个方面具体分析了其在学科建设中的重要作用以及应当如何建设新技术背景下的会计学一流本科。师资建设方面，用对外招聘、对内培养的方式尽可能增加一流教师团队，青年学者应当学习会计相关的新技术，年长的学者应当继续扎根会计传统核心课程。课程设置方面，应当合理设置智能会计的相关课程，并相应减少传统课程，通过线上线下和以赛促学等方式进行多元化教学，除此之外还应增加职业规划教育和职业道德培养，让学生树立职业生涯意识。实践环境方面，学校应尽可能广泛地与高质量的企业单位合作，组织学生进行实践，同时培养学生在智能会计方面的实操能力。

参考文献

[1] 陈毓圭. 中国会计发展展望 [J]. 会计研究，1999 (10)：22-27.

[2] 吕冰，严嘉诺，熊飞. 高校一流本科专业建设的核心要素及组合 [J]. 黑龙江高教研究，2022，40 (5)：149-153.

[3] 史铭之. 一流本科教育的建设理路：南洋理工大学的启示 [J]. 河北师范大学学报 (教育科学版)，2021，23 (5)：122-129.

[4] 毛建青，刘美佳，陈文博. 我国一流大学本科教学经费的支出规模与结构研究：基于 39 所世界一流大学建设高校《本科教学质量报告》的分析 [J]. 高校教育管理，2021，15 (6)：33-47.

[5] 鲁芳. "双一流" 建设背景下会计本科教育改革探索 [J]. 财会月刊，2017 (15)：91-94.

[6] 董必荣，刘海燕. 会计学一流课程建设的思考与实践 [J]. 中国大学教学，2019 (10)：75-79.

[7] 刘梅玲，黄虎，佟成生，等. 智能财务的基本框架与建设思路研究 [J]. 会计研究，2020 (3)：179-192.

[8] 谢志华. 会计的未来发展 [J]. 会计研究，2021 (11)：3-19.

[9] 许金叶. 智能会计理论基础："会计信息系统论" 的发展：纪念余绪缨教授诞辰 100 周年 [J]. 财务研究，2022 (1)：38-48.

[10] 何瑛，杨琳，张宇扬. 新经济时代跨学科交叉融合与财务管理理论创新 [J]. 会计研究，2020 (3)：19-33.

[11] 眭依凡. 一流教师队伍是一流本科教育建设成效之基础 [J]. 教育发展研究，2019，39 (23)：3.

[12] 王乔，徐建斌，王雯. 一流本科课程建设的探索：以 "中国税制" 课程为例 [J]. 中国大学教学，2020 (12)：31-35.

[13] 董红杰，白静. 基于能力提升的会计学 "一流专业建设" 探索 [J]. 财会通讯，2019 (34)：36-40.

新时代背景下的新型会计人才培养

缪璐晗　牟绍波

（西华大学管理学院　四川成都　610039）

摘要：本文从供应与需求两方面分析目前的会计人才情况，认为基础的会计人员已经过剩，目前企业更需要的会计人才是：能够使用财务数据分析出企业当前所处的状况，并且为企业提供决策性建议的高级会计人员。然而，在培养新型会计人才方面，我国目前面临的困难是培养目标与市场需求存在差异，以及高校进行实践教学难以实现的问题。对此，笔者最后提供了一些新型会计人才教育变革与创新方案，以期能够在一定程度上解决问题。

关键词：新型会计人才；数字技术；综合型；实践教学

【基金项目】本文是四川省高等教育人才培养质量和教学改革项目JG2021-381和G2021-913的阶段性成果，得到西华大学会计学国家级一流本科专业建设项目资助。

随着互联网的发展，会计行业也正在经历着变革。王华教授在《中国会计教育改革与发展蓝皮书——应用型本科人才培养》中提出：企业对会计人才的需求程度从高到低分别为财务管理、管理会计、智能化会计和IT审计。王化成教授认为：未来的财会工作岗位应该包括智能财务核算师、智能财务工程师、智能财务运营师、智能财务规划师、金融企业的智能财务分析师、智能审计师等。由此企业对于会计人员的要求正在从传统会计转向新型会计，这要求会计人员必须拥有持续学习、熟练掌握数据分析的能力和具备站在企业管理者的高度看待问题的能力。新型会计人才的培养离不开高校的努力。因此，地方院校应该如何顺应市场需求的变化，更新会计人才培养方案，为企业输送更高素养的新型会计人才，已成为亟待解决的问题。

一、当前会计人才供需情况分析

（一）数字经济时代下的会计人员

首先，伴随着我国经济的腾飞，单位对于财会人员的需求巨大。但是随着数字经济的不断改革，人工智能的不断突破，将来人工智能完全能够完成简单的重复性工作，原本是由财务会计人员完成的记账、填写账簿、核算、编制报表等，未来都可以由人工智能或财务机器人完成。并且，机器人比人拥有更高的效率，企业可以在付出远远低于目前人工成本的情况下，获得有更高正确率的工作产出。所以随着智能技术应用到会计行业之中，简单的重复性工种会被智能技术取代，基础性会计人员终将被替代，而新型的会计人才必须拥有比人工智能更高的能力才能避免被替代。因此，未来企业对单纯进行会计核算的会计人员的需求将大幅降低，高级的财务分析人员或高级的财务管理人员将会被企业重用。

其次，2022 年 6 月由上海国家会计学院和多家企业主办的“会计科技 Acctech 应对不确定性挑战”高峰论坛中宣布了 2022 年五大潜在技术排名（见表 1），由此可以发现数字技术等新型技术将会影响会计行业。数字化经济将会产生越来越多的数据，如何管理好数据是新型会计人才必须思考的。对海量数据进行分析，能够知历史晓未来是至关重要的一点。伴随着数字技术继续深入会计行业，从事这门行业除了应该掌握扎实的会计理论知识，还应该熟练运用数字化、智能化等技术，通过这些新技术的辅助，会计人员能够因地制宜地对数据进行筛选、分析，科学地得出没有偏差的决策依据。此外，还可以通过数字技术，对企业的财务状况进行实时的监控，从而可以及时在发现风险时发出预警。

表 1　2022 年五大潜在技术排名

金税四期与大数据税收征管	47.47%
业财税融合与数据编织	42.93%
大数据多维引擎与增强分析	41.92%
机器人任务挖掘与智能超级自动化机	36.36%
分布式记账与区块链审计	35.86%

数据来源：2022 年“会计科技 Acctech 应对不确定性挑战”高峰论坛。

最后，会计人员只有能够为企业提供有效的决策依据，才能提升自己的竞争力。很多传统的会计人员往往只能知道将数据归纳在哪个项目，而缺乏全局观。然而，对于企业内部而言，会计信息主要提供给管理层决策使用，但是很多会计人员并没有办法站在企业管理者的角度去观察，对企业所处的行业特征、经营管理活动等并不了解，提供的指标并不能将企业实际状况与数据联系起来，也不能很好地帮助企业制定计划和发展。如果会计人员只会按部就班地制作表报，并不能解读报表数据代表的含义，筛选有用数据，那么这将不能给企业提供有效的决策依据。

（二）数字经济时代下的企业

第一，互联网的发展已经深入我们生活的方方面面，会计行业也不例外。目前已经有很多大公司选择建立财务共享中心这样的流水线作业，这说明信息化已经推动了企业的改革。建立财务共享离不开会计信息化的帮助。但是，如果想要财务共享中心真正运作起来就必须借助大数据、云计算的帮助，使财务共享将分散的、重复的企业业务进行整合，从而使获得的财务信息标准化，这样能节省资源，促使企业人员专注于核心业务。由此可见，企业不再需要太多的基础会计人员，企业更需要的是能够进行资本运作、数据分析、财务分析等重要工作的人员。

第二，一般来说，很多企业的所有者或者经营者更精通于他所处的行业，对于财务可能并没有特别深入的研究，这时就需要财务人员为他们提供帮助。比如我国实行全面依法治国，如果会计人员能够了解法律，那么他就能为企业争取到应该得到的利益。

第三，一个准确财务数据能够看出企业很多的情况，新型的会计人才需要学会如何获得有效的财务数据并且能够正确地分析出这些数据，实现真正的业财融合，为企业管理者提供有意义的发展建议。在公司实际经营过程中，企业需要会计人员学会使用一些统计的方法对财务数据进行分析。会计核算与统计的综合运用，能够有效发现企业在之前的经营过程中出现的问题，让企业管理者能够清晰明了地知道问题所在从而及时弥补。这有利于企业未来的发展，只有这样企业才能从激烈的市场竞争中脱颖而出。会计统计技术的运用能够协助公司良好地进行公司财务工作的一系列操作，降低公司在成长路线中所承担的压力，保持稳定高速的成长速度。

二、新型会计人才培养面临的困难

（一）培养目标与市场需求不同

目前我国会计行业中，人才市场呈现典型的金字塔状分布，普通会计人才严重饱和，高级会计人才严重短缺，甚至需要从其他国家引进。然而随着智能化时代的到来，智能化能够替代会计人员完成简单基础的工作，普通会计将会更没有价值，高级会计人才将会更加宝贵。

如今会计人才的培养还是主要依托于大学、高职的培养，授课主要由学术界老师完成。相对于业界，学术界老师虽然拥有更专业的知识，但是可能在市场对会计人员的需求这方面没有业界这类直接需求者敏感。所以在制订人才培养方案时，教授课程后容易出现培养出的人才并不能很好地契合市场需求的问题。

从目前高校设置的课程来看，虽然也有跨学科的选修，但是在效果方面却不尽如人意，常常出现选修课程不能很好地与本专业融合的现象。并且很多学生学完后容易出现会计专业知识、信息技术和管理学知识相互孤立的问题，无法将这些知识进行融会贯通。

（二）实践教学难以实现

即便是在高校能够清楚知道市场需求的情况下，想要做到业财融合也非常困难。信息化时代的到来，人们能更加轻易地获得很多的信息，对于学生这个年龄的人来说也容易在这些信息中迷失自我，加上现在的学生普遍更有个性，采用单一的教学模式很难激发学生的学习热情，需要采用更多样性的教学方式，但是教学的开发受客观原因难以经常更新，课程教学的开发也需要时间和精力，高校教师很难分出更多的精力去处理这些问题。

想要做到智能化、数据化的教学，就需要大量的财务数据，然而财务数据是企业的核心之一，所以要想从企业日常活动行为中获得大量真实有效的数据非常困难。没有实物与数据做支撑，就没办法真正实现教学与应用相结合。另外，实训课和普通基础知识课程有很大的区别，基础知识主要通过老师讲授完成。而实训课需要学生们实际操作完成，实训课应该更注重过程，而不是结果。在学生自己操作的过程中会遇到很多的问题，如果这些问题并不能及时解决，学生也无法获得巨大的提升。但是实训课往往是一个老师面对几十个学生，老师也是分身乏术，这种情况下学生的问题想要及时得到解决是非常困难的。

（三）对会计人员的管理能力提出了更高要求

目前有些学生并没有危机意识，学习意识不强，学习动力有待提高。随着经济的不断发展，会计行业必然会进行巨大的变革，这就要求会计专业人员要拥有持续学习的思想意识，无论是在大学中还是在未来工作中。部分学生对自己的要求较低，并没有主动学习的意识。

三、新型会计人才教育变革与创新

（一）培养符合市场需求的会计人员

企业希望未来能够逐渐减少基础会计人员以节约人工成本。公司更需要的是应用型人才，特别是需要有一定智能化、数据化相关知识的财务人员，所以高校在制订培养计划时应该着重注意这一点。新型会计人才必须要有更高的职业素养，除了要扎扎实实地学会运用会计知识，还要认真学习会计技能和数字技能，注重逻辑思维能力的培养。从传统的记录报告生成财务会计信息，向数据挖掘、加工、分析为主转型，能够为企业的经营管理和决策提供可靠的建议，能够快速地达到数字经济时代新型会计人才的要求，将学习的知识最大限度地转变成企业的价值效益。会计人才培养目标定位对会计人才培养工作具有指导作用，因此应该依照市场需求制订会计人才培养方案。为了能够及时捕捉市场信息，向业界输送有用会计人才，可以多参考业界人员给出的建议，或者让他们参与到制订的过程当中来，制订出最紧跟市场需求的人才培养方案。

（二）综合型教师团队

想要培养综合型会计人才，离不开综合型的教师团队。如果为了培养熟悉智能化的会计学生，而直接选择让计算机专业方面的老师为会计专业学生上课，但是老师并不懂财务知识，这会让财务知识和数据分析形成两条平行线，完全割裂，也无法达到培养综合型人才的目的，所以综合型的教师团队非常重要。

打造综合型教师团队可以选择聘请多专业背景的教师。但是此时聘请的教师很可能大部分是青年教师，相较于年长的教师他们通常是从高校博士毕业后直接进入大学授课，容易存在专业知识过硬但实践工作经验不足的弊端。学校可以通过打造团队，拥有学科交叉融合的师资队伍，使年长教师帮助青年教师增长教学经验，青年教师也可以带给年长教师一些跨学科知识。或者鼓励有跨专业背景的优秀教师去企业参与企业的日常经营管理，帮助企业进行大数据分析，获得一些实践经验，从而在达到培养综合创新型会计人才目标的过程中更加有的放矢。

（三）进行课程更新

我国高校会计专业培养的核心专业课程体系长期处于相对稳定的状态，作为管理类专业，对于课程讲授的内容应该根据社会经济环境的变化而更新，使用具有代表性的、时间相对较新的案例进行教学。如果保持一成不变，不进行更新，学生就无法感受到目前的市场到底处于什么状况，无法让学生认清当前市场对于会计人员的要求正在不断提高的事实。

所以当前的高校会计人才培养不能再完全采用过去的标准。课程的开设方面应该具有多样性，要尽量避免培养大量能力平均、同质化严重的核算型会计人才。可以根据培养不同方向会计人员的不同要求，分别开设不同的课程体系，满足学生差异化发展方向的需求。

（四）重视实训

学校的实训课程通常在一个虚拟化的情况下进行，而且实训课程所占的学分普遍不高，所以会导致很多学生并不重视实训课程，在真正进入职场后发现所学到的基础知识仅限于书本理论，根本无法在工作中很好地应用，并不能达到学校培养的目的。为了更好地达到实训的目的，学校可以与企业进行合作，将单一的由高校培养会计人才，转换为企业、高校联合培养。学生可以被派到企业进行实训，在这种情况下学生能够接触到新鲜真实的数据，并且这是在真实的工作环境中体验得到的，能够最真实地还原未来工作场景，从而学生会更加认真地去完成实训。而且在实训过程中，学生不再需要完全依赖老师解决问题，在实训过程中遇到问题，他们可以随时请教在企业工作的老师们，这样他们的问题不仅能够及时得到解决，也能够获得最具操作性的解决办法。

另外学校也可以积极借助慕课等互联网教学平台，对于简单的基础性知识可以采用学生自行网上学习的方式。将原本一个大班的学生分成 A、B 两部分，单周 A 班参与线下的实践课程，B 班则自行进行线上的理论学习，双周交换。这种情况下，能够培养学生的学习能力，老师也能够更有针对性地解答学生们的问题，培养创新型人才。

参考文献

[1] 王化. 中国会计教育改革与发展蓝皮书：应用型本科人才培养[M]. 上海：立信会计出版社，2020.

[2] 王化成，刘桂香. 数智时代的财会人才需求与教育变革 [J]. 新理财，2021 (9)：37-40.

[3] 蒋瑜峰，李夏宇，蒋绍宇，等. 财务智能化趋势下会计人才培养改革研究 [J]. 财会月刊，2022 (13)：94-101.

[4] 王娜. 供给侧结构性改革视角下高职会计人才培养 [J]. 石家庄职业技术学院学报，2021，33 (5)：52-55.

[5] 马婉莹. 应用型本科院校会计专业人才供给与需求差异分析：以吉林省应用型本科院校为例 [J]. 中国管理信息化，2021，24 (18)：215-217.

[6] 张静，张海晴. 新时代背景下高端会计人才培养工作的思考 [J]. 财务与会计，2021 (20)：72-73.

[7] 魏圆圆，万武，赵琦，等. 产教融合下高校会计人才培养模式研究 [J]. 经济研究导刊，2020 (33)：113-114.

[8] 赵艳. 加强会计实践教学 提高学生就业竞争力 [J]. 产业与科技论坛，2022，21 (17)：193-194.

新时代背景下
会计学本科一流专业的建设与思考

唐艺天　牟绍波

（西华大学管理学院　四川成都　610039）

摘要： 随着信息技术变革，我国现代化教育事业正在高速发展，会计人才的培养面临经济高质量发展的挑战，传统会计学专业教学所培养的人才已经无法满足当今社会的需求。会计学本科培养作为会计人才培养中最重要的一环，在新时代背景下，如何推动会计学专业的高质量发展和探索会计学本科一流专业建设受到各大院校的高度重视。本文将结合目前会计学教育发展现状，分析存在的问题及困境，对如何建设会计学本科一流专业提出较为针对性的建议，以期能为推动我国会计学本科人才的培养提供一定的借鉴。

关键词： 新时代背景下；会计学；本科；一流专业；人才培养

【基金项目】 本文是四川省高等教育人才培养质量和教学改革项目JG2021-381和G2021-913的阶段性成果，得到西华大学会计学国家级一流本科专业建设项目资助。

一、研究背景

新时代背景下，互联网技术正在快速与会计学专业相融合。传统的会计人才已经无法适应经济的高速发展，"大智移云物区"等信息技术正在逐渐融入日常的会计工作当中，会计人才的就业面临着前所未有的挑战。然而，我国的会计人才供给存在结构型的矛盾，高端会计人才的数量远远低于社会经济发展的需求（舒伟 等，2021）。

会计学教育事业的发展对我国会计人才的培养有着不可替代的重要作

用。近年来，我国十分重视会计人才的培养，相继发布了一系列指导性文件。2015 年 11 月，国务院发布《统筹推进世界一流大学和一流学科建设总体方案》，该方案指出，要以建设一流学科为基础、以建设一流大学为目标，对高校学科教育的改革有着引领性的作用。2016 年 5 月到 2018 年 6 月，时任教育部副部长林蕙青以及时任教育部部长陈宝生都指出，建设一流本科教育是实现一流大学和一流学科的基础，应当首先保障本科的教育质量。2018 年 9 月 17 日，教育部发布《关于加快建设高水平本科教育全面提高人才培养能力的意见》，首次提出要建设一万个国家级一流本科专业点和一万个省级一流本科专业点的“双万计划”。2019 年 4 月，教育部发布《关于实施一流本科专业建设“双万计划”的通知》，正式面向全国各大高校开展一流本科专业建设试点工作。随后，2021 年 11 月 24 日财政部发布《会计改革与发展“十四五”规划纲要》，提到要深入贯彻落实人才强国战略，培养高水平、高素质的会计人才队伍。

自此，会计学高等教育改革已从国家总体战略规划落实到具体方案，一流会计学本科建设作为建设一流大学的基础，已成为我国高校改革的必然选择。作为培养会计人才的主力军，各大高校需要担负起自己的职责，以“新时代高教四十条”为原则，从培养目标、师资力量、课程体系等方面进行改革，以助力实施人才强国战略为导向，通过建设一流会计学专业实现学校的高质量、高水平发展。

二、会计学专业发展现状

会计学作为应用经济类的基础课程，同样也是人文社科类的专业通识性课程，具有专业技术性较强、就业行业分布广、交叉兼容性强等特征。无论是会计学本科专业还是研究生专业，报考人数都较多，这说明社会各界对于会计人才的现实需求很高。会计学的发展关乎会计人才培养的质量，对我国企业管理情况乃至社会经济造成一定影响。这便要求会计学的发展需要与时俱进，只有适应新时代的发展，才能满足社会各界的需求。建设高水平会计学本科专业对于强化经济管理类专业学生的基础知识尤为重要。当前会计算法的智能化以及信息技术的发展给会计学专业提出了更高的目标，使得学科教育面临新的挑战。

会计学在受到广泛关注的同时，也面临着许多困境。相较于自然科学类学科而言，会计学目前在建设“双一流”院校方面的贡献较小，能够支配的教育科研经费相对较少，与其他学科的融合发展较弱。因此，把握建设一流专业的切入口，借助其契机，实现各大高校的高质量发展是一个值得关注的话题。

（一）会计学专业的建设情况

目前我国会计学本科教育已由精英教育模式转变为大众教育模式，更加注重培养应用型会计学人才。2018 年发布的《工商管理类教学质量国家标准（会计学专业）》中提到，会计学作为应用型学科，培养应用型人才是基本要求，各高校应以此为标准，结合自身情况和实际需求对培养目标进行定期的评估调整。教育部发布的最新数据显示，截至 2022 年 5 月 31 日，全国普通高等学校共有 2 759 所，其中本科院校 1 270 所，开设会计学本科专业的院校共有 669 所，占比全国普通高等学校约 24. 2%，占比本科院校约 52. 7%，即超过一半的本科院校开设了会计学本科专业。

（二）会计学专业的课程建设情况

课程体系的设置直接影响人才培养的效果，是会计人才培养中的核心要素。目前我国各大高校对于会计专业的课程设置较为稳定，主要可以分为专业基础课程、专业核心课程、专业选修课程、专业拓展课程、公共课程和实践教学课程六大类（上官立波 等，2021）。但是过于稳定的课程建设不仅没有增加会计教育的竞争优势，还消磨了学生的学习积极性，会计学本科专业核心课程设置从结构到内容均存在显著缺陷（张新民 等，2015）。

（三）教学模式

受到经济全球化的影响，会计学的教学模式由原有的“粉笔+黑板”模式转变成新媒体教学、慕课、线上教学等与现代科技相融合的新型模式，多媒体教学也已经成为当前普遍推行的现代化教学模式。在 2019 年全国两会的政府工作报告中首次提到“互联网+教育”的教学模式，会计学的教学模式逐渐走出传统模式，呈现出多元化发展的态势，包括案例教学、沙盘模拟等备受推崇的实践教学课程也开始流行。此后，全国各高校积极创新教学模式，大力推进线上与线下相融合的教学模式，采取慕课、多媒体教学、线上移动端教育等教学方式并将其融入当前的会计学教学体系中。

三、会计学专业所面临的困境

在当前时代背景下，各大高校积极进行了教育模式改革，针对会计学专业主要采取理论与实践相结合的教学模式，但在实施过程中仍然存在诸多问题，使得培养的新型会计专业人才无法与当前环境相匹配。主要问题如下：

（一）课程体系缺乏科学性

会计学专业与其他人文社科类专业不同，理论与实践往往存在较大差异。因此学生们在理论学习的基础上需要通过校内外实践来巩固所学的理论知识，了解会计的实际工作流程，从而加深对理论知识的理解与运用。

但我国现阶段教育存在实践教学内容更新慢的情况，智能的会计软件应用和普及的速度太快，无法及时让学生学习到相关课程。虽然各大高校增设了财务共享、大数据分析、会计电算化、人工智能等课程，但大多仍以传统会计理论基础知识为主，与计算机、大数据等领域的融合度不够。此外，专业课与基础课的构成比重失调，课程安排上存在课程体系衔接不够紧密的情况。新型技术设备的不足也会对课程质量产生不利影响，没有与理论相适应的技术支持，实践课程便会缺乏对于会计理论的真实运用，大多流于形式，不能提高学生的积极性和创造性，导致学生无法把握会计发展的方向，使得人才培养的质量不够理想。

（二）教学模式不够新颖

部分高校的教学模式仍较为陈旧，主要以教师授课为主，学生处于被动听课的学习状态，课堂沉闷的环境让学生们缺乏学习的兴趣，缺少相互间的交流沟通，导致所学的知识运用在实践中的效率降低。

而在新技术背景下，产教融合式的教学模式显得尤为重要。会计实践的发展与知识传授相互脱节、线上线下的教学体系尚未全面融合等问题，特别是在新型冠状病毒感染疫情的影响下上述问题暴露得更加充分。技术加实践的教学模式还未得到良好的运用，大多数高校还未通过案例教学的方式来引导学生解决问题，导致学生的综合实践能力缺乏科学的培养。

（三）培养目标与社会需求缺乏匹配性

新时代背景下，企业需要的是能够掌握新型技术工具，深切理解实务工作流程，能够做到高效决策与运算的复合型会计人才。社会需求的不断提升，要求会计从业者强化预测与决策能力，传统的核算型会计正在不断向管理决策型会计转型。高新技术的运用，将使基础重复类会计工作逐渐被人工智能所取代，对会计人员的要求不再是传统的记账、报账等相关工作，而应更加注重预测与监督。对于事前预算、事中控制和事后分析等管理职能的要求也将更加凸显（王华 等，2020）。但各院校教学同质化的现象导致会计学专业的培养目标与未来职业导向不够清晰，传统的培养模式仍然注重理论而忽略了实践。学生的综合能力没有得到全面培养，从而无法满足社会需求，出现就业难的情况。会计学专业的毕业生是否能达到其职业的能力要求，将会直接影响未来会计学科的发展，从而影响会计学在社会经济发展中的作用。

四、会计学本科一流专业建设的对策

（一）树立人才培养目标，构建复合型人才培养模式

企业财务共享模式战略转型已成为当今时代背景下的主流，传统的会计人才培养目标已经无法适应新时代背景下企业对会计人才的需求。高校应当注重培养专业知识扎实、综合素质高强、实践经验丰富、具有创新思维的复合型会计人才。培养目标的树立对高校培养模式的构建具有引领性作用。各大高等院校应该根据经济发展需求调整人才培养目标，旨在培养出适合社会发展趋势，具有扎实专业素养与职业素质的复合型会计人才。将会计人才的培养目标与院校自身的特色结合起来，建立创新型、多元型的人才培养模式，为进一步适应经济全球化趋势奠定坚实的人才基础。

（二）创新优化课程体系

现阶段我国高校的会计学专业教学模式存在许多问题，主要体现在教学内容相对陈旧，教学模式过于单一。现有的教学模式已经无法适应经济全球化的趋势，学生们也无法将所学到的知识运用于实践中，在一定程度上导致了会计人才的浪费。

课程体系的创新是培养会计人才的根本，构建与经济发展相匹配的课程体系才能满足专业人才培养的需要。因此，各高校在会计学本科专业的建设中要深刻落实与新时代大背景相结合，在会计学专业的教学中融入新时代的经济观念，让学生们有机会提前认识会计学专业知识在不同领域的运用（应益华，2019）。还应当注重会计案例库的建设与更新，定期结合时事热点更新会计案例。将理论与实践相结合，引导学生理解生活中所接触到的会计热点话题，提高学生对会计学专业知识的学习热情。

此外，改变传统单一的教学模式，通过积极开展多元化实践课堂，通过小组讨论、案例汇报等方式检验学生们的学习成果。高校可以将本科会计学专业进一步重构为以下四类，从而达到强化会计学内涵的效果：第一

类，管理会计专业。培养能够通过运用成本、预算等会计专业知识强化企业内部经营管理能力，并具备科学合理的经营决策思路的管理性会计人才。第二类，智能会计专业。将大数据等新技术的优势带入会计教育工作中，运用新技术培养能为企业提供智能化决策提供服务的智能化会计人才。第三类，财务管理专业。将财务管理与信息技术相结合，构建新技术背景下的财务管理专业。第四类，审计学专业。高校可以通过培养学生们利用人工智能等新技术增加审计分析能力的思维，增加审计的有效性和可辩护性。

（三）强化师资力量，提升教学水平及教学质量

师资力量是影响教学水平的关键性因素。一方面，高校可以通过从外部引进具备实务经验、信息技术专业知识的高水平教师来弥补现有师资力量的不足，配备结构合理、规模完善的专业会计师资队伍以应对数字经济时代新兴技术对会计教育带来的巨大挑战。另一方面，高校要加快会计学本科专业的教学科研创新团队建设，大力推进会计学专业与人工智能等新兴技术领域的交叉融合。保证学术研究、应用研究、教育研究与创新成果的产出能力，促进科研与教学的交互发展，切实提高师资团队整体的科研能力与教学水平。积极开展与实务相衔接的相关实践课程，帮助学生们提前接触到当前会计前沿的理论。坚持对师资团队进行定期规模性和专业性培养，优化教学团队水平，坚持以科研教学活动为起点，推动师资力量多元化发展。

同时，师资力量也决定了会计学专业的招生规模和方向。目前会计学的学科经费有限，导致部分高校的会计学专业师资力量较为匮乏，会计学专业的招生规模有限。只有以坚实的师资力量作为基础，各大高校的教学质量才能得到不断提升，因此国家和教育部门应当加大对各大高校会计学专业的投入，保证高校的会计学专业教育水平，从而为我国的经济发展奠定坚实的基础。

（四）建立教学质量保障机制

教学质量既是人才培养的核心，也是高校生存与发展的基础。高校应围绕质量保障目标要求，制定相关规范要求，完善质量保障机制，从而确保培养目标的实现以及教育质量的持续提升。教学质量保障机制是一个系统性的工程，需要涵盖培养过程的各个环节。首先，质量保障目标层面。高校需要结合自身特点及优势，对会计学本科培养的方案进行调整，以符

合社会人才需求为导向。其次，质量保障机构层面。高校应设置教育质量保障委员会，制定职责明确、分工协作、全员参与的工作细则，保障教学质量的持续提升。再次，质量保障规范层面。高校要制定涵盖关键教学环节的质量标准及规范，以实现会计学专业本科教学目标为导向，努力提升教学水平。最后，质量保障监控层面。高校要建立教育质量监控机制，建立实时、动态、高效的质量监控评价体系，保障高校的人才培养目标能够充分实现。

参考文献

[1] 高新阳，马春燕．“数智”时代应用型本科会计学专业实践教学改革研究［J］．商业会计，2022（7）：123-126.

[2] 上官立波，刘洋洋，侯昊林．财务共享背景下高校会计学专业应用型本科人才培养模式研究［J］．会计师，2021（9）：96-97.

[3] 舒伟，曹健，王华，等．我国会计本科人才培养的现状、挑战及对策［J］．会计研究，2021（8）：177-189.

[4] 万国超，马慧知．应用型本科院校会计学一流专业建设的探索与推进思路［J］．时代经贸，2020（7）：96-98.

[5] 王华，蔡祥，张程睿，等．互联网时代会计人员能力框架分层构建［J］．财会月刊，2021（2）：16-24.

[6] 应益华．地方高校会计学应用型人才培养模式［J］．中国农业会计，2019（7）：88-91.

[7] 张新民，祝继高．会计学本科专业核心课程建设：突围之路［J］．会计研究，2015（8）：80-85，97.

人工智能背景下
高校会计学专业人才培养模式研究

卓雨婷　牟绍波

（西华大学管理学院　四川成都　610039）

摘要： 随着我国社会主义市场经济的迅猛发展，新一轮科技革命的产物不断应用到生产生活中。技术进步在提高了办公效率的同时也使企业对会计学专业人才的需求发生了变化，传统的人才培养模式、课程体系以及教学理念、方法等已经不能满足社会对会计专业人才的要求。高等院校作为培养会计专业人才的基地，如何有效应对挑战、提高学生综合素质以填充市场短缺的会计人才，成为高校急需解决的问题。因此，本文主要通过分析目前高校会计学专业人才培养现状和培养模式存在的相关问题，提出通过明确人才培养目标、更新专业课程体系、建设应用型师资队伍和加强职业素养教育等措施，以培养出能顺应智能化大背景的高质量复合型会计专业人才。

关键词： 人工智能；会计学；人才培养模式

【基金项目】 本文是四川省高等教育人才培养质量和教学改革项目JG2021-381和G2021-913的阶段性成果，得到西华大学会计学国家级一流本科专业建设项目资助。

在当前智能化的时代浪潮中，信息技术革命带来的产物正深刻地改变着社会对人才的需求和现代教育形态。一方面，人才引领着时代的进步，另一方面，时代的进步又在督促人才培养的变革。随着人工智能的持续发展，已从单一领域的运用延伸到社会的各个领域，会计行业也进行了相应的尝试和融合。从2017年德勤财务机器人“小勤人”的问世与运用中可以看出，人工智能对传统会计的冲击已经初见端倪，并且随着人工智能在会计领域的深入运用，将会给会计工作带来更大的机遇与挑战。

在此背景下，传统的会计学人才培养目标与模式、课程体系、教育教学方式等都变得不合时宜，高校作为人才输出的摇篮，探讨如何在智能化背景下优化会计专业人才培养模式，成为各大高校针对会计学专业进行创新变革的重要任务，其中对本科层次的改造更是重中之重。

一、高校会计学专业人才培养现状

我国会计学本科专业成立于1986年，会计作为一个信息系统，意在通过数据核算为管理层和投资者等利益相关者提供简单明了的数据以供决策。在此背景下，首先，要求会计从业人员能够掌握财务会计、税收法律政策和管理学等基础学科的知识。其次，学校应根据时下主要就业岗位开展对应的学科教学，如开设财务会计理论与实务、管理会计理论与实务、中国税制与纳税筹划、财务管理等专业课程。而面对当今人工智能盛行的时代，专业会计人才教育如果还只局限于基础知识的教学，那么在应对未来高度智能化挑战时就会显得捉襟见肘。

国内部分高校为应对企业会计人才需求与高校教学脱节的矛盾率先进行改革，根据自身特点采取相应的改革方案。2020年，中国人民大学商学院开设会计学（智能会计方向）专业，通过当前热门的Machine learning与会计相结合的方法，锻炼学生将当前科技前沿的智能技术应用到企业管理上来，如预测企业财务业绩等，学习智能会计方面的相关知识和技能。2021年，广东财经大学为顺应时代对会计数据分析和管理决策的需求，以培养具备会计职业道德，具有实践能力和沟通技巧的创新型、应用型会计人才为目标，让学生能够运用科学的方法获取知识，构建自己的知识体系；能够通过手中的专业工具、所学的专业知识对相关案例信息进行收集获取，并进行分析与研究，在整理与分析中不断提高计算机和统计软件的使用能力。

目前，国家大力支持高校围绕人工智能技术进行相关专业人才的培养，在此政策推动下，各高校纷纷积极进行改革，方式多种多样。尽管高校在智能会计人才培养方面进行了进一步的探索，但是由于各所高校经费、师资力量、重视程度的不同等多种因素，尚未形成可供参考和借鉴的标准的智能会计培养模式。

二、高校会计学专业人才培养模式存在的问题

在大数据和人工智能等新一轮科技革命浪潮的强劲推动下，经济交易往来越发频繁，信息越来越复杂化、多元化，会计学作为管理学门类下的一门基础学科，其重要性越发凸显，对处理信息能力的要求越来越高。国家支持企业转型升级深化改革，新技术淘汰旧技术、新模式代替旧模式，高校务必要根据社会发展的新需求进行自我革新。在此视角下重新审视各高校自身会计学科建设和人才培养模式，就会发现适应智能化时代的会计专业人才短缺，传统会计专业教学模式亟待做出改变，以打破人才短缺的困境。

（一）人才培养与社会需求脱节

新兴科技的蓬勃发展使会计行业日新月异，伴随四大会计师事务所智能财务机器人的推出、中兴财务共享中心的成立等，各行各业对传统意义上只会核算的会计人员的需求逐步下降，部分会计岗位被替代，传统的会计核算岗位趋于饱和，会计工作面临着数字化转型，传统的会计教育面临着挑战。目前会计学专业本科人才培养方案还与工业时代社会经济需求相适应，一直侧重于培养学生会计核算与财务管理等方面的技术与能力而缺少数据挖掘与分析，导致高校传统课程培养的会计专业人才与“大智移云”等信息技术快速发展对会计智能化专业人才的要求脱节。事实上，在新一轮信息科技革命推动下，会计依赖的手段和方法发生了质的变化，新产业、新业态、新模式的出现使会计服务的对象发生了较大变化，会计从传统核算型向智能决策型转型已成必然，传统的会计教育难以满足数字经济时代对复合型会计人才的需求。

会计学一直是文科生高考志愿填报的热门专业之一，各地方高校的财经专业招生数量逐年增多，但从近几年国家统计的应届毕业生就业报告来看，会计学应届生的就业率并没有显著增加。这是由于当前地方高校会计学专业在专业定位、人才培养目标、培养模式等方面存在较高的相似性或同质化，导致会计人才培养缺乏亮点，无法满足企业所需要的复合型会计人才。2020 年清华大学首次取消了会计学本科招生，在经济与金融专业新设了会计方向，这表明传统的人才培养模式已难以满足会计实践的需要。如何顺应时代潮流重新设定会计人才培养模式，以满足信息化时代对复合型会计人才的需求，是地方高校亟待解决的问题。

（二）专业课程体系设置陈旧

课程体系是促进人才培养模式实现优化创新的基础路径，高校会计学本科专业课程体系的设置须与培养目标中的知识、能力以及素质要求结合起来。由于各高校会计人才培养目标和培养模式如出一辙，这也导致了课程体系的设置单一，基本上都是依照传统的公共基础课、专业必修课、专业选修课这几大模块来设置的，且实践类课程较少，创新力度不足，忽视了价值引领和价值观重塑。这便导致地方高校在专业课程设置上不能够紧跟时代发展步伐，未能及时顺应会计领域的新趋势、新变化，未能依据国家战略与地方需求来更新原有的教育教学方法与原则，更未能与人工智能等科技相互融合完善课程，时代特征不明显。课程之间的界限划分也不够明晰，导致专业课程有内容重复、冗长的现象，学生的学习兴趣与积极性不高。专业课程体系与综合素质教育、能力培养精确匹配程度低，开设的课程与培养方案中所阐述的理念并不契合，对学生现代信息技术的应用能力、数据分析能力和国际化视野培养严重缺失，部分地方高校的人工智能会计、财务共享中心、云会计等与大数据融合的课程还停留在理念建设的雏形阶段。

（三）应用型师资不够

师资力量不足是培养智能会计人才的短板之一。会计作为实践性较强的学科，对教师实践经验要求较高，既要懂得理论知识又要熟练掌握实践操作；既需要教授传统知识又需要教授智能化操作。在要求将学生朝智能化方向培养的同时，还要求高校具备充足的实习力量，对新知识新应用开展学习。高校资深教师作为传统会计的主力军，在面对新技术革新时相比较年轻教师会显得力不从心，就要求更多的中青年教师积极学习智能会计知识，应对人工智能时代会计教育面临的挑战。

（四）缺乏职业素质教育

职业素质教育在培养会计专业人才中具有不可或缺的作用。作为一种精神文化力量，会计职业素质需要每个从业人员对会计职业保持崇高的理想和追求，与时俱进、推陈出新。八大会计职业道德规范中，在诚实守信的道德规范下，确保数据真实有效是基础，但如今上市公司财务造假层出不穷，体现出会计职业道德教育重视程度不够，法律要求不严。爱岗敬业、提高技能、参与管理和强化服务，都旨在要求会计专业人才紧跟时代发展趋势不断完善自身综合素质，而缺乏职业素质的会计人员，就很难主动提高自身专业技能，难以提高工作效率和准确性，也难以遵守会计行业的纪律，履行其责任与义务。因此，在专业课程中加强法治教育刻不容缓，塑造会计专业学生诚信守法的职业道德精神迫在眉睫。

三、高校会计学专业人才培养模式的优化措施

（一）明确人才培养目标

针对会计学人才培养定位与市场需求出现脱节的现象，各高校应以人工智能时代下的社会需求为导向，在改变传统教育理念的同时，将会计学专业人才的培养模式进一步优化。会计学科教师在进行专业授课时，要以培养学生的综合能力和批判性思维为主要方向，并体现会计学专业的实践性。各高校会计学专业负责人须在整合自身院校的实际情况和既有资源的基础上，多方调查目前市场对会计人才需求的划分，把握经济发展势头，结合国家政策，明确会计人才培养的目标，进而科学地制订人才培养计划，更新人才培养方案，推动会计学课程与大数据、人工智能、数据挖掘与分析等专业领域交融互通，多方位提高会计人才的培育水准，从而为市场经济繁荣发展输送更具有效率和准确性的会计人才。

（二）更新专业课程体系

在人工智能背景下，高校对于会计人才的培养不应只局限于会计学，而要打破传统的学科界限，充分利用学科交叉的方式，使学生在掌握相关基本知识的同时，增强会计信息和其他信息的综合处理能力与分析能力。在课程方面，可以增设“智能财务共享”“大数据财务分析”“大数据审计”等课程，在会计学本科专业先行先试，培养具有数据分析与决策能力的复合型会计人才。此外，财务会计岗位的需求随着智能化发展也逐渐让位于管理岗位，高校可以开展模拟管理比赛和相关课程，在教学中增强学生参与管理的意愿。在实践课程方面，与走在改革前沿的企业进行合作，与知名会计师事务所进行课程开发实习实践，利用企业与事务所丰富的人工智能与会计相结合的经验，让学生在本科学习阶段就能对其有所了解并产生兴趣，了解智能化时代下会计人员所需具备的专业能力，进而激发学生主动学习的积极性。

（三）建设应用型师资队伍

教师一直都扮演着传道授业解惑的角色，高质量、高水平、紧跟时代前沿的教师将会对培养适应智能化时代的专业会计人才产生重大影响。在

跟随政策变动不断调整传统会计学课程的同时，还需要对大数据、人工智能、信息技术、财务共享等课程进行学习。高校应积极为教师拓宽学习新知识的渠道，可以为教师报名参加线上课程、学术会议和专业讲座等提供帮助，与时俱进，开拓教师的视野，提升教师的专业理论水平。

同时，还可以加强与优秀企业的合作。一方面，从企业聘请拥有丰富实践的相关领域人才到校举办知识讲座，让学生了解企业会计发展的现状和趋势；另一方面，将学校老师选派到优秀的企业进行学习沉淀，了解人工智能对会计实际工作产生的影响，熟悉大数据、人工智能、云计算、区块链等新技术的应用，通过学习和实践来适应智能时代，为后续培养适应新时代的高素质会计人才提供有力保障。

（四）加强职业素养教育

高校在会计人才培养的过程中应当特别重视会计职业道德教育，一方面要加强专业教师的职业道德素养，另一方面要加强学生的会计职业道德教育和法制教育。当前违反职业道德的财务案件时有发生，法律制度不完善是其中一个重要因素，高校能做的是加强学生对职业道德的认识。在教学的过程中，可以通过对与职业道德相关典型案例的讲解，循序渐进地引导学生树立正确的职业价值观念，让正确的职业道德和法律至上，依法办事、违法必究的理念在学生的心中扎根，潜移默化地让学生拥有坚定的意志和抵制诱惑的能力。

四、研究结论

近年来，我国会计行业一直处于饱和状态，但由于我国企业数量多，会计岗位又是每个公司所必需配备的岗位，所以传统的记账会计仍然处于高供给的状态。但随着人工智能在会计学领域的应用，这种局面将被打破，一个懂智能会计的专业人才才会被社会所赏识，这要求自身除了对传统知识要有所掌握外，还需要具备相应的软件操作技能。高校作为会计人才孕育的摇篮，如何培养出合格的、能够满足智能化要求的会计人才是各大高校在会计人才培养方面面临的一项重要课题。为此，高校可以通过明确人才培养目标、更新专业课程体系、建设应用型师资队伍和加强职业素养教育等举措，打造一个符合人工智能时代、满足中国特色社会主义经济发展的多层次、多领域的会计专业人才团队。

参考文献

[1] 唐洋，周金标，胡海波. 新文科背景下地方高校会计学一流本科专业人才培养模式研究 [J]. 黑龙江教育（高教研究与评估），2022（2）：8-10.

[2] 赵春艳，毛腊梅. 大数据战略下地方高校会计学专业金课课程体系建设研究 [J]. 牡丹江大学学报，2020，29（12）：116-120.

[3] 陈舒，姚丽. 人工智能背景下会计学专业人才培养研究 [J]. 合作经济与科技，2022（9）：112-113.

[4] 唐大鹏，王伯伦，刘翌晨. "数智"时代会计教育重构：供需矛盾与要素创新 [J]. 会计研究，2020（12）：180-182.

[5] 王爱国，牛艳芳. 智能会计人才培养课程体系建设与探索 [J]. 中国大学教学，2021（6）：34-39.

智能化浪潮下
应用型会计人才教学模式优化

陈文龙

（西华大学管理学院　四川成都　610039）

摘要：近年来，随着人工智能、大数据、云计算等技术的不断发展和推广应用，人们的生产生活逐步迈入智能化时代。智能化时代的到来不仅给财务工作带来了新的机遇和挑战，而且也对地方高校会计人才培养提出了新的要求。在此背景下，本文对智能化时代下地方高校会计人才培养存在的问题进行了分析，并提出了改进措施。

关键词：智能化；应用型；教学改革

【基金项目】本文是四川省高等教育人才培养质量和教学改革项目JG2021-381和2021-913的阶段性成果，得到西华大学会计学国家级一流本科专业建设项目资助。

会计专业长期以来都是高校热门专业，每年向社会输送成千上万的财会人才，然而随着时代的进步，移动互联网与人工智能逐步渗透到了大众生活的方方面面。AI在其他行业的完美表现必然会推进人工智能走近财会行业，可以预见人工智能正在逐步进入会计领域。财会工作将因此而受到冲击，并且冲击的力度会越来越大。2015年，教育部联合国家发展改革委和财政部提出关于引导部分地方普通本科高校向应用型转变的决策部署，推动高校转型发展，为此针对新时代行业智能化的特征，针对高校财务专业的应用型人才培养，需要对教学模式进行优化。

一、新时代下，智能化对财务行业及财会人员的冲击

（一）智能化对财务行业现状的影响分析

人工智能逐步进入社会中诸多行业之中，这一新型科学成果正在逐步改变我们的生活。以会计行业为例，相较于传统财务工作，首先，智能化会计提高了工作效率。传统人工的精力有限，无法做到不间断工作，并且难免出现失误。其次，智能化会计提高了财务信息的精准度。人工耗费大量时间与精力编制凭证直到编制财务报表难免出现核算错误，会计核算智能化通过固定的程序，自动生成记账，减少过失性错误。最后，随着智能化信息处理的进步，财务信息的造假会更加清晰，难度也会更大，财务人员的工作分工更加明显，不仅能够提高效率，而且一旦发现某一环节存在问题，能够迅速找到负责人，提高财务数据的真实性、合理性。

（二）智能化对财务人员的新要求分析

随着财务智能化所带来的冲击，许多企业引进大数据、云财务、财务机器人，这对于传统的财会人员来说，理应顺势而为，以适应财务智能化发展的要求。国家在政策方面也倡导普通会计人员向管理型会计转型，“越老越吃香”的设定逐渐退出舞台。不可否认，智能化的浪潮对财务行业有着很大的好处，它的出现，可以高效、准确地完成重复性的工作，但对于全面取代人力还为时尚早，尽管如此，会计人员也必须了解智能化对于行业发展带来的影响，顺应新时代的潮流。

1. 管理会计转型趋势

传统财务人员由于更加注重对以往的经济活动进行统计和核算，所以得出的统计数据存在一定的滞后性，管理会计更加注重从财务会计单一的核算数据，拓展至对过去的解析，确保符合日后工作的要求。当简单重复的财务工作被人工智能替代，传统会计人员更应主动放远目光，进行管理会计转型，参与到企业的决策管理中。运用安全边际指标测评企业是否处于安全运营中，投资时可以帮助企业排除一些信用不佳的合作伙伴，避免企业因坏账导致的资金链断裂的问题，保证企业未来的正常运营。

2. 应用型能力提升

要想不被取代，新的会计人员相较于过去需要做到以下几点：财务人员需要建立新的知识体系，多学习计算机相关知识，如今的会计核算智能化已经远远超越了 Excel 表格、会计电算化软件操作这些内容，财务人员

需要学习更深入的科技知识。

然而会计专业的课程建设和培养尚未与“大数据、人工智能”等很好地融合衔接，众多高校在智能化应用型会计人才培养模式方面存在结构性和前瞻性问题，会计教育教学模式的改革创新刻不容缓，势在必行。

二、智能化时代下，应用型财务人才培养模式存在的问题

（一）教学模式未能满足智能化应用型会计人才要求

一方面，高校会计教学工作中仍旧以理论教学为主，实务操作目前仍旧是基本的会计电算化以及手工账练习，使得学生在学习过程中陷入被动地接受，不能积极主动学习，也就缺乏了创新能力，而且造成学生在专业理论系统学习中与社会实际需求脱节，动手能力和综合实践能力偏弱，不能将理论运用到实践环节中。

另一方面，很多高校虽然已经为学生开展了部分设计操作课程，比如为会计专业设立会计实验室，让学生能够进行部分会计工作的模拟操作和课程设计，但是高校会计专业实践课程大多在实验室内完成，而在实验室完成的练习又以会计专业软件为主，没有真正让学生学到系统的信息技术知识，在大数据以及智能会计的知识上，学生在校期间并没有清晰的认知。创造能够帮助财务管理专业学生进行综合全面实操的实验环境，很少有高校可以做到，很多高校只是简单地投入资金为同学们购置电脑和软件，而忽略了系统的体系建设。

（二）课程体系未能契合智能化会计行业要求

行业增设上，新增了人工智能、大数据等行业，但高校财务课程体系中很少能对相关新兴行业有所安排，当下大多数定位于应用型本科财务管理人才培养的高校没有充分意识到实践环节在人才培养方面的重要性，导致学生毕业进入企业等单位工作时出现理论与实践脱节的问题。

（三）师资力量未能适应智能会计的教学要求

受传统会计教学的影响，会计人才培养方面面临的一大难题是缺乏具有财务和人工智能复合背景的高素质师资队伍。由于人工智能、大数据等出现的时间相对较晚，因此年轻的高校会计师资力量基本上接受的都是传统会计理论教育，大多不具备人工智能相关的实务背景。此外，虽然很多地方高校将人才培养目标定位为培养应用型人才，但很多地方高校在教师

职称评聘等方面大多存在“重科研、轻教学”等问题。繁重的科研考核压力迫使大多数教师尤其是青年教师将主要精力用于论文发表、课题申报等方面，而投入人工智能、大数据等新知识的学习的时间精力明显不足。与青年教师相比，中老年教师虽然面临相对较小的职称晋升压力，但是我国企业会计准则、税法等的频繁变更已经使得这些教师疲于应付知识更新，再加上受到年龄和精力的限制，中老年教师主动进行人工智能、大数据等知识和课程学习的积极性也有待提高。这些因素在很大程度上导致地方高校的师资队伍未能满足智能化的要求。

综合我国高校人才培养中存在的问题，还可以发现很多高校仍旧没有意识到智能化时代下新型应用型人才培养的重要性，培养模式的陈旧使得高校无法达成培养应用型人才的目标。

三、高校会计的人才培养模式优化方案

财务专业属于典型的应用型专业，它既区分于传统的研究型学科，也不同于单纯的职业技术教育，它需要以经济社会背景为基础，立足于科学技术变化，才可以应对复杂多变的人才需要。要培养满足人工智能潮流的应用型财务人才，高校必须建立应用型专业实践教育体系，考虑到实践与整体课程的协调性，让学生在实践中学习财务理论知识。如表 1 所示，根据当今财务专业的毕业生去向应在课程教学模式优化中有所体现。

表 1　财务专业毕业生的去向

去向	国有企业	三资企业	录取研究生	科研设计单位	机关	高等院校	部队	医疗卫生单位	其他事业单位	其他
占比/%	17.77	8.48	6.78	0.46	7.59	0.86	0.1	0.1	2.12	55.65

（一）创新教学观念，以实践课程为起点制订具体教学计划

如表 2 所示，除了具备基本的专业知识教育及模拟实训以外，在第三学年、第四学年增加实践课程，实践环节不是独立的教学模块，必须配合相关课程，用理论知识带动实践教育贯穿高校学习全过程。重视落实情况，有必要建立专门的教学质量监督和考核体系，提高实践教学的质量。

表 2　教学模式优化方案

第一学年	第二学年	第三学年	第四学年
专业知识教育	专业知识应用+财务模拟实训	财务电算化实操	职业技能认证+专业实习
理论认知	素质培养	应用技能	创新才能

（二）与时俱进，保证教学的先进性与实用性

首先，评价人才培养模式能否有良好的预期，必须从教学成果来衡量。当下经济社会发展迅速，短期的教学模式或许能够取得一定的效果，但是长期来看，或许会因为所处社会环境的不同而产生消极影响，因此，高校的教学课程必须以实用性为尺度，不断优化实践教学模式，明确社会发展对人才的具体需求，加深校企合作，保证高端人才输出。舍弃传统灌输式教学，增加翻转课堂环节。其步骤为：①专业知识讲解；②布置案例分组讨论；③学生灵活运用知识回答案例疑问；④成立提问讲解小组，扩大案例知识点覆盖面，发散思维。

其次，大量企业在财务上都存在保密性，让本科学生接触具有一定的风险，因此开设模拟实验室很有必要，高校需要加大实验室建设投入，尽量模拟出真实的企事业单位的财务环境和财务事件，保证实践课程的质量。校企合作也不应仅限于外派实习，还可以聘请企业有经验的财务人员对学生进行实践课程的指导，只有模拟出最真实的企事业财务环境，才能充分发挥教学的实用性。

（三）紧跟智能化趋势，提高教学的相关性

1. 培训模式多元化

在财务智能化趋势下，高校的培养模式应当做出革新，在传统单一会计学的基础上，进一步引入 ACCA 方向、CPA 方向、CIMA 方向、智能会计方向、“E+”会计双专业等培养模式，根据不同培养模式差异化培养复合型高端会计人才。

传统的课堂教学难以将财务智能化具象到课程中，高校的培养模式应该紧跟趋势优化教学环境，如引进人工智能会计场景教学或者人机交互学习的实验室，确保利用智能化教学设备达到预期的教学水平。另外，高校应该积极与具有强大研发能力的科研院所或者企业加大合作力度，依托企业工作场所，培养学生在智能化条件下的会计处理能力，全方位提高学生能力。

2. 强化师资团队

会计教学模式除了客观的物质条件还需要强大的师资团队，目前我国

会计教育的师资力量面临着中老年教师由于精力有限从而缺乏智能化背景知识的了解，而年轻教师普遍接受传统会计理论教育，也缺乏与智能化水平结合的知识储备。高校可轮岗派遣教师前往企业财务共享中心、财务信息化部门加强学习，确保教师能够在一定程度上掌握新时代财务智能化会计技能，后续再由教师自主选择以何种方式创新教学模式。针对缺乏教学经验的年轻教师，学院可以采取一定期限内的“师徒制”模式，如教学经验丰富的教师通过传授自身经验，加强年轻教师对课堂教学的整体把控，从而提升他们的课堂教学质量。

四、结语

随着科技的不断发展，每一个行业随着科技的进步都在时刻调整，对人才的要求只会越来越高，输送应用型实践人才必须不断完善高校人才培养模式，提高毕业生的综合能力水平，才能满足社会对高端人才的需求。

参考文献

[1] 侯铭. 浅谈会计核算智能化对财务工作的影响 [J]. 现代商业，2019 (27): 175-176.

[2] 王明吉，王瑶佳，姚茗荠. 我国财务智能化发展与展望 [J]. 现代营销 (上旬刊)，2022 (7): 97-99.

[3] 耿晓兰，王雯. 信息智能化背景下财务人员面临的挑战 [J]. 对外经贸，2021 (9): 58-59，127.

[4] 陈凯棋. 人工智能对会计行业的影响与应对研究 [J]. 财会学习，2018 (23): 74-75.

[5] 朱元秋. 财务会计与管理会计融合难怎么“破”? [J]. 中国商界，2022 (9): 102-103.

[6] 汤伟. 应用型本科财务管理实践教学改革探索：基于职业能力培养的思考 [J]. 新会计，2017 (6): 3.

[7] 王楠，吕晶晶. 应用型本科财务管理实践教学改革探索 [J]. 数据，2022 (7): 150-152.

[8] 蒋瑜峰，李夏宇，蒋绍宇，等. 财务智能化趋势下会计人才培养改革研究 [J]. 财会月刊，2022 (13): 94-101.

浅析“大智移云”背景下
地方院校会计学专业人才培养创新

姜园园
（西华大学管理学院　四川成都　610039）

摘要： 随着新技术的不断进步和发展，面对“大智移云”时代的到来，会计很可能被淘汰的境地，社会对会计学专业的人才也就提出了更高的要求。本文通过在研究新技术影响的基础上，从人才培养目标、课程体系建设、教学手段这三个方面，分析了现在地方院校会计学本科专业建设的问题，然后针对其问题提出改进措施，目的是培养社会需要的具有创新能力的高素质应用型人才。

关键词： 大智移云；会计学专业；人才培养；地方院校

【基金项目】 本文是四川省高等教育人才培养质量和教学改革项目JG2021-381和2021-913的阶段性成果，得到西华大学会计学国家级一流本科专业建设项目资助。

一、“大智移云”对会计人才的影响

“大智移云”是将大数据、人工智能、移动通信、云计算综合到一起的区块链。“大智移云”是在中国互联网大会上提出来的，它们彼此之间相互关联，大数据和物联网的相互结合，使大数据的产生和收集成为可能，云计算使软件和硬件更加智能化。“大智移云”是互联网行业的重要技术载体并且推动着社会的发展，但同时也带来了巨大的风险和挑战，会计行业亦如此。其对会计人才的影响，有以下三个方面。

（一）专业知识与技能方面

“大智移云”背景下会计人员除了需要掌握财务会计知识外，还应该掌握管理会计、金融学、投资学等知识。基本的专业技能不再仅是会计核算、记录和报告，而且还包含财务分析与战略规划能力、成本会计控制、管理会计能力、风险管理等。传统的会计是利用结构化数据，通过编制凭证、报表等方式提供历史财务信息，而“大智移云”时代则是通过信息技术实现业务活动与会计处理的同步进行，为企业实时提供决策有用的信息。新技术的应用无疑对会计人员的知识与能力结构提出了更高的要求。

（二）信息化技能和数据处理方面

“大智移云”时代是个信息技术发展迅速的时代，实现了信息技术与市场、用户乃至整个商业生态价值链的深度融合。传统会计人员主要是使用会计信息系统，产生会计信息。在“大智移云”背景下，会计人员需要掌握各种信息加工的技能与方法，并且拥有有效获得数据、处理和分析数据、挖掘数据背后隐藏的商业价值的能力。

（三）交流与沟通方面

未来的会计人员将由核算型走向决策型，工作内容由埋头式的机械性劳动转向开放式的管理性工作。因此，交流与沟通能力成为转型期会计人员的首要切入点。从一些知名招聘网站上发布的企业招聘信息来看，绝大部分企业都把具有良好的沟通能力和人际交往能力作为会计人员应该具备的基本能力。

面对“大智移云物区”的时代，新文科要依托新技术实现文科专业人才培养模式变革，对于会计专业来说也同样如此。互联网+会计、智能会计和大数据会计等不断涌现，给会计学科发展和会计教育改革提出了新要求。同时会计职能也向价值管理、资本运营、战略决策辅助等持续转型升级，呈现出技术化、分析性特征，这要求高校应当强化学生跨领域、跨学科的知识融通能力，培养出符合社会发展需要的应用型高素质会计人才。

二、地方院校会计学专业人才培养存在的问题

目前，地方本科院校培养的会计人才与社会需求脱节较严重，与部属院校培养人才是有差距的。一方面，传统培养模式定位于基础核算型会计人才，存在重理论轻实践、忽视职业素养等问题，培养出来的会计人才无法适应市场需求；另一方面，市场核算型人才供过于求，而新技术背景下的市场急需的是分析管理型、应用型高素质会计人才。此外，地方院校的本科会计课程大都对计算机软件、财务共享等内容不够重视。因此，深入

分析现有的会计人才培养存在的问题，构建与“大智移云”背景相适应的会计人才培养模式，是地方院校本科会计学专业教育必须重视的，具有重要的现实意义。以下是地方院校会计学专业人才培养存在的问题。

（一）人才培养目标不能完全适应社会需求

培养目标是会计本科教育的重要导向，在很大程度上决定着会计人才的培养方式和手段，进而影响着本科教育教学的深度和广度。目前，大多数的地方院校还是在培养传统型会计人才，高校会计人才的教育目标更侧重于会计专业基础知识的掌握，而培养出的这些传统型人才主要只能胜任企业的出纳、成本会计的基础核算型工作。而随着“大数据”“财务共享”“人工智能”的出现，社会上基层会计人员已经严重饱和了，传统型会计人才已经大大脱离了现代社会的需要，这表明学校的教育目标和社会需求是不匹配的，因此高校距离培养出符合新时代需求的应用型会计人才仍然有一段路要走。

（二）课程与培养目标相脱离

1. 课程设置比较落后

目前各地方院校会计学专业的课程多侧重于会计学原理、中级财务会计、高级财务会计等会计课程，侧重基础财务会计相关理论知识，却忽略了管理会计、会计信息化、数据分析及财务分析等相关课程，缺少新兴专业学科和基于云技术的实时做账、实时报账、实时审账知识，更缺少计算机科学、大数据、云计算、云存储、云报销、云存货等内容。虽然一些地方高校也开设了会计信息系统等上机课程，但上机实践学习只停留于软件本身，未能真正接触企业的账务处理及分析过程，无法培养学生的财务信息管理能力，难以培养学生运用计算机进行数据分析和战略分析的能力。

2. 会计实践教学流于形式

大部分地方院校把实践教学分为校内模拟实训和校外企业实习，但是校内模拟实训基本上都局限于手工实训，较少涉及会计电算化仿真实训，缺乏会计实训体系，导致实践内容与实际业务处理相脱离，考核要求也相对较低，无法引起学生重视，实训效果也相对不太理想；校外企业实习，由于学生动手能力较差，不能够将学习的知识和会计实践有机结合，而且实习内容相对片面，实训重点是会计核算，缺少会计分析、会计监督等内容，进而难以增强学生运用所学知识解决实际问题的能力和创新思维。而“大智移云”时代最缺乏的就是懂得会计分析和会计监督的人才。

3. 缺乏职业道德的培养

社会对于会计人才的需求已经不仅限于具备会计专业的知识与能力了，更看重的是一个人的综合素质。“大智移云”背景下会计造假具有隐蔽性与复杂性，良好的会计职业道德教育是真实、可靠的会计信息的重要保障。然而，从部分高校的课程设置来看，我国目前对会计职业道德教育的重视程度还不够，因此会计学专业应积极开展课程思政，落实以德树人根本任务。

（三）教学手段方法滞后

目前，虽然现在很多高校在课堂授课形式上有所创新，比如慕课、翻转课堂、微课等，但也仅限于一门或者特定几门专业课，能起到的教学实质作用不大，而且对于使用以网络手段为主的数字教学应用较少，相对于会计专业来说，更需要投入大量的时间和成本进行维护更新，导致了当前高校会计专业课程未能与大数据等平台进行很好的结合，因此实际授课中还是以课堂讲授为主，以传输知识为主，教学方法单一，通过大量的 PPT 向学生传授会计理论和方法，这种教学模式下，学生参与度低，在课堂上缺少了应有的积极性和主动性，实践能力提高不了，毕业后也缺少对会计工作环境的适应性和创造性。此外，在原有的教学模式下，由于考评方式的局限，大多数高校对学生的考核方式都是平时成绩加上最后的期末成绩，这只注重了学生的基础知识的掌握，缺少对学生实际的实践能力的考察。这种教学手段和方法将会导致学生毕业后因不适应社会而被淘汰。

三、改进会计学专业人才培养的基本构想

（一）转变人才培养目标和理念

要想培养适应社会主义市场经济建设需要的应用型人才，就必须紧密按照社会的需要，实现培养目标和教育理念的转变，结合会计专业的具体情况和专业特点及现在新技术下社会对人才能力和素质的具体要求。

会计学专业结合多年的教学实践，不断完善人才培养理念，凝练人才培养特色，确立了会计学专业人才培养目标，即培养适应区域经济和社会发展需求、德智体美劳全面发展，掌握管理学、经济学和会计学的基本理论和基本知识，具备较强的会计核算、财务管理和财务分析、审计等业务能力，能够在企业事业单位、金融证券机构、会计师事务所和政府部门从事会计、审计与财务管理等工作的基础实、技术精、能力强、具有创新创

业精神和社会责任感的高素质应用型财会人才。

根据社会和企业对会计人才需求的变化，高校的会计人才目标应当在其基础上，随市场的需求而做出相应的调整。首先，各个地区和企业的发展状况和财务模式不同，高校需要根据其情况开设关于不同财务模式的讲座，让学生更多地了解其不同的应对方式。其次，目前正处于人工智能、信息技术的发展期，为了适应这一阶段，高校应当在保留传统的会计人才目标的同时，逐步向管理会计人才的教育方向转型。与此同时，现代会计教育的基本目标应该是着重提高人才的素质，向发展学生综合能力的方向转变，培养基础扎实、技术精良、能力强、具有创新创业精神和社会责任感的高素质应用型财会人才。

与此同时，高校对会计人才的培养还需要实现教育理念的转变。一般来讲，传统型人才培养模式主要是给学生讲清楚“为什么”，而应用型人才模式则重点要给学生讲清楚“怎么做”，目前的新技术环境下，高校实现教育理念的转变的关键在于实现从“为什么”到“怎么做”的转变。学生不仅要知道“为什么”，也要知道“怎么做”。

（二）合理构建人才培养课程体系

为了更好地适应人工智能这一新技术的大环境，各地方院校应该重视对课程体系的优化改革，构建理论教学、实践教学、素质教学三位一体的培养体系，有的放矢地根据新时代社会环境需求进行课程体系的战略性改革，提高课程与市场需求的适配性。随着我国综合国力的提升及新技术的发展，如今需要的是深层次教学，对于人才的培养应该向着专业化的方向发展，应当根据社会需求进行改革创新，增加与社会企业的联动性，即对会计学专业的课程体系进行改革和创新，以满足社会对会计学专业的人才的需求。

1. 突出人工智能技术的教学重点

目前管理者对于会计软件的预测、管理、控制的需求越来越强烈，管理会计信息化是企业管理转型的重要手段，管理者通过会计信息化可以优化企业战略管理水平，提高经济效益。因此除了增加管理会计课程的占比，还应该在课程学科中增加计算机会计、财务智能、数据挖掘、高级Excel、云会计、财务决策等有关新技术的课程，培养会计学学生对新技术、人工智能的学习，拓宽视野，目的是为社会输送既具备专业会计学基础知识和技能，又了解计算机和新技术的会计人才。本科生作为高校主要的人才输送对象，在课程建设中应该着力培养学生的创新能力，适当增加学科竞赛、创新项目的辅助课程，根据高校自身发展的优势，对会计学专业进行辅助与支持，使专业建设得更具有特色。

2. 重视实践教学

为了提高学生的实践动手能力和社会适应能力，高校需要在课堂教学之外设置实践教学，引导学生自主学习，运用课堂上的教学，检验课堂学习成果，了解和熟悉企业的运行情况。首先，会计学专业的实践教学需要安排必要的实训活动，教师应当提供类似企业的操作环境，对学生进行手工做账和计算机软件操作等应用能力的实际训练。其次，学生在完成会计学基础课和专业课后，高校应当组织学生进行认知实习，主要是参观国内外知名会计师事务所、企业事业单位的会计实践，或者观看相关会计实践活动的视频，以提高学生对会计专业的认知，巩固所学的基础专业知识。最后，在大部分专业课的教学完成后，应当让学生进行专业实习，明确专业实习的基本要求，组织学生进行实际操作训练，让学生了解具体的企业会计工作的主要内容和基本规则，并把课堂上所学的专业知识运用到实践中去，实现对现实实际问题的研究和解决，以提高学生适应社会环境的能力。

3. 注重会计职业道德教育

各地方院校在进行会计专业教学的过程中，要全面贯彻课程思政，同其他课程相融合，引导学生树立诚信为本的职业理念，增强学生识别虚假会计信息的能力，从而起到强化职业道德理念的作用。

（三）优化培养模式和教学方法

在培养模式和教学方法上，要彻底改变“教师一讲到底、学生被动听、被动记”的状态，要适应社会的进步和信息技术的发展，了解现代学生的思维特点和个性化的学习习惯，广泛采用多媒体、网络教学等现代化教学手段。

一是要改变以往的传统教学模式，采用包括小组讨论、团队合作等方式，利用慕课、翻转课堂等混合式教学，让学生课前主动学习，在平台和软件上自主地进行知识学习，强化自己的知识结构，运用现有的各种信息平台上的资源，构建以学生为中心的教学模式，改变以往以老师宣讲授课为主的课程模式，将扁平化的、传统的课堂讲授方式转变为更加开放自主、互动性更强的立体化教学手段，让学生们在学习上从被动变为主动，提高学生们对学习的兴趣，提高学习效率。

二是要改变以往的培养方式。当前高校专业教育应当充分认识到大数据环境为会计教学带来的更新和变化，比如平台和资源的更新和优化与海量信息，所以应当充分利用现有的互联网平台和技术手段及资源，强化对会计专业课程的网络设计和数据规划，有效借助多元化平台提供的各种资源和信息，然后结合传统课堂的基础理论知识，最大限度地发挥新技术背景下人才培养的优势。各地方院校也可以全面推进校企联合，可以请校外的财务专家来开讲座，让学生们多了解新技术发展对会计的影响，然后进行多种资源整合，高校教师和企业财务专家及技术人员在理论教学、教学改革实践、实训等方面进行有效沟通，打造更适应新技术背景下社会需求的培养方式和教学平台。

三是改变以往的评价标准。在“大智移云”背景下，新的技术优势为会计人才培养的评价提供了支撑。评价制度可以以动态化、多元化、系统化为导向。除传统的期末笔试的考试方式外，补充一些重在考核学生实际能力的评价方式，学生通过测试，能够对自身的学习成果有所了解，为此促进学生学习的动力和积极性，提高学生对其实际能力的重视。

参考文献

[1] 杨瑞平，吴秋生，王晓亮.“国标”指导下的会计学专业课程设置[J]. 财会通讯，2022（15）：150-155.

[2] 蒋瑜峰，王聿修，阳芸茹. 财务智能背景下会计人才培养的挑战与对策[J]. 科技创业月刊，2022，35（7）：119-122.

[3] 范宁，叶素苹. 大数据背景下高校会计教学模式研究[J]. 中国农业会计，2022（6）：36-38.

[4] 梁春霞. 课程思政在会计专业课程中的融入探析[J]. 经济师，2022（5）：208-209.

[5] 韩跃，王守海. 分类培养 突出特色：会计学国家级一流本科专业建设实践[J]. 山东教育，2022（16）：35-36.

[6] 闻曦燕. 新科技背景下地方应用型本科院校会计专业人才培养模式探究[J]. 景德镇学院学报，2021，36（2）：52-56.

[7] 张明. 大智移云下基于DES模型的应用型会计人才培养路径[J].

教育财会研究，2020，31（2）：91-95.

[8] 吴文瑞，刘晓光."双一流"视角下黑龙江省会计学专业本科课程体系改革探讨［J］. 绿色财会，2020（2）：37-41.

[9] 尚君凤，王冰."大智移云"背景下的会计创新探析［J］. 财会月刊，2019（19）：64-70.

[10] 朱纪红. 新技术背景下会计学专业"三重一高"人才培养模式探讨：以湖南工学院为例［J］. 新教育时代电子杂志（学生版），2015（28）：191，174.

浅谈大数据时代背景下的高校会计学专业教育创新

舒献君　姚世斌

（西华大学管理学院　四川成都　610039）

摘要：随着我国进入数字经济时代，市场对于会计人才的需求发生了改变。面对日益普及的大数据分析技术，迫切地需要进行会计教育模式的改革，培育出符合市场要求的高素质会计人才。本文论述了大数据的内涵及重要意义，并结合当前的会计教育模式，指出了当前我国会计教育在大数据时代背景下所遇到的诸多问题，并根据目前存在的问题，提出了相应的改进措施。其目的在于顺应时代发展，充分利用信息化时代的优势，提升会计教育的质量，培养出具有较高素质的会计专业人才。

关键词：大数据分析；会计教育；创新

【基金项目】本文是四川省高等教育人才培养质量和教学改革项目JG2021-381和2021-913的阶段性成果，得到西华大学会计学国家级一流本科专业建设项目资助。

“大数据技术”“新一代ERP”“区块链技术”“数据挖掘及在线审计”等新词汇的涌现，都是我国迈向数字经济时代的重要信号，同时也引发了会计教育领域的广泛关注和探讨。业界认为，要想持续推进我国智能财务的发展，必须有具备大数据技术分析能力的会计从业人员。但是，此类专业财务人员数量无法满足社会需求。因此，在大数据技术的背景下，会计学人才培养改革非常具有现实意义，高校应确立新的教学目标和方向，以培养掌握大数据技术财务人员为重点，为社会输送更符合市场和发展需求的优秀人才。

一、大数据对高校会计教育的新要求

（一）大数据的内涵及意义

大数据一般是指，在一定的时间段内，不能用常规数据处理软件工具进行捕捉、管理和处理的海量、复杂的数据集合。它具有5V特征——volume（容量大）、variety（种类繁多）、velocity（速度快）、value（价值密度低）、veracity（真实性）。一是这些数据的数量非常庞大。二是数据种类繁多，既包括结构化数据，也包括非结构化数据。三是它具有快速的处理能力，这是与传统数据挖掘相比，大数据具有的明显特点。四是数据价值密度相对较低。当今世界，信息无所不在，但有价值的信息较少。五是数据的真实性。大数据的内容与现实生活有着密切的联系，虽然不能保证绝对准确，但绝对是真实的。

随着社会的发展，大数据不仅在产品开发、企业价值提升等领域得以应用，财务相关人员也逐渐将视野转移至大数据上。传统意义上的财务数据多指会计人员提供的各种会计业务信息和财务报表等。而财务大数据则是将财务数据的覆盖面拓展到包括申请、交易、报账、支付、核算等各个环节，也包括政府、市场、互联网、银行等提供的企业外部数据。在种类繁多且数量庞大的数据中，操作人员需要具有大数据思维，使用IT技术工具，挖掘出有用的信息，这会增加数据的处理难度，但也能提高企业绩效、控制风险、为决策带来新的见解。企业也不再单纯依靠传统的会计信息来做决策，而是以完善的信息系统为支撑，做出更理性的决策。

（二）大数据时代下对高校会计学人才培养的新要求

大数据时代到来之前，市场对于会计人员的要求仅仅是能够准确计算企业的财务信息，因此高校只需要开设财务相关的理论课程，设置一些账务处理的实训课即可。但随着对大数据的应用逐渐成熟，市场对于会计人员的需求发生了变化。会计人员除了要有基本的账务处理能力外，还要具备一定的管理水平和风险管控意识等，而这些也都是未来会计职业发展的新方向。因此，大数据时代对于高校会计专业人才培养也提出了新的要求。

除了基础的财务理论知识，还需要培养学生的管理能力、业务能力和数据处理能力。大多数企业虽没有设置管理会计这一职位，但随着大数据在财务上的应用日益普及，企业更倾向于招聘有管理思维的毕业生。实际工作中，单纯的财务数据能创造的价值远远低于业务与财务融合之后带来的价值，因此业务能力的培养也是高校会计教育的目标之一。在数据处理方面，传统的处理方法已经不能满足实际工作的需要，会计人员需要在数量巨大且种类繁多的信息中去挑选并分析，这对学生的数据处理能力提出了很高的要求。在大数据时代对高校提出的这些新要求的驱使下，高校应该加快会计专业教育改革的脚步，以此适应大数据背景下的会计类职业发展。

二、大数据背景下高校会计学教育面临的问题

在大数据时代，各种财务机器人、智能财务软件应运而生。这就意味着，过去机械式的会计工作很可能被替代，而现在需要的是能够运用大数据技术，对财务数据进行深层次分析，并且具备创新精神的会计人员。目前，我国高校的会计教育依然沿用的是传统的教学方式和观念，没有与时俱进，主要存在如下问题：

（一）课程设置不能满足大数据时代要求

有研究指出，大数据分析要求学习者具备以下三种能力及相应的知识储备，即业务能力、沟通能力、数据的抽取和分析能力、逻辑思维、软件操作知识、数学统计知识。相应地，在设置课程体系的时候也应该根据需要来匹配合适的课程。但是目前的课程体系中对于各项能力的培养课程确实存在一定的缺失。首先，针对业务能力，需要学生实实在在走进企业，亲身接触到业务，才能慢慢积累起来。但是现有课程体系中并没有相应的企业实践课程来支撑学生业务能力的培养。即使假期学生自愿参与实习，但是没有老师的指导，学生也难以将实际业务能力与大数据技术知识相结合，导致理论和实践仍然是脱节的状态。其次，大数据分析要求学习者熟悉统计相关的计算公式，各类算法也需要熟练使用，这就需要开设高阶的统计学知识和数学模型建立课程。但是现在高校针对会计专业开设的数学课仅限于基础数学知识，统计学相关的课程也仅是统计学原理，无法满足对数据进行分析的要求。再次，熟练地使用 Excel 已是最基本的技能，对 Python、SPSS、VBA 等工具的使用也是需要具备的核心能力之一，这样才能满足大数据分析提出的数据提取与分析能力、熟练应用操作软件的要求。部分高校未开设各类数据分析工具使用课程，有的高校虽然有相应的课程，但由于教学内容的深度不够，教学时长短，无法让学生完全掌握其用法。最后，现如今财务工作中大量涉及电子货币结算、远程会计核算以

及在线财务管理等，但大部分高校仅开设了基础财务记账软件，培养的仍然是学生处理琐碎工作的能力。财务软件应用课程与实际工作需求之间的联系不紧密，也是现有课程体系的缺陷之一。

（二）教师教学能力不能完全适应数据化人才培养要求

教师的思维和理念要与时俱进，才能培养出与时俱进的学生。想要培养出大数据人才，就需要有具备大数据思维和信息化教学能力的教师。但是，现在会计专业的大部分教师都没有计算机专业的背景，对于新兴的大数据技术分析工具或数字化技术应用的理解存在着很大的障碍。教师自身无法透彻理解和掌握大数据相关知识，自然也就无法将大数据技术知识的精髓有效地传授给学生。在软件实际操作方面，教师也缺乏充足的经验以应对课堂上学生们在操作过程中可能遇到的一些问题和突发状况，限制了学生在大数据应用方面的发展。并且，教师大多把精力放在了对财务专业知识的研究与学习上，认知和思维还停留在传统的教学模式，认为大学阶段的重要任务是对理论知识的掌握，而实操技能与经验，则是走上社会后再慢慢积累，既没有将会计专业知识与市场的需求相适应，也没有结合大数据与当下社会发展需要及时调整授课目标。这就使得学生很难将实际业务与大数据的理论知识紧密结合，无法明白如何将大数据技术具体应用于实际工作中，导致高校培养的会计专业学生无法满足大数据时代背景下市场对会计人才提出的要求。

（三）单一的教学方法无法提升学生的数字化能力

大数据对学生提出了具备业务能力和解决实际问题能力的要求，对业务知识的积累、掌握和解决问题的能力是需要学生深入企业，将企业工作经验与课本学到的理论知识融会贯通，经过长时间的积累来提高自身的业务能力。因此，学校应该为学生提供更多的进入企业的机会或是实务模拟课程，并配置相应的指导老师，帮助学生实现理论知识与工作经验的有机结合，促进学生们从基础工作会计人员向专业性会计人才转型。但是，现在高校的课堂多以老师讲授理论知识专业课为主，实训课为辅，学生仍是被动接受知识。部分高校虽与企业进行了合作，但它们的目的并非提高学生的能力，而是通过企业的资源来实现更高的就业率。且实训课设置的时间也较短，学生无法在短时间内深入企业，只是形式化地在企业工作一段时间。对于信息化教学，学生的任务也仅限于制作 PPT、使用基础财务记账软件等，虽然优于仅由老师讲授书本知识的课堂形式，但这些训练仍然无法满足运用大数据分析技术的要求。此外，部分高校虽然采用了翻转课堂的形式，想以此在培养学生自主学习能力的同时，通过实际案例的分析与思考提升解决实际问题的能力。但是实际上，学生仅是做了资料的收集，对案例的分析也流于表面，没有真正地发挥翻转课堂的优势，做到深刻的思考与实践。

（四）教学设施配备不能满足数字化人才培养的需要

要普及大数据的教育，需要学校为学生配备相应的信息化设备，供学生对大数据分析进行实际应用的学习和巩固训练。部分高校配备的电脑过于老化，无法支持大数据分析工具的安装和运行，也没有为学生提供相应的大数据平台。由于缺乏设备的支持，没有经过充分的训练，学生对各类大数据分析软件的理解不够透彻，运用不够熟练，就无法将理论与实际操作有机结合，无助于培养学生解决实际应用问题的能力，一定程度上阻碍了学生的全面发展。

三、大数据背景下高校会计教育改革的建议

（一）完善课程设置方案

随着信息技术的发展，传统课程体系已无法适应现代会计教学的需求。要想解决目前我国高校会计教育与实际企业岗位需求不匹配的问题，应该积极行动起来，从课程的设置优化入手，对其进行改革。新课程体系如图 1 所示。

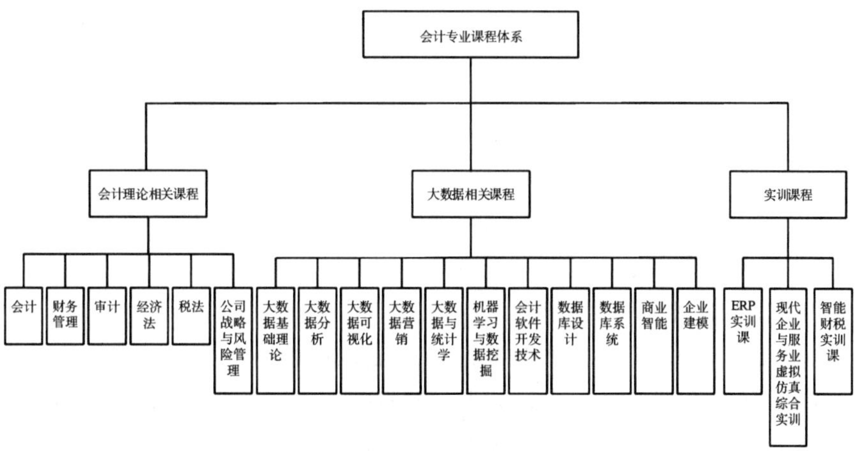

图 1　新课程体系

1. 针对需求增设课程

在进行课程体系的完善时结合 OBE 教学理念，以学生通过教育最终所取得的学习成果为设计目标，根据我国有关部门发布的有关会计行业政策、制度文件，并结合大量的企业调研结果，分析并总结出高校需要培养的专业型会计人才的类型。并根据确定的人才类型整理出学生需要具备的能力，对现有课程进行筛选和补充，例如，可以在现有课程的基础上考虑增设智能财税实训课、现代企业与服务业虚拟仿真综合实训、大数据基础理论、大数据分析、大数据可视化、大数据营销、大数据与统计学、机器学习与数据挖掘、会计软件开发技术、数据库设计与管理概论、数据库系统、商业分析基础，商业智能、企业建模等课程，从而得到一个合理且完善的课程体系，确保会计教育与时代同步。

2. 优化现有课程内容

现有课程体系中，绝大多数理论知识是不可删除的，而且由于教学时长的限制，不可能将所有大数据知识全部纳入课程体系中。因此，需要老师们通过对大数据相关知识进行分析，根据需要筛选出重要知识点，并将筛选出的知识点尽可能地融入现有的课程中。例如，将大数据分析引入会计案例课堂，或将大数据分析与财务管理、财务会计、审计、财务报表与企业经营分析等不可或缺的理论课程结合起来。同时还要根据大数据技术对各类需要具备能力的需求程度，确定各学科的权重，为各门学科匹配相应的学习时长。对于书本中旧的知识和理念应及时删除，并根据当下最新的权威研究和法律法规，及时更新知识体系，将最新的法律法规和相关理论传授给学生。

（二）提升教师教学水平

能否培育出优质的学生很大程度上取决于教师的水平，因此高校会计教育改革必须要注重对老师能力的提升，尤其是让老师自身就具有大数据思维和理念，只有这样才能在课堂上启发和辅助学生掌握大数据技术，并在掌握的基础上发散更多的新思路。

1. 提升教师的专业技能

教师自身应该具备大数据思维，才能将这种理念有效地传递给学生。学校可以在有条件的情况下，为老师开设学习培训课堂或以其他方式为老师们提供进修的优惠政策，鼓励老师积极主动学习大数据、网络信息技术相关知识。还可以定期组织教师参与各软件公司组织的财务软件发布会或财务软件使用说明会等，提高教师的专业素质和实际动手能力，将实践与理论更好结合，为学生传授更优质的教学内容。

2. 组建专业教师团队

组建专业教师团队，该团队中的教师可以不局限于会计专业，可以引入计算机专业、数学专业等的优秀教师。定期召开研讨会，集思广益，在研讨会的帮助下提升会计专业教师对大数据和智能化的认知。不同学校、地区的会计专业的教师也可以组成教师团队，相互学习与讨论，力求掌握当前最新的会计知识，把握会计行业的发展趋势，从而达到更好的教学效果。

（三）优化教学方式

教学的方法直接影响到学生对于知识的理解和掌握程度，也影响学生的学习热情。积极采用多元化的教学模式，保证教学的有效性。例如，线上线下混合式教学模式，既能够调动学生的学习积极性，还能为学生提供多条学习大数据相关知识的不同路径，让学生摆脱对教师的依赖心理。翻转课堂模式也有助于学生自主思考和提升解决问题的能力，让学生在整个过程中始终处在思考、分析、积极解决问题的状态。再比如采用问题导向式教学方法，把学习的主动权交给学生，老师只是起到宏观指导和答疑解惑的作用。让学生远离对于课本知识的死记硬背，提升运用理论知识解决工作实际问题的能力。同时，提升校企合作的质量，引导学生在实习的过程中主动思考，提升业务能力与解决问题能力。还可以引入从事大数据相关工作的从业人员走进课堂，让这些实践型的老师以自身丰富的工作经验为学生讲授他们对于大数据分析技术的理解与使用方法，提高教学质量。

（四）优化设施配备

设备在一定程度上影响着学生的学习兴趣和学习效果。大数据分析工具的应用对电脑提出了较高的要求，卡顿的设备也会给学生带来负面情绪，降低学习积极性，因此学校可以根据教学需要为学生开设大数据学习实验室供学生们自由使用，并且提供足量且配置较高的电脑设备。另外，在有条件的情况下，除了 Python、SPSS 等基础的数据分析工具，学校还可以为学生安装例如 Hadoop 之类的集大量分析工具于一体、协同作业的生态系统，便于学生能够从数据存储到数据集成、数据处理以及数据分析各个环节对知识进行掌握和应用。

四、结论

随着物联网、财务机器人、云计算、区块链、大数据分析等科技产物的出现，各大企业正在不断更新自己的工作模式，将智能化产物逐渐引入公司的日常工作中，使原本烦琐而重复的会计记账工作很大可能会被取代，未来需要的是能够借助并充分发挥各类科技产物作用来分析数据的复合型专业会计人才。在这样的大环境下，高校作为为社会输送优质人才的基地，要积极对教育理念、模式、方法进行改革与创新。通过完善现有课程体系，组建优质的师资队伍，优化教学模式与方法，不断提高学生对现代大数据技术、智能化办公模式的掌握水平，以更好地适应企业对高素质应用型会计人才的需要。

参考文献

[1] 赵景媛，卢洁. 大数据背景下高校会计教育改革的理论与实践：评《财务大数据基础》[J]. 中国科技论文，2022，17（4）：486.

[2] 刘天琦，乔鹏程 .5G 时代高校会计教育面临的新机遇与新挑战[J]. 甘肃高师学报，2022，27（2）：94-99.

[3] 赵欣宇. 基于“大智移云”背景下高校会计教育教学创新模式研究 [J]. 科技视界，2021（29）：45-46.

[4] 李巧云.“互联网+大数据”模式下高校会计教育创新研究 [J]. 哈尔滨职业技术学院学报，2021（5）：46-48.

[5] 赵颖慧. 大数据时代基于云计算的高校会计教育改革探究 [J]. 当代会计，2021（15）：171-173.

[6] 范玥. 大数据时代下高校会计教育的改革与实践 [J]. 营销界，2021（28）：179-180.

[7] 李典. 大数据背景下的高校会计教育模式分析 [J]. 产业与科技论坛，2021，20（5）：147-148.

[8] 胡嘉恒. 信息化时代下高校会计教育中存在的问题及对策探讨[J]. 中国多媒体与网络教学学报（上旬刊），2021（2）：4-6.

[9] 卢炳乾，李悦恩. 人工智能时代高校会计教育研究 [J]. 营销界，2020（33）：131-132.

[10] 陈宜斌.“大智移云”背景下高校会计教育教学创新模式探究[J]. 质量与市场，2020（13）：124-126.

新技术背景下地方院校会计本科人才培养存在的问题及对策

覃强　姚世斌　徐元鹏

（西华大学管理学院　四川成都　610039）

摘要：随着我国经济建设的飞速发展与革新，许多新技术不断地被研究开发出来，在这种不断变化的背景下，地方院校的会计学建设应该突破传统的思维模式，强调与新技术、多学科的交叉和融合。目前，许多地方院校的培养计划可能不符合如今对于会计学的需求，地方院校应该抓紧新技术发展的时机，积极建设会计学一流专业。本文结合先进新技术的特点，阐述人才培养的构建机制，提出优化改革的建议，即高校应通过对会计学教育的改革，力求全方位提升会计学专业水平和质量，培养出一批符合社会发展需求的、有担当、有社会责任感、具有创新精神和实际操作能力的会计及其相关行业的从业者。

关键词：新技术；会计学；专业建设；地方院校

【基金项目】本文是四川省高等教育人才培养质量和教学改革项目JG2021-381和2021-913的阶段性成果，得到西华大学会计学国家级一流本科专业建设项目资助。

伴随着互联网的高速发展——数字经济应运而生，大数据、人工智能、云计算等新技术不断涌现、发展，新技术意味着数据的处理将会越来越数字化，信息交互实时性强，将促进新一轮产业革命的发展，是新一轮产业革命的先行官。新技术的发展对会计数据、会计准则、会计工作方式及会计人员的影响是多方面的，传统会计将转化为“业务财务、共享财务、战略财务”三个层次，会计数据处理将更加实时、多维，区块链技术可保障会计信息安全、管理效率的提高，会计人员将转型为管理型人才。

所以地方院校会计学人才的培养也应紧跟社会发展的趋势，对传统的会计学本科专业人才培养的教育模式，推进学科交叉与融合建设与新技术以及产业变革相结合，培养出不是只懂会计的复合型、应用型的会计学人才。

一、新技术背景下会计学专业建设存在的问题

（一）培养目标与社会需求不符

目前，许多高校培养会计学人才的目标导向依旧是核算型人才，但是随着数字经济的出现和高速发展，传统的核算方式正在逐步被计算机程序取代，会计的电算化现如今已经非常发达。现在，会计电算化已经具备实时入账、实时出账、实时结算的功能。并且，在满足一定条件的情况下，可以进行数据的传输、收集、预测及提供决策建议。可见，会计电算化正在取代会计核算的功能，而现如今的专业培养目标已经落后于技术的发展。各个行业对传统意义上的会计核算人才需求会日益减少，而既懂会计知识又有其他学科知识的复合型会计人才会相当抢手。并且会计专业进入门槛并不高，其他学科专业的人才也在涌入会计专业，传统的会计人才被逐步取代。此外，会计学专业又是热门专业，同时伴随着国家的强基计划等政策的发布，各个地方院校会计学专业扩招现象时有发生，但从近几年国家所统计的就业形势来看，会计相关专业就业率并未显著提高。这也和目前地方院校会计学培养目标、专业定位、教学方案的同质化不无关系。数字化经济的快速发展对地方院校如何培养出社会需要的会计学人才提出了新的问题。

（二）培养方式落后

现如今许多高校因为资金、人力、物力方面资源的限制，在相关资源的分配时难以做到均衡的配置，导致会计学专业的发展受到了阻碍，课程的设置不可避免地出现同质化，课程更新也无法进行。基本上课程都是以通识课、专业必修课、专业选修课为主，主要是继承和延续以前的培养思路，将教学重点放在核心的课程上，缺乏有特色的课程规划，无法与现今新技术背景下的会计领域新趋势与变化相结合，未能与国家的发展方向和地方的需求进行同步更新，更没有和现在的新技术发展背景如大数据、云计算等相联系。同时课程设置也有一些冗长和重复，导致学生的学习积极性和参与度不高。

（三）教师能力不足

由于我国现今教师考核方面重视科研但是轻视教学的考核机制和与之

配套的奖励机制，同时存在着教学绩效考核中一刀切、平均化的现象，导致教师并不重视自身教学水平的高低，也不会着手提升自身教学水平，存在做好科研，教学方面得过且过的想法。同时，一些高校缺乏对会计学专业教师队伍的建设，在扩大教师队伍时，过分强调学历、科研经验、科研成果等，对教学方面的考核却少之又少，没有重视现有会计学专业教师团队的教学经验以及后续的继续教育，导致教师团队缺乏实际经验。

二、会计本科人才培养存在问题的原因分析

（一）教学理念落后

现在的本科专业教育，课程设置是培养人才的重要途径。目前，许多地方院校会计学专业课程的设置主要都是专业必修课、专业选修课、通识课以及基础课，理论方面的基础教育仍旧是重点，实践类的科目较少。但是，因为会计学专业是操作型、应用型的实践性较强的专业，实践教育和具体操作是学生熟练掌握相关知识的主要方法与途径。此外，会计专业能力的考核一般通过期末考试进行估算，但是试卷上的题目与实际操作中所遇到的情况会有很大不同，会做题不代表着就能够解决实际问题。

教师课堂讲授的知识只能提供理论支撑，最重要的是让学生亲自操作，缺少实践不仅会让学生缺乏探索与创新的能力，而且因为企业的业务资料往往涉及一些机密或商业价值，导致一些实践教学中的例子时效性不强，比如税率时常发生变化，让学生在掌握例子后，进入工作时才发现这些知识可能已经与时代脱节，也不能通过实际操作后了解优化、更新自身的知识储备。这让学生的综合能力变得较差，在就业时没有竞争力。这也让许多学生对知识掌握并不牢靠；对专业课程的学习兴趣不足，学习的主动性与积极性较差。如要进行实践教学的增加，那么就需要大量的人力、物力和财力的投入。但往往会计建设得不到学校重视，想要改变实践不足的状况一般是一纸空谈。

（二）教学条件不足

如果想要让本科会计教学与新技术背景相融合，势必需要硬件设备的协助，学生们需要通过接触最新、最前端的会计与新技术结合的软件或者知识。但是，如今许多本科院校在培养会计人才时，依旧是传统的课堂面授教学模式，没有与新技术相关的教学软件抑或是硬件的辅助，软硬件的配合需要学院的资金、人力协助，由于种种原因，学院在审批经费时往往

需要考虑多方面的因素，导致不能满足培养要求。同时，想要使教学条件满足培养需求，还需要从多方面进行持续的跟进和优化，这也需要大量的资金和人力投入。此外，当前教科书的版本也不能及时更新，书本上的内容都已脱离现在最新的发展，这也让教学条件十分缺失，不能满足新技术背景下的会计人才培养。

（三）对职业道德建设不重视

由于会计从业者往往接触到的是重要的财务数据和报表数据，这便要求相关人员具有一定的会计伦理道德和职业道德。尤其是在新技术与会计日常工作的结合之下，会计从业人员接触的信息更加丰富繁杂，对企业发展的方向和战略也了解、掌握得更加清晰，是否遵守职业道德也越发重要。近几年来不断出现的财务舞弊丑闻也让整个行业陷入信任危机，社会上的个人和企业也了解到了会计从业者应具有的会计伦理和职业道德建设的重要性。而在校期间是培养其会计伦理和职业道德的重要时期，在学生求学期间所形成和构建的对道德与诚信的信仰、坚守是最为坚挺的。

但是现在许多地方本科院校培养会计本科学生时，都重视对会计准则相关条款以及会计专业知识的讲解，往往忽视了对会计伦理、职业道德教育的推进和加深。虽说为了让学生通过相关资格考试，大多数地方院校开设了与职业道德相关的课程，但是这类课程都只是为了提高学生的通过率，实质上这种学习对学生并没有产生多少影响。此外，许多地方院校更为重视专业技术上的教育，会计伦理与职业道德教育往往位于次席，有些学校连职业道德相关的课程都没有开设，就算设置了此类课程，学校也将其作为一种形式上的教育，老师和学生对这类课程并不重视。老师教学的方式十分单一，无法激发学生学习的主动性。传统的集体灌输式的教育模式让本应具有意义的道德教育变得十分枯燥乏味，授课时间拉长，老师讲得非常疲倦，学生也兴趣缺乏甚至感到厌烦，这使得学生在学习完此类课程后也不了解职业道德的实质是什么。

三、新技术背景下的会计本科人才培养改进措施

（一）课程设置要有融合和交叉

随着互联网技术的快速发展和普及，数字经济不断壮大，会计电算化的发展进程在不断地加快。新技术的出现会演化出新的商业模式，新的经营理念，会计工作由于其性质位于改革的前沿，势必要求会计本科教育体

系要进行及时的改变。在这个背景下，地方高校对于会计专业人才的培养不应该仅仅局限于会计专业知识，也应该增加信息技术方面课程的开设，比如Python程序语言、大数据基础、大数据信息分析、财务共享等课程，用以应对不断发展的数字经济，使学生成为具有一定数据分析能力和创造能力的复合型人才。

同时，会计本科教育除了要使学生夯实会计学专业知识以外，还应与其他学科的课程相结合，打破传统学科的分界线，为培养出多方面的应用型会计人才突破传统会计培养思路的局限。将与会计具有很强关联性的课程，比如经济学、管理学、法学、哲学等专业基础理论知识加入会计的教育培养中。加上信息技术方面的课程，实现专业学科间的融合和交叉，满足现今社会发展对会计从业人员的要求，也让地方院校会计本科人才培养更具有特色，而不会过于同质化。

（二）强化教师能力，提升教学质量

随着信息技术的其他知识被加入会计本科教育的体系中，对教师的教学能力也提出了新的要求。因为我国现在实行的教师考核激励机制和教学管理方式的缺陷，教师的教学能力不够，所以，地方院校需要对教师团体定期进行培训和扩充，用以提升教师团体的教学能力。学校也应鼓励教师积极参与国内外先进院校的学术讲座，让教师把握住当前教育的风向，及时对自身的教学方式进行调整。

现如今许多地方院校教师授课主要是以课堂为中心，书本作为讲课的基础，对学生进行理论教育。但是在信息技术高度发展的现在，知识更新换代的速度极快，课本上的知识极有可能已经发生了变化，所以教学方式应该以培养学生实际会面对的情况为主，将最新的会计信息加入课堂中，把课堂传授和案例分析相结合。教师也应该积极学习、理解信息技术，如大数据、财务共享和云计算等理论和知识，将这些内容与会计知识结合在一起教授给学生。院校也可以进行一些教学活动和考核，重视教师的继续教育，激发教师提升教学能力的积极性。

（三）完善实践课程

会计相关的领域是最为重视实际操作的领域之一，地方院校想要建设一流的会计专业，就必须建立完善的实践课程体系。首先，可以加大对会计实训基地建设的投入，通过引进财务机器人和财务共享中心等最新的会计操作模式，让学生实际操作或者了解其运行的原理，不让学习只是纸上

谈兵。其次，可以与一些公司进行合作，获得最新的资料，将一些不重要、已完成的财务业务和财务信息交由学生进行再次的实际操作。一些管理咨询、信息收集的工作可以让学生进行思考，再与实际情况进行对比，找出自身思考的局限与不足，丰富其实践的经历。最后，在通过实验基地和实际操作之后，可以让教师在公司进行挂名学习，学生进入公司实习。这样，教师可以在公司对最新的技术以及会计变革的方向进行良好的把控。学生也可以在实习过程中，在真实的工作环境中提升自身的操作能力，提高学习的主动性和积极性，在遇到问题和困难时，也可以及时和老师进行沟通，提升实践教学的效率。

（四）重视会计伦理、职业道德的培养

作为一名会计从业人员最重要的便是守住底线。由于社会经济的高速发展，社会各界对会计从业人员的需求量也越来越大，随之而来的诱惑也越来越多，越来越难以抵抗。所以对学生在学校期间就进行会计伦理、职业道德方面的教育和引导是十分重要的。

会计职业道德的培养应该从始至终进行持续的教育，从学生入学开始就应该开始培养相关的伦理知识和道德理念，一直到毕业季也应该加强相关概念的印象和认同感。可以先向学生展示正面案例，讲述坚守职业道德所带来的好处，再讲述一些经典的反面案例，展示不遵守道德会带来的危害，通过正反案例的对比，体现不违背会计伦理和职业道德的重要性。让学生从开始就对会计伦理和职业道德产生认同感，慢慢地通过教师对案例的讲授对会计伦理和职业道德有初步的了解。然后可以将职业道德方面的课程纳入专业课程中，逐步加强对职业道德学习的考核，体现出学校对于职业道德教育的重视。

教师也可以改变传统的教学方式，在课堂上多与学生进行互动，在教学中运用比如案例分析、辩论赛、互相扮演老板与会计的角色，将以前的教学方式进行改良，这样既可以让教师在教学中不感到疲惫，也可以提高学生学习的主动性和积极性，让学生对职业道德教育提起兴趣。教师也可以参考国内外职业道德的教育方案，设计一些巧妙的道德困境，将学生引入相关的场景之中，让学生切身处地地进行思考，提升学生的应变能力和思考能力，从而在学生心中形成公正公平、符合社会主义核心价值观的职业道德观念。

四、结论

当今社会发展极为迅速，会计相关行业作为面对经济变化的最前线之一，地方院校培养会计本科人才的法案也应该与时俱进，学校应该时刻关注社会各个行业对于会计需求的变化。除了对课程的时刻更新，应加入当前对会计发展和就业有利的其他学科的课程，形成有特点的会计培养方案。教师本身的知识也要时刻更新，多接触现在最前沿的会计发展信息，较为年长的教师可以专注于会计相关知识的教学研究，年轻教师可以对新技术进行学习，再对学生进行教学以达到事半功倍的效果。当然理论教育之外也要重视与实践的结合，让学生不会在刚进入工作时无所适从。工作最重要的便是坚守底线，抵制住诱惑是会计从业人员最大的考验，职业道德的教育是重中之重。技术的发展往往会出乎人们的意料，会计专业本科的建设也需要时刻更新，保持竞争力。

参考文献

［1］章勇，余咏秋．高等工科院校会计学专业行业特色型人才培养模式研究［J］．商业会计，2017（24）：110-114.

［2］唐洋，周金标，胡海波．新文科背景下地方高校会计学一流本科专业人才培养模式研究［J］．黑龙江教育（高教研究与评估），2022（2）：8-10.

［3］唐欣，康健．理工科院校会计专业“卓越人才”培养探索：基于人才培养整体框架的研究［J］．湖北经济学院学报：人文社会科学版，2017，14（4）：107-109.

［4］方健．“数字经济”背景下会计学专业人才培养质量问题研究［J］．中国管理信息化，2022，25（5）：223-228.

［5］何存花．高校会计实践教学模式研究［J］．高等财经教育研究，2011（1）：34-37.

［6］宋宜珈．国外高校会计职业道德教育对我国的启示［J］．商业经济，2013（8）：121-123.

[7] 周新玲，沈蔚然．“大智移云”背景下的大学本科会计教学改革研究［J］．湖北经济学院学报（人文社会科学版），2021，18（5）：142-144.

[8] 教育部高等学校教学指导委员会．普通高等学校本科专业类教学质量国家标准［S］．北京：高等教育出版社，2018.

基于 OBE 理念的一流本科课程建设研究

——以“审计学”为例

王晋语

（西华大学管理学院　四川成都　610039）

摘要：“审计学”是财经类本科专业开设的专业核心课程，过去的审计学教学多为一种应试教育，教学内容单一，局限于课堂讲授，不利于学生开展审计能力的提高，无法使学生成为新时代的会计人才。教育部关于一流本科课程建设的实施意见提到“课程是人才培养的核心要素，课程质量直接决定人才培养质量”。本文以“审计学”课程建设为例，基于 OBE 先进教学理念，以“以生为本”和“成果导向”为宗旨，改善“审计学”课程的教学效果，推动审计学学科的一流本科课程建设。

关键词：OBE 理念；审计学；课程建设

【基金项目】本文是四川省高等教育人才培养质量和教学改革项目 JG2021-381 和 2021-913 的阶段性成果，得到西华大学会计学国家级一流本科专业建设项目资助。

财会行业高速发展的今天，市场对于财务人员的要求越来越高，而审计学作为财会专业的必修课，对于财会人才职业养成具有重要意义。而目前众多高校的审计学课程教学仍存在很多弊端，使得其学生的审计思维及判断能力与社会要求不匹配。在实践教学中，教师往往关注审计学是如何进行考试的，而忽略其与其他学科的综合性；并且教学内容单一，忽略了政府审计与内部审计的部分。基于以上背景，本文通过对 OBE 理念的理解与探索，研究符合一流本科课程建设的“审计学”课程应当如何开展，以此丰富审计学课程的教学内容，改变传统的教学模式，提升教学质量，从而促进学生的审计能力，进而为社会输送更加有能力的财务人员，也为类似的财务类课程的改革提供一些参考。

一、OBE 理念的具体阐述

（一）OBE 理念的教育意义

OBE（outcome based education，OBE）教育理念，又称为成果导向教育、能力导向教育、目标导向教育或需求导向教育。OBE 教育理念是一种以成果为目标导向，以学生为本，采用逆向思维的方式进行的课程体系的建设理念，是一种先进的教育理念。OBE 模式的理念适应了社会，特别是企业对于人才的需求。

（二）教育理念的实施要点

1. 确定培养目标

OBE 教育是以成果为导向的，故在对学生的培养中应当先确立培养目标。以目标为导向，制定最合适的教育方式，以达到目标为结果。对于审计学课程来说，即确定市场对于学生的审计要求，这是对学生应掌握的技能、知识、能力的具体描述。

2. 确立学生的主体地位

在整个教学过程中，应更多关注学生从教学中学到了什么，而不应该是关注老师教了什么。输入不重要，输出才重要。并且教师应当根据学生的个性化差异，制订不同的教学计划，提供不同的学习机会。

3. 多元化评价学习成果

教学中，不应将成绩作为教学的唯一评价标准，而应当根据学生的学习态度、状态、掌握程度进行针对性评价以及综合性评价。

二、“一流课程”的建设标准

《教育部关于一流本科课程建设的实施意见》提到“课程是人才培养的核心要素，课程质量直接决定人才培养质量”。一流本科课程建设，应树立课程建设新理念，推进课程改革创新，实施科学课程评价，严格课程管理，立起教授上课、消灭“水课”、取消“清考”等硬规矩，夯实基层教学组织，提高教师教学能力，完善以质量为导向的课程建设激励机制，形成多类型、多样化的教学内容与课程体系。

（一）新理念教学

以 OBE 理念引领一流本科课程建设。确立以学生为中心、知识和能力双产出为导向、教学方法和教学手段持续改进的理念，拉高课程的重要性，尽可能突出课程的创新亮点，一定程度上增加课程对学生的挑战性。并且将课程思政的理念融入课程中，让学生形成共识，从而构建全员、全程、全方位育人的大格局。

（二）目标为导向

以目标为导向加强一流本科课程建设。一流本科课程建设应立足经济社会发展需求和人才培养目标，结合本校办学特色，优化重构教学内容与课程体系，注重学生专业知识的系统学习与职业能力培养双目标的实现。破除课程千校一面的局面，树立起课程建设新标杆。

（三）提升教学能力

增强师资力量，提升教学能力，教师队伍应具备先进的教学理念，将理论知识与思政融合。在教学过程中，注重中国特色社会主义理论体系和社会主义核心价值观的传授，将一流学科建设与审计学教学相结合，着重专业兴趣、未来职业规划、审计职业道德的教育，将学科建设研究出的结果与教学结合，使得学生可以掌握和使用更多信息化的教学平台。

（四）改革教学方法、手段

一流本科课程的建设要与传统的教学方式区别开来，不仅要讲课，而且要讲好课，将过去单纯传递知识的形式革除，更加注重知识与素质的结合。合理利用高校资源，将信息化与课程建设相结合，通过线上和线下两种模式进行混合教学，使得学生可以更容易地获得学习资源，方便学生进行学习。并且在教学中，要清晰明确教师的定位，教师并不仅仅是一个引领者，同时也需要成为学生的陪伴者，共同进步才能更好地进行教育。

（五）注重过程评价

一流本科课程建设是以激发学习动力和专业兴趣为着力点进而完善课程的过程评价制度。高校应加强对学生课堂内外、线上线下学习的综合评价，强化对案例阅读量和阅读能力的考查，提升学生课程学习的广度；并且采用多样化作业评价方式，提升课程学习的深度；加强非标准化、综合性的评价，提升课程学习的挑战性。

三、传统教学模式下的“审计学”课程教学弊端

（一）教学目标不能完全体现审计类专业人才培养需要

一方面，各个高校在审计学的授课过程中往往将注册会计师的审计（财务审计）作为教学目标，而忽略了审计业务中的政府审计与内部审计对学生的需求，学生在学习过程中所学与未来就业所需相比，内容过于单一。并且学校教学由于资源的限制，导致审计学成为会计的翻版，不能适应市场经济发展的需要。另一方面，审计学课程往往注重专业知识，而忽略了成为一个审计人才，还需要具备多种能力，如表达能力、交际能力等。

（二）传统的满堂灌的教学方法无法提升教学质量

目前各个高校的审计学教学模式局限于课堂教学，单纯的“教”与“学”仅仅是将知识灌输给了学生，而本科学生都是从高考进入大学，缺乏实践经验，他们中的大多数人都没有任何的实践经验，故这些理论对他们而言，可能就是冰冷的文字，即使学会了理论知识，他们往往并不知道应当怎么将这些知识运用到实践中去，并且缺乏实践的审计学教学往往生硬冰冷，很可能不能得到学生的关注，进而学生可能连最基本的知识都无法吸收，这样的教学是在脱离真正的社会生活中进行的，往往使学生缺乏社会性。脱离社会实际进行的教育往往使学生无法适应复杂多变的现实社会。

（三）仅凭期末考试的考核评价无法考核学生能力和价值目标

一般而言，高校对于学科的考核一贯采用较为死板的方法，如进行期中、期末考试的方式，而学生为了应付往往选择在考前进行突击学习，这就导致学生卷面成绩或许还不错，但其实对于课程内容并未良好掌握，并且对于“审计学”这种实践性较强的学科，仅仅停留于卷面的考试也是远远不够的，一学期两次的考试也不能很好反映学生的学习过程。

四、基于OBE理念的“审计学”一流课程教学创新

“审计学”是会计学科体系的重要课程，是经管类专业的必修课程。通过课程学习，学生能够掌握审计的基本理论、方法、审计技能，形成一个较为完整的审计观念，并且可以站在企业和社会的角度认识审计，能熟练地运用审计理论与技术对企业的会计行为进行监督，也为后续相关财务

课程的学习打下坚实的理论基础和方法基础，增强对财务知识的了解。

（一）明确审计学课程的建设思路和建设目标

基于“审计学”课程在财务类专业学习体系中的重要性，其课程建设应以理论学习和实践教学作为两条主线，充分利用当代高速发展的 IT 技术和数字多媒体技术，积极推进教学改革，开展“一流课程”建设。同时，各高校应着眼于课程建设怎样服务专业建设，以此突出显示高校的办学特色。

（二）重视实践教学

“审计学”课程的教学内容不仅要重视理论的学习，也要重视实践，要求学生掌握现代会计中的基本原理、基本方法和基本技能。并且，在实践教学的过程中应该逐步前行，突出审计能力的训练。教授过程中，教师应当根据不同的专题细化各种知识点，从不同的角度引导学生，系统性地进行教学。同时，知识点应当结合审计实务内容，与审计实操进行有效融合，使得教学内容更加体系化。实现“审计学”课程的教学目标，并且让审计能力培养与审计任职资格对接。

（三）丰富教学资源

近几年，《审计学》教材不断修正，因此该课程在一流学科建设过程中，应当重视新知识的增加，并且按学期对学科教材、教学大纲、课程课件、教师教案等课程资源按照最新教材的要求进行更改。并且审计学不可再单一地教授民间审计，也应该将政府审计与内部审计纳入教学范畴，丰富财会学生的审计知识储备。教学资源要尽量满足审计学教学的多维度需要，以“成果导向”为教学宗旨，为学生踏入职场做好准备。

（四）提升师资力量

在一流本科课程建设工作中，师资力量是教学不可忽略的一个版块，师资与教学成果在一定程度上是正相关的。但是师资力量在短时间内是无法得到较大改变的，需要长期性的规划以及有效的制度保障。因此需要借助学校的力量，进行师资的培养，从而更好地进行课程建设。提升师资，不仅仅要从教师的学历背景出发，基于审计作为财务人员的必修课程，实践尤为重要，也要从教师参与审计实践的角度考虑。

（五）融入课程思政建设

课程思政既是一流专业建设的需要，也是当今高等教育发展的需要。课程教育并不能只限于专业知识的传授，而应当在教授过程中融入思政建设。教师应当理解思政内涵，抓住思政建设的核心，以立德树人为宗旨，将社会主义核心价值观渗透到专业知识的教学当中，潜移默化地使审计学课程与思政建设并肩同行，通过思政建设的融入，提高学生的思想水平、政治觉悟、道德素质，增强当代大学生的时代使命感。

（六）采用混合式教学

一流本科课程建设工作要“与时俱进”，则在教学方法、手段上应当进行改变及创新。应当发挥如今信息化时代的最大优势，在课堂中引入实际案例教学、慕课教学，使教师的专业性在课堂中得到有效的发挥，运用不同的教学方法、教学手段改善课堂上的教学以及课后的反馈。运用“线上+线下”的教学方式，增加老师和学生的互动。审计学教学应多多使用网络教学平台，丰富审计学教学内容与资源。教师与学生的关系不再是简单的“教”与“学”关系，而是共同学习、共同进步的关系。并且教师可以将讲课课件传到云端，方便学生在课后进行学习，以此延伸课堂教学。

（七）增加课堂互动性

教师在教学过程中应当适当开展小组学习，增加课堂黏性与活力，让学生在课堂中获得更多的参与感，以此加深学生对于知识点的理解。并且在课程学习考核中，增加小组考核的部分，锻炼学生自己主动学习的能力，使得学生在小组学习过程中，扮演老师与学生的双重角色。

结语

审计学是一个不断动态运行的、专业性很强的一门技术和社会科学，例如生活中的审计学和我们所经历的社会环境及经济状况有着紧密的关系。这些年，因为国内市场经济的繁荣以及经济全球化进程速度的提升，审计的内外部状况也发生了巨大的变化，随着不断深化的改革与复杂的形势变化，社会对高校培养的审计人员所具备的专业的质量要求也随之提高，基于这样的背景，高校“审计学”课程的教育改革迫在眉睫。也正是基于这样的环境，本文提出基于 OBE 理念进行审计学一流学科建设的研究。审计学传统的教学方式与方法存在诸多弊端，而考虑到审计学的教学目标，本文得出审计学教学改革，需从重视实践、丰富资源、改变教学方法、提升师资等多方面进行的结论。高校一流课程建设需按照自身学校的专业定位以及办学特色进行合理的整体布局。OBE 教育理念下的人才培养与课程建设，要以满足学生个性化需求为目标，以学生学习成果为导向，注重学生之间的个体差异，有效提升人才培养质量，改善课程教学效果。审计学课程是财经类专业的专业核心课程，提高教学质量对于培养高端会计审计人才适应新时代发展至关重要。教师应当结合高校特点和实践教学经验，对课程进行教学改革，根据国家一流课程的“两性一度”和立德树人要求，重点从提升学生会计思维能力和价值引领作用进行教改，运用 OBE 教学理念逆向设计教学目标，重构教学内容，建设教学资源，丰富教学方法，改革教学评价，融入课程思政，提升了学生学习参与度与获得感，有助于发展学生会计思维，做到立德树人。

参考文献

[1] 赵盟. 基于 OBE 理念的一流本科课程建设的探索与实践：以《基础会计》课程为例 [J]. 中国乡镇企业会计，2022 (2)：193-195.

[2] 王媛媛. 基于课程建设的一流高级财务会计教学改革与探索 [J]. 湖北开放职业学院学报，2022，35 (14)：161-163.

[3] 程晨. “双一流” 建设背景下会计本科教育的文化建设功能研究 [J]. 教育现代化，2019，6 (9)：62-64.

[4] 高欣.《基础会计》一流本科课程建设实践探讨 [J]. 会计师，2020 (13)：76-77.

[5] 刘荣莉. 基于培养应用型人才需求导向的《审计学》课程教改研究 [J]. 现代商贸工业，2017 (21)：140-141.

[6] 王京文. 深化高等院校审计学课程教学改革的探讨 [J]. 吉林工商学院学报，2021，37 (6)：117-119.

大数据时代背景下共享会计带来的机遇和挑战

王一涵
（西华大学管理学院　四川成都　610039）

摘要：大数据时代下5G技术快速发展，共享经济应运而生。在上述背景的影响下，传统会计不断发展、创新，形成了共享会计模式。本文首先总结了共享会计当前的发展现状，而后分析在大数据时代下共享会计所面临的机遇和挑战，最后提出应对相关挑战的措施建议。

关键词：大数据时代；共享会计；机遇；挑战

【基金项目】本文是四川省高等教育人才培养质量和教学改革项目JG2021-381和2021-913的阶段性成果，得到西华大学会计学国家级一流本科专业建设项目资助。

一、共享会计概述

（一）共享会计的概念

共享会计模式分为会计外包和财务共享中心。会计外包是指企业将整个会计管理过程分为若干板块，将这些板块部分或整体委托其他会计业务团队执行，使企业专注于自身核心业务，以达到降低成本、提高利率的目的。接受委托方应利用自身的专业技能为委托方提供财务管理服务处理方案并执行。财务共享中心是一种将不同企业的会计业务通过同一个共享服务中心进行处理的模式。该模式不受地域的限制，同一集团下的不同公司不用再建立多个专门的会计部门，大大降低了企业的成本，且该模式便于统一企业财务报告的规范。

（二）共享会计的特点

1. 效率高

共享会计的出现简化了企业的会计业务流程，突破了传统会计模式在空间上的限制，缩短了信息的收集时间。共享会计便于处理会计信息的结构和规范的统一，大大减少了会计管理过程的时间成本，提高了会计业务效率。

2. 不易被篡改

共享会计的会计信息的处理主要依靠计算机自动生成，计算机有自己固定的运行模式，在处理一些会计信息时，也有自己固定的处理方式，修改会计信息需要申请，有权限限制，且在计算机上的所有操作都是有迹可循、被记录被追踪的。因此财务信息被篡改的可能性大大降低，提高了企业财务信息的可信度，同时减少了企业相关人员徇私的行为。

3. 便捷

随着大数据的快速发展，人工智能的出现已经代替了众多重复烦琐的工作。例如，银行通过人工智能技术利用计算机视觉和机器学习保证客户的交易安全。刷脸取款机出现以后五大行的网点在 2017 年上半年减少 160 多个，而基层柜员减少了 27 000 多个。因为银行此时已不需要柜台人员进行烦琐重复的取款工作。同理，共享会计的出现减少了会计活动中会计人员所需要重复的烦琐事项，相较于传统的会计行业，共享会计的出现使会计人员的工作量有所减少，更加便捷。

二、大数据时代下共享会计的起因及发展现状

（一）共享会计兴起的原因

1. 互联网的发展

互联网的迅速发展，带来了许多的新兴事物，共享经济也是互联网的产物。共享单车、共享充电宝的出现，都为我们的生活带来了极大的便利，将这种便利衍生到会计行业，简单重复的会计核算、登记账簿等工作被人工智能代替，形成了共享经济模式。这种模式的兴起减少了会计人才的需求量，降低了企业的用人成本，企业通过招聘兼职会计也同样可以完成全部的会计活动，此种循环让共享会计也得以快速发展。

2. 环保意识增强

近年来环保一直被提及，共享经济的出现亦是环保的一种体现，节约

社会资源，将自己闲置的资源向社会大众分享已逐渐成为主流。用低成本换取高效益一直以来是企业的首要目标，通过共享会计，企业不仅可以通过聘用临时的会计团队，帮助企业完成所需要的会计活动，减少原有的会计模式下所需要对企业独立的会计部门支付的员工薪酬与员工福利，同时企业还可以不再建立多个会计部门对不同地区的会计事务进行核算，减少了会计活动的时间，节约企业的时间成本。将企业自身所拥有的资源进行重新整合，投入更多的资源用于提高企业自身的营运能力，研发新产品中。

（二）共享会计模式的应用现状

近几年，四大会计师事务所相继推出财务机器人，经德勤财务机器人报出的数据，财务工作有 80%的任务量均可交由“财务机器人”完成，且工作效率高、准确率高，3 个小时便可完成一名普通财务人员一天的工作量。不仅如此，财务机器人可以全天无休工作，24 小时持续输出。财务机器人的问世及推广为共享会计的产生奠定了一定的基础。

中小企业作为国民经济和社会的一个主要构成要素，对促进科学技术的迅速发展起到了很大的作用，解决了国家的大部分就业问题。国家尤为重视中小企业的发展问题，共享会计模式的出现降低了其运营的成本。在共享会计的试探与摸索阶段，中小企业已经取得了部分成绩。我国政府自 2011 年开始逐步加强对中小企业会计革新的引导力度，帮助国内中小企业实现会计标准化。相关部门提供的数据显示：截至 2020 年年底，我国 79. 85%的中小企业已经采取了会计信息化办公，55%～70%的企业在记载原始凭证、报销账目等环节采取了电子化操作。

共享会计的发展迅速，势不可挡。以中国核电会计共享平台为例，中核共享会计平台成立于 2019 年 6 月 30 日，一年之内中核会计平台已将包括本部、秦山核电、三门核电等 13 家公司，具备统建 ERP 条件的四大核电运营基地全部纳入。在这一年的时间里中核共享会计会计共享覆盖资产规模超过 2 700 亿元，服务员工达 8 500 人。中核共享会计平台按照“响应速度快、用户体验优、信息质量高、支持保障强”的要求，不断完善，实现了：流程步骤精简 40%，单笔业务处理时间降低 20%；通过“协同”功能减少了 70%单据重复审批；通过新增财企对私支付，将员工报销款项到账时间从原来的 2 个工作日提速到最快 2 个小时；通过新增商旅平台，实现员工一键下单、无须垫资的轻松出行；通过优化财务机器人应用场景，银行对账业务从原先多人负责多家成员单位变为 2 人负责 12 家成员单位，对账时间缩短 50%。

由此可见，共享会计的发展前景光明，发展速度极快，共享会计的实现是必然的。

三、共享会计带来的机遇和挑战

（一）机遇

1. 节省企业成本

共享会计模式的出现，使得企业无须在不同地点的公司或办事处设立单独的会计部门，节省了企业的人力成本。同时企业在共享会计模式下，对会计信息的收集以及处理的过程中依靠互联网技术，缩短信息的处理和传递的时间，减少企业的时间成本。当年末会计处理工作量增加时，企业可以通过会计外包这种共享会计模式，将资产负债表、现金流量表等的处理工作委托给专业的会计业务团队，该种模式在日常的企业经营活动中，无须进行太多会计业务的处理，也无须全年支付外包团队费用，大大节省了企业的成本。

2. 提升企业竞争力

无论是外包模式还是财务共享中心模式，都降低了企业的时间成本，提高了企业的效率。基于共享会计的背景，企业在会计业务上所需要花费的时间、金钱等都大大减少，节约下来的成本，一部分直接表现在利润中，提高了企业的利润率；另一部分分散于企业的日常经营活动中，使得公司管理层有更多的精力对企业发展等重要决策进行考量。同时，共享会计在企业中施行，统一了会计业务的规范和结构，使得会计部门的效率也得到了大幅度提高。二者皆是对企业竞争力的一种提升。

3. 会计信息质量提高

伴随互联网而生的共享会计模式，信息的传递速度极快。信息的更新和交换都比传统会计模式的速度快。因此运用共享会计模式处理会计业务的公司，能够更准确地将财务数据信息传递给企业、社会及公众，提升企业会计信息的及时性、真实性和可靠性。同时由于共享会计模式中的外包模式，是通过聘请企业非相关人员实现的，通常情况下外包团队与企业只有单纯的聘用关系，对企业的管理以及经营的熟悉度只停留于能够处理会计业务的层面。

（二）挑战

1. 法律制度不完善

共享会计作为一种新兴会计模式，自 2017 年首次被提出以来，共享会计发展迅速。我国对于互联网的法律法规制度的制定还处于较为滞后的水平，同样的我国对于共享会计的法规制度建立也处于落后水平，通常是企业倒逼法律政策出台。在共享经济的大环境下，2014 年出现的共享单车一直到三年后，十部委才颁布实施《关于鼓励和规范互联网租赁自行车发展的指导意见》。共享会计也同样可能在很长一段时间里没有系统的法律法规支持和约束。

共享会计正处于初始阶段，缺乏监管机构对这类会计活动进行监督管理，互联网是共享会计的基础，共享会计的发展依附于互联网，共享会计活动完全在网络中进行。从事共享会计活动所获得的收入，可能以各种互联网支付手段进行结算，会造成共享会计从业人员收入难以计量，需缴税金无法准确计算，可能造成税收流失。

2. 信息安全问题

一方面，由于共享会计从业者通常与企业只达成了短期协议，在完成短期协议之后如果会计人员向第三方关系人透露财务信息，可能给企业带来巨大损失。同时因为同一会计人员可能接受众多企业的委托，接触到各个企业的关键财务信息，对手企业有向会计人员买卖信息的可能性，造成不良竞争、市场动荡。

另一方面，企业会向共享会计平台传送会计信息，那么平台的安全问题也是不容小觑的，平台一旦受到攻击，就有泄露信息的可能。平台是否规范也应受到重视，否则也同样存在买卖信息的可能。

3. 权责难以明确

共享会计极具临时性，由于平台现在还未建立完善，信用体系缺失，无法对会计人员的诚信问题给予保证，且企业并不掌握共享会计人员的完全资料，短暂的平台雇用方式容易导致企业在会计人员做账错误后无法归咎其经济和法律责任，财务风险隐患加大。出现错误时，企业需从初始数据复查，加大了企业工作量，降低工作效率的同时增加了企业的成本。

4. 会计人员素质良莠不齐

传统会计行业对于会计人员的选拔需要通过一层层的材料及证明，通过这种方式筛选出的会计从业人员，知识储备以及能力都有一定的保障，企业对于这样的会计人员的职业道德有一定的信心和把控力。而在共享会计模式里，企业通过在平台里聘请短期的共享会计从业人员，企业对其并不熟悉，可能会出现共享会计本身对于企业并不了解的情况，因此做账时容易出现问题，做账效率低下。此为平台提供的共享会计人员的信息，由会计人员自行上传，企业只能掌握这部分会计人员的信息，这部分信息有造假或夸大的可能性，可信度低。

四、共享会计面临挑战的应对措施

（一）完善相关法律制度

针对法律制度不完善所带来的风险，国家应该积极推出新的政策与制度，约束共享会计平台以及共享会计人员。充分发挥好法律监督的功能，尽早实现共享会计行业的统一规范，防止共享会计人员滥用权利。出台《共享会计管理办法》，能够有效地规范共享会计发展过程中存在的各种违规违法现象，有利于从根本上夯实共享会计发展基础，大大缩短共享会计这一新鲜事物被大众接受的时间。有条件的地方可以开展先行先试工作，结合各个地方实际情况出台地方性的《共享会计管理办法》，在实践中注重解决可能遇到的各种问题，为全国范围内的《共享会计管理办法》的出台颁布积累宝贵经验。

（二）健全共享会计监督体系

企业成功的关键在于有健全的管理体系、运作体系，那么在共享会计的发展中，共享会计监督体系的健全程度也是至关重要的。建立信用评定机制，对共享会计平台中的双方均进行监督，对双方信息的不诚信行为记入信用系统，情节严重需追究相关法律责任。可在双方服务期结束之后，合同双方如实地对对方进行评价，为以后的其他合作方提供一定的参考。加强平台保密机制，对企业客户的财务数据加强等级保护，安装防火墙，避免财务数据泄露或被黑客篡改的现象。数据设置一定的保存期限，过了期限后定期清理客户信息。

（三）与政府联合加强会计人才培养力度

为加快共享会计的发展，共享会计人员需达到一定的数量和质量的要求，需要企业与政府联合共同培养共享会计人才。对共享会计人员的培养一方面可以通过他们实现企业成本的减少，另一方面，通过培养共享会计人员，还可以推动共享会计的发展，共同完善共享会计行业的制度。将他们培养成为多方位的人才，拥有良好的财务预测能力、分析能力、决策能力、思考能力以及计算机操作能力。会计人员只有正确认识新形势，不断调整自身的知识结构，提高自身的业务技能才能顺应时代发展要求。

（四）完善平台及应用

共享会计平台首先应该保证信息的安全，包括但不仅限于企业的财务信息，共享会计从业人员的个人信息。其次应该对会计人员提供的包括年龄、学历、从业资格以及工作经验等信息进行核查，确保信息的真实有效，提升企业的用户体验。平台也要不断完善自身功能，可以向企业推荐适合的共享会计人员，或者设立分类化的筛选选项，将平台所有的会计人员的工作年限按一年、三年、五年、五年以上分类，有无相关证书也设置为筛选选项，以提升企业的使用体验，促进平台的发展。

五、总结

共享会计处于蓬勃发展的阶段，给企业及会计人员带来了新的机遇，但同时也带来了一定的风险及挑战。企业、政府以及平台应该共同努力削减风险、迎接挑战，共同为共享会计的发展打造良好的环境。

参考文献

［1］杜宇．共享经济模型下共享会计面临的机遇与挑战［J］．上海商业，2021（5）：112-113.

［2］罗婧南，白美琳，俞琛，等．共享经济浪潮下我国中小企业共享会计发展现状与改进路径的研究［J］．今日财富，2021（14）：125-126.

［3］邢莹，徐良果．共享会计发展面临的困难及应对措施［J］．西部财会，2018（2）：46-48.

［4］杜宇．共享经济模型下共享会计面临的机遇与挑战［J］．上海商业，2021（5）：112-113.